전도서 강해

# 영혼의 일기장

神學博士 김호식 著

도서출판 한글

# 머 리 말

　미국 생활을 오래 하면서 미국 사람들에게 배운 것 중의 하나는 모든 일에 긍정적인 태도를 갖는 것이다. 미국 사람들 중에 부정적인 태도와 긍정적인 태도를 비교하는 말로 "물이 반 컵밖에 없다"고 불평하는 사람들과 "물이 반 컵이나 들어 있다"고 감사하는 마음을 가진 사람과를 비교하는 말이다. 요즘 심리학자들의 심리과정 분석에 의하면 부정적인 태도를 가지고 물이 반 컵밖에 없다고 보는 사람은 논리적인 결론으로 "그렇다면 큰일이다" "어떻게 하면 좋은가?"라는 질문이 필연적으로 나올 수밖에 없고 이런 부정적인 생각으로 인해 압박감에 싸이거나 심리적인 혼동 상태에 빠지는 예가 있다고 한다. 반면에 "물이 반 컵이나 있다"고 긍정적인 생각을 하는 사람인 경우 '물이 반 컵이나 있어 다행이다' "그렇다면 쓸데없이 걱정할 것 없이 만족한 상태다"라는 생각을 하게 됨으로 마음의 안정감은 물론 평안한 정신상태를 가질 수 있게 된다고 한다. 따라서 생활 전체에 대해 어떤 태도를 가지느냐 하는 문제는 한 사람의 육체적 건강은 물론 심리 및 정신적인 건강 문제에도 직관되어 있다.

　전도서는 오해하기 쉬운 책 중의 하나로 잘못 읽으면 인생은 허무하여 바람을 잡으려는 것이라는 염세주의적 사상을 부식시키는 것 같은 책이라고 볼 수 있다. 반면에 전도서 기자의 뜻을 옳게 이해하면 비록 이 세상에서 이루어지는 모든 문제는 바람을 잡으려는 괴로운 일이라 할지라도 하나님은 살아 계시고 그 살아 계신 하나님께서 인간은 물론 우주의 모든 문제를 궁극적으로 다스리시는 분이신 까닭에 어떠한 역경에서라도 하나님의 전능하신 능력을 믿고 만남을 극복할 수 있다는 사상을 우리에게 가르치고 있다.

한국은 지금 국제 금융통화기구의 통제하에 들어가 사실상 경제적인 자율권을 상실한 상태이다. 이같은 상태가 빚어진 것은 외국의 차관에 대한 이자를 갚을 능력이 없으므로 발생한 비극이다. 그러나 남의 돈을 빌려쓰는 경우 이자만 문제가 아니라 본전의 마지막 1전까지 갚아야 끝이 나는 것이다. 그러므로 적어도 10-15년간 피눈물나는 노력을 하지 않으면 외국의 빚을 갚을 길이 없을 것이다. 10년 또는 15년이라는 기간은 상당히 긴 기간일 뿐만 아니라 정치를 하는 사람들이나 경제정책을 수행하는 사람들이 정직하고 일관성 있게 일해 나가는 것과 모든 백성이 한 마음 한 뜻이 되어 외국인들의 빚을 갚는 일에 동참했을 때를 전제로 한 기간이다. 이같은 사실을 눈앞에 놓고 누구나 부정적인 생각 또는 비관적인 상태에 빠져 염세주의자가 될 수 있다. 반면에 우리는 모두 힘을 합해 노력하면 우리 앞길을 가로막고 있는 이 장애물을 제거할 수 있는 긍정적인 태도를 가지고 지혜롭게 행동할 수도 있다.

이번에 출판하게 된 "영혼의 일기장"은 전도서를 통하여 기로에 서 있는 한국 사람들에게 하늘이 무너져도 솟아날 길이 있다는 우리의 속담과 같이 하나님을 바르게 믿는 신앙으로 모든 역경을 극복할 수 있다는 자신과 용기를 줄 수 있는 좋은 기회가 된 것 같아 기쁘기 짝이 없다.

아울러 이 책의 출판을 위해 도와주신 도서출판 한글의 심혁창 사장님과 편집부 직원들께 심심한 사의를 표한다.

평생을 목석처럼 책상에 엎드려 공부하는 일과 글쓰는 일에 파묻혀 있는 나의 뒷바라지를 해주었을 뿐만 아니라 특유의 악필을 읽어 가며 활자화하기에 애써 준 나의 아내에게 감사한다.

# 차 례

서 론 ............................................................................. 11

## 제1장 영혼의 일기장 ..................................................... 19
   I. 내용 : 전도자의 말 ................................................. 19
   II. 교훈 ...................................................................... 19
       A. 모든 것이 헛되다(복수 두번 - 7번 반복) ............ 20
       B. 인생의 유익한 것이 무엇인가? ........................... 23

## 제2장 인생의 노력은 바람잡기이다 ............................... 28
   I. 하늘 아래서(자연주의)지혜와 지식을 추구하는 것은 바람을 잡으려는 노력에 불과하다 ................................................. 29
       A. 마음을 다했다 - "심장을 다 주어서" .................. 32
       B. 지혜를 다했다 ..................................................... 32
   II. 인생의 의미의 추구 및 그 결과 ............................. 33
       A. 괴로운 것이다(Heavy, Heart)무거운 짐이다. ...... 33
       B. 하나님의 섭리이다 - 인간이 변화시킬 수 없다 ... 33
   III. 인생의 의미를 추구한 결과보고 ........................... 36
       A. 자연계의 모든 현실은 헛되다 ............................. 36
       B. 인생은 무능하다 .................................................. 36
          1. 인생은 무능해서 구부러진 것을 바로잡을 수 없다. ... 36
          2. 이지러진 것을 셀 수 없다(없는 것은 셀 수 없다) ... 38
       C. 인생은 한계를 벗어날 수 없다 ............................ 38
       D. 인생의 부패 ........................................................ 39
          1. 미친 것 1:17, 2:12, 10:13 ................................ 39
          2. 미련한 것 ......................................................... 40
       E. 인생의 현실 ........................................................ 41

## 제3장 쾌락 추구의 무용성 ............................................. 43

I. 쾌락의 선택 ································································ 43
        A. 가치관의 선택 ···················································· 43
            1. 시험적으로 쾌락을 선택했다 ························ 43
        B. 쾌락 추구의 결과 ················································ 48
    II. 환락의 추구 ···························································· 49
        A. 욕망 ···································································· 49
        B. 시도 - 사업을 크게 벌였다 ································ 50
        C. 성취 ···································································· 51
        D. 결과 ···································································· 52

## 제4장 지혜자와 우매자의 비교 ········································· 55

    I. 지혜자는 우매자보다 현실에 있어서는 우월하다 ········ 55
        A. 지혜자의 눈은 머리에 있다 ································ 55
        B. 우매자는 흑암을 헤맨다 ···································· 57
    II. 지혜자나 우매자가 당하는 숙명이 같다 ····················· 58
        A. 지혜자나 우매자나 다 같은 운명 아래 산다 ······ 58
        B. 지혜를 더하기 위해서 노력한 것이 허사에 불과하다 ······ 59
    III. 지혜자나 우매자가 다 같이 망각된다 ························ 60

## 제5장 축제의 무모성 ···························································· 6

    I. 재산 상속과 후계자의 자질 문제 ································· 63
        A. 평생에 쓴 것을 한했다 ······································ 66
        B. 재산상속 ····························································· 67
        C. 후계자의 자질 ····················································· 67
    II. 재산 상속과 후계자의 윤리문제 ·································· 68
        A. 미래에 대한 보장이 없는 상황에서 자신의 지나간 과거의 노력에 대
           해 실망했다. ························································· 68
        B. 재산 상속자는 수고하지 않은 자이다 ················ 68
        C. 불로소득을 허용하는 것은 큰 해이다 ················ 69
    III. 재산 상속을 위한 축재의 무용성 ······························· 71
        A. 수고 ···································································· 71
        B. 마음에 애쓰는 것 ················································ 71

## 제6장 여호와의 관여하심 ···················································· 73

    I. 쾌락의 중요성 ···························································· 73
        A. 사람에게 있어 가장 좋은 것 ····························· 73

B. 하나님의 손에서 나온다 ……………………………………… 76
　Ⅱ. 쾌락의 체험 ………………………………………………………… 77
　Ⅲ. 쾌락의 가능성 ……………………………………………………… 77
　　　A. 하나님께서 기뻐하시는 자에게 지혜, 지식, 희락을 주신다 ……… 78
　　　B. 하나님께서 죄인에게는 벌주신다 ……………………………… 79

## 제7장 시간 관념 ……………………………………………………… 83

　Ⅰ. 시간의 범위 ………………………………………………………… 83
　　　A. 범사에 기한이 있다 ……………………………………………… 83
　　　B. 목적이 이룰 때가 있다 …………………………………………… 83
　　　B. 모든 목적이 이룰 때가 있다 ……………………………………… 86
　Ⅱ. 시간의 지배 ………………………………………………………… 87
　　　1. 인간 능력의 한계를 벗어난 시간의 지배를 받는 사건 ………… 87
　　　2. 인간의 노력과 시간의 변화가 들어맞아야 하는 사건 ………… 88
　　　3. 인간의 판단(감정)에 의해 결정을 요하는 사건들 ……………… 88
　　　4. 헐 때와 세울 때(판단과 결단) …………………………………… 89
　　　5. 울 때와 웃을 때, 슬퍼할 때와 춤출 때 ………………………… 90
　　　6. 돌을 던져 버릴 때와 돌을 거둘 때 ……………………………… 92
　　　7. 안을 때가 있고 안는 일을 멀리할 때 …………………………… 92
　　　8. 찾을 때가 있고 잃을 때가 있으며 ……………………………… 93
　　　9. 찢을 때가 있고 꿰맬 때가 있으며 ……………………………… 94
　　　10. 잠잠할 때가 있고 말할 때가 있다 ……………………………… 94
　　　11. 사랑할 때와 미워할 때, 전쟁할 때와 평화할 때 ……………… 95
　　　12. 일하는 자가 그 수고로 말미암아 무슨 이익이 있으랴 ……… 97

## 제8장 하나님의 관여하심 ………………………………………… 99

　Ⅰ. 하나님께서 인생들에게 노고를 주셨다 ………………………… 99
　　　A. 자연의 통치 - 타락 이전 - 다스리고 정복하라 하셨다. ………… 99
　　　B. 자연의 저주 - 창세기 ……………………………………………… 99
　Ⅱ. 하나님께서 자연을 아름답게 하신다 ………………………… 104
　Ⅲ. 하나님께서 인간들에게 영원을 사모하는 마음을 주셨다 …… 106
　Ⅳ. 하나님께서 인간들에게 한계를 주셨다 ……………………… 107
　Ⅴ. 하나님께서 인간들에게 목표를 주셨다 ……………………… 108
　Ⅵ. 하나님의 사역 …………………………………………………… 109

## 제9장 하나님의 심판 ……………………………………………… 111

Ⅰ. 인간의 심판은 불완전하다 ...................................... 111
　　　　A. 세상의 현실 - 하늘 아래 이루어지는 현실 .................. 111
　　　　　　1. 재판에 악이 있다 ...................................... 111
　　　　B. 세상의 마지막 심판(지혜자의 중심에 생각한 것) .......... 111
　　Ⅱ. 마지막 심판은 필연적이다 ...................................... 114
　　Ⅲ. 인생의 유한성에 기인한 교훈 .................................. 116

## 제10장 학대와 경쟁 문제 ................................................ 118

　　Ⅰ. 학대와 인생의 비극 .............................................. 118
　　Ⅱ. 영생과 인생의 비극 .............................................. 121
　　Ⅲ. 수전노의 허망함 .................................................. 123

## 제11장 인생의 사회성과 비극 .......................................... 127

　　Ⅰ. 사회의 필연성 .................................................... 127
　　　　A. 사회의 필요(두 사람이 한 사람보다 낫다) .................. 129
　　　　B. 사회의 기능 - 협력 ........................................ 129
　　　　C. 사회가 주는 혜택 - 육체적인 안일, 적으로부터의 보호 ...... 130
　　Ⅱ. 사회적 성공과 인생의 비극 .................................... 131
　　　　A. 요셉의 예 .................................................. 131
　　　　B. 대를 잇는 것이 불가능하다 .................................. 133

## 제12장 신앙생활중의 어리석음 .......................................... 137

　　Ⅰ. 의식 절차상 자제하라 .......................................... 137
　　　　A. 말씀을 청종하라 ............................................ 137
　　　　B. 말씀을 들음으로 우매함을 깨달을 수 있다 .................. 137
　　Ⅱ. 말을 조심하라(기도 및 예배에 조심하라) ...................... 140
　　　　A. 하나님과의 관계 ............................................ 140
　　　　B. 세상과의 관계 .............................................. 141
　　Ⅲ. 서원에 조심하라 ................................................ 142
　　　　A. 서원했으면 반드시 갚으라 .................................. 142
　　　　B. 서원하지 말라 .............................................. 142
　　Ⅳ. 모든 생활에 자제하라 .......................................... 145

## 제13장 경제생활중의 어리석음 .......................................... 147

　　Ⅰ. 물욕의 무모성 .................................................... 147

```
        A. 물질 소유의 원리에 대한 교훈 ·················· 147
        B. 자연의 원리 ··········································· 149
        C. 소유욕의 무모성 ····································· 151
    II. 저축의 무모성 ············································· 152
        A. 재물의 유독성 ········································ 152
        B. 재물의 시한성 ········································ 152
        C. 재물의 한계성 ········································ 153
```

## 제14장 은혜의 선물 ············································· 155

    I. 낙을 누리는 것은 자연스러운 상황이다 ············· 155
        A. 수고하고 낙을 누리는 것 ·························· 155
    II. 낙을 누리는 것은 하나님께서 주시는 선물이다 ··· 157
    III. 낙을 누리는 중 하나님을 잊어버린다 ············· 158

## 제15장 기쁨을 주지 못하는 재물 ·························· 161

    I. 부유를 누리지 못하는 폐단 ···························· 161
        A. 부유와 존귀는 하나님께서 주신다 ·············· 161
        B. 부유와 존귀를 누리는 것을 받지 못했다 ······ 161
    II. 낙을 누리지 못하는 폐단 ······························ 165
        A. 자녀들로 인해 낙을 누리지 못한다 ············· 165
        B. 장수함으로 심령에 낙을 누리지 못한다 ······· 165
        C. 낙태된 자만 못하다 ································· 165
    III. 인생의 욕구를 만족시킬 수 없는 폐단 ············ 167
        A. 인생 수고의 목표 ···································· 168
        B. 인생 수고의 모순 ···································· 168

## 제16장 인생의 노력의 무모성 ······························ 171

    I. 역사의 실존성 ·············································· 171
    II. 역사의 인증성(人證性) ································· 173
    III. 역사의 질서 ··············································· 177
    IV. 역사의 복합성 ············································ 178

## 제17장 지혜롭게 사는 생활 ································· 181

    I. 인생의 지혜는 슬픔과 죽음 가운데서 발견된다 ··· 181
    II. 인생의 지혜는 부패할 수 있다 ······················ 185

  Ⅲ. 인생의 지혜는 유용하다 ..................................................... 187

## 제18장 지혜롭게 사는 생활 ......................................................... 191
  Ⅰ. 인생의 지혜는 유용하다 ..................................................... 191
  Ⅱ. 인생의 지혜는 하나님의 섭리에 순복하는 것이다 .............. 193
  Ⅲ. 인생의 죄는 필연적이다 ..................................................... 197
  Ⅳ. 인생의 저주는 보편적이다 ................................................. 198

## 제19장 지혜나 선한 인재를 찾는 무모함 ..................................... 199
  Ⅰ. 인간의 노력으로 지혜를 발견하는 것은 불가능하다 ........... 199
  Ⅲ. 인생의 타락의 보편성 ......................................................... 205

## 제20장 지혜로운 자와 현실 생활 ................................................. 209
  Ⅰ. 지혜로운 자와 정권 ............................................................. 209
    A. 지혜자와 개인 ............................................................... 209
    B. 지혜자의 권면(사회생활) ............................................. 211
  Ⅱ. 지혜로운 자와 하나님의 섭리 ............................................. 213

## 제21장 악인과 의인의 비교 ......................................................... 215
  Ⅰ. 악을 피하고 선을 따르라 ..................................................... 215
  Ⅱ. 희락의 권장 ......................................................................... 219
  Ⅲ. 인간의 한계 ......................................................................... 221

## 제22장 하나님의 통치 ................................................................. 225
  Ⅰ. 모든 사람은 다 죽는다 ......................................................... 225
  Ⅱ. 죽음의 의미 ......................................................................... 227
  Ⅲ. 죽음에 대한 대비 ................................................................. 228

## 제23장 예측할 수 없는 인생 ....................................................... 235
  Ⅰ. 인생의 불확실성 ................................................................. 236
  Ⅱ. 지혜의 불확실성 ................................................................. 239

## 제24장 인생의 불안전성 ............................................................. 243
  Ⅰ. 어리석음과 지혜 ................................................................. 243

Ⅱ. 권력자와의 관계 ·············································· 246
　　Ⅲ. 지혜의 교훈 ···················································· 248

제25장 실제적인 생활의 교훈 ·········································· 251
　　Ⅰ. 지혜롭게 사는 것과 어리석게 사는 것 ················ 251
　　Ⅱ. 나라의 존망의 원리 ········································ 256
　　Ⅲ. 권력제도를 존중하라 ······································ 258

제26장 인생의 불확실성 ················································· 261
　　Ⅰ. 인생들을 위한 준비 ········································ 261
　　Ⅱ. 인생의 지식에는 한계가 있다 ··························· 264
　　Ⅲ. 가장 지혜로운 삶 ············································ 268

제27장 최선의 삶 - 하나님을 기억하라 ···························· 271
　　Ⅰ. 젊은이들에게 주는 교훈 ·································· 271
　　Ⅱ. 여호와를 경외하라 ········································· 275

제28장 인간의 본분 ······················································ 281
　　Ⅰ. 전도자의 노력 ················································ 281
　　Ⅱ. 전도자의 충고 ················································ 286

결　　론 ······································································ 291

# 서 론

3000여년 전세계에서 제일 큰 무역회사를 경영했던 솔로몬은 그의 무역선을 세계 구석구석에 보내 모든 진귀한 것을 다 수입해 들여 그 당시 누구도 따를 수 없는 큰 부자로 부러운 것 없이 마음껏 영화를 누리고 살았다.

그의 상선대는 세계 각지를 다니면서 솔로몬의 지혜와 그의 부귀영화에 대해 자랑했기 때문에 솔로몬의 이름은 세계 각처에 알려지지 않은 곳이 없었다. 이렇게 신비한 존재로 전세계에 명성을 떨쳤던 솔로몬이 실제로 행복했던 사람이냐 하는 것은 의심스럽다. 1000명이나 되는 처첩을 거느려야 했던 솔로몬은 아마도 세계에서 마음 고통을 제일 많이 겪은 사람이었을 것이다. 전도서는 이 세상에서 최고의 성공을 함으로 세계적으로 명성을 떨쳤을 뿐만 아니라 세계 최고의 부자가 되어 하고 싶은 모든 일을 다 해보았던 사람의 영혼이 신앙을 추구하면서 이리저리 찾아다니는 모습을 보여주는 일종의 신앙편력기라고 볼 수 있다. 솔로몬이 왕이었고 지혜자인 동시에 유능한 사업가로서 자기 일생의 모든 경험이나 자기 마음속에 있는 말을 툭 털어놓고 솔직하고 시원스럽게 말해주고 있는 것이 전도서의 특징이다.

전도서 1장 1절에 "다윗의 아들 예루살렘 왕 전도자의 말씀"이라고 우선 저자 자신이 전도서를 기록한 사실을 명확히 밝히고 있다. 다윗에게 아들이 여럿 있었지만 그 아들 중에 예루살렘에서 왕위로 즉위했던 아들은 솔로몬밖에 없었기 때문에 전통적으로 전도서의 기자는 솔로몬이라고 알려졌다.

일부 학자들 중에서 이 전도서를 솔로몬이 기록한 것이 아니라 2

세기 내지 3세기경 헬라의 쾌락주의와 염세주의의 영향을 받은 사람이 기록한 책인데 솔로몬의 글이라고 위장한 것이라고 솔로몬이 저자라는 사실을 부정하는 학자들이 있다. 그러나 최근 구약학자들 중 특히 유대인 학자들 사이에서는 오히려 1장 1절에 있는 "다윗의 아들 예루살렘 왕"이라고 한 것은 솔로몬에게 해당하는 호칭이 분명하고 다른 사람일 수 없다는 이론이 일반화되었다.

전도서 자체가 "다윗의 아들 예루살렘 왕"이라고 했을 뿐만 아니라 전도자의 말씀이라고 설명하고 있는데 "전도자"라는 말은 히브리어로 코헤렛(קהלת)이다. 코헤렛은 카헬(קהל)이란 동사에서 온 명사이다. 카헬이란 동사는 불러모은다는 뜻으로 사람들을 불러 모아놓고 말을 전하는 사람을 가리켜 코헤렛이라고 했다. 다시 말하면 한두 사람을 상대로 전도하는 것이 아니라 많은 사람을 불러 모아놓고 설교를 하거나 전도하는 사람을 코헤렛이라고 불렀다. 전도서는 영어로는 Ecclesiastes라고 했는데 모인 집단이란 뜻의 Ecclesia를 Ecclesiastes(εκκλησιαστης)라고 여성명사화한 것으로 "모아 놓고 말하는 사람"이라는 뜻이다. 그런 의미에서 전도서라는 제목은 "지혜자" 혹은 "설교자" 또는 본문에 기록된 대로 "전도자"라고도 제목을 붙일 수 있는 것이다.

열왕기상 8장 1절에 솔로몬이 가끔 이스라엘 백성들을 모아놓고 자기의 지혜를 강론한 기록이 있다. 그뿐 아니라 구약의 주석책인 미드라쉬에 의하면 솔로몬이 자기 자신의 지혜를 강론하기 위해서 혹은 설교를 하기 위해 예루살렘성의 백성들을 모아놓고 말씀을 전파할 때 주변의 외국 사람들도 상당히 많이 와서 그의 말씀을 들었다고 한다. 이렇게 솔로몬이 가끔 설교나 혹은 지혜의 말씀을 강론한 것이 역사적으로 증명되기 때문에 솔로몬을 지혜자 혹은 전도자라고 불렀던 것은 지극히 당연한 일이다.

솔로몬이 전도서를 기록했다는 사실을 주장할 때 문제가 되는 것은 전도서는 주전 1000년경에 기록된 책이라고 볼 수 있는데 그 내용 중에 주전 400-500년대의 술어가 많이 사용되었다는 사실이다. 이런 사실을 지적해 이것은 솔로몬이 기록한 것이 아니라 후세 사람들이 기록한 것이라고 평하는 것이다. 그럴 뿐만 아니라 독일의 학자 그라츠(Gratz)는 전도서는 한 개의 사상만이 아니라 세 가지 다른 사상이 하나로 묶여 있는데 이것은 한 사람의 기록물이 아니라 세 사람의 작품을 하나로 편집해냈기 때문에 세 사람의 사상이 중첩되어 기록된 것을 증거한다고 주장했다. 이러한 이론을 설명하는 방법으로 원래 전도서의 골조에 해당하는 부분의 염세주의적이고 숙명론적인 요소가 있는 부분을 기록한 사람은 엣씬파에 속했던 사람이었고 나머지 부분은 다른 사람에 의해 첨부된 것이라고 주장한다.

바벨론 포로에서 돌아온 후 북방의 팔티안들(지금의 중앙 아시아 사람들)이 침략해 내려와서(주전 40년경) 한때 파레스틴 일대를 전부 점령한 때가 있었다. 이렇게 계속해서 강력한 힘으로 침략해 오는 팔티안들 때문에 시리아의 안티오커스 에피파네스는 북방 국경지대를 방어하기 위해 출전을 하고 있었기 때문에 남방 식민지인 유다의 마카비 형제들이 몇 백, 몇 천 명되는 독립군 정도는 신경을 쓸 여유가 없었다. 또 북방 국경지대를 안정시킨 후 나려와서 한 번만 작전을 하면 완전히 멸할 자신이 있었기 때문에 마카비 형제들의 독립운동을 어린애들 장난처럼 무시해 버리고 북방에서 팔티안과의 전쟁에만 전력을 기울이고 있었다. 이렇게 시리아 군사들이 참견하지 못하는 사이에 마카비 형제들 중 특히 막내아들이었던 시몬이 탁월한 전술로 시리아의 잔여 주둔군사를 물리친 후 독립을 선언했다. 이 당시 산헤드린에서는 이렇게 독립을 선언한 사실에 감격해서 시몬에게 합법적인 제사장이 나올 때까지 계속해서 대제사장권을 갖게 하면서 민정의 수뇌도 삼았고 군사의 지휘권을 줌으로 종교, 정치, 군사의 삼권을 다 시몬에게 주어 버렸다. 원래 레위지파 중에서 아론의 자손들만 제사장이 될 수 있었고 그 중에서도 다윗 이래 사독 가문의 자손들만 대제사장이 될 수 있었는데 마카비는 레위 지파 사람이기는 했지만 사독가문의 자손이 아니었기 때문에 대제사장이 될 수 없었다. 그뿐 아니라 대제사장이 정권과 군사권을 동시에 소유할 수 도 없었다. 구약시대에는 항상 왕권과 대제사장권은 분리돼 있었고 군사권은 또 별개의 것으로 마치 삼권 분리의 제도처럼 되어 있었는데 이것을 전부 산헤드린이 시몬에게 넘겨주어 마카비 형제 다섯 명이 몇 십년 동안 정권을 잡고 휘두르게 되었다. 일부 애국자들이 이런 썩은 정권 밑에서는 신앙생활을 할 수 없다고 예루살렘을 떠나 광야로 나가서 참 메시아가 오실 때까지 기다린다고 하면서 순수한 신앙생활을 하려고 노력했던 사람들이 생겼는데 이들이 바로 엣쎈파이다.

  이들은 세상을 등지고 광야에 나가서 메시아의 오심을 기다리고 있었기 때문에 재산을 모으려고 노력하지도 않았고 권력을 잡으려고 노력하거나 쾌락을 추구하지 않았다. 세상에서 영화를 누리는 것은 전부 헛되고 헛된 것이라고 가르치면서 염세주의적인 생활을 했다. 원래의 전도서 저자는 이런 엣쎈파였기 때문에 전도서에는 염세주의적인 요소와 스토익철학의 숙명론적 요소가 많이 있다고 주장했다.

  전도서의 내용중 가끔 쾌락주의적인 요소가 나타나는 것은 헬라철학에 익숙했던 사람이 후에 제 2차적으로 편집하면서 쾌락주의적인 요소를 첨부했기 때문에 생긴 현상일 뿐만 아니라 이 전도서는 염세주의와 스토익철학의 숙명론, 그리고 쾌락주의까지 첨부된

잡서이므로 유대인의 종교적인 전통에 의해 수정해야 된다고 생각해서 바리새인이 유대인의 감정이나 종교적인 전통에 맞추어서 3차적으로 편집작용을 해냈다고 주장했다. 따라서 현재 우리가 가지고 있는 전도서는 서너 번에 걸친 편집작용에 의해 새로 쓰여졌기 때문에 사상이 일치되지 않고 서로 모순 당착에 빠져 있는 경향이 많이 있다고 주장했다.

아론 마커스(Aaron Marcus)는 이 문제를 전혀 새로운 각도에서 설명하고 있다. 원래 전도서는 이스라엘 백성들이 별로 많이 사용하지 않던 책인데 앗수리아제국의 살곤왕이 사마리아로 침략했을 때(주전 732년) 히스기아 왕의 신하들이 발견해서 편집해낸 책이라고 주장했다.1)

한국 역사에도 고려 때 원나라가 침략해 들어오니까 방어할 방법이 없으므로 고려 조정에서 부처님의 힘에 의해 원군을 물리칠 수 있으리라고 믿어 적군이 침략해 와서 불화살을 쏘아대는 데도 앉아서 8만 대장경을 새기고 있었다. 마찬가지로 이스라엘도 대 앗수리아 제국의 살곤왕이 20여만 명의 군사를 이끌고 침략해 들어오는데 방어할 능력이 없었으므로 성전에서 전도서를 뒤져내어 그것을 (731-2년경) 그 당시의 언어로 다시 정리 편집해 냈다고 한다.

전도서가 정경 속에 포함될 수 있는 책인가 아닌가 하는 문제는 그 내용을 잘 이해하지 못한 상태에서 항상 거론의 대상이 되기도 했다. 솔로몬의 아가도 정경에 포함되지 않고 항상 문제가 되어 있었는데 그 이유는 아가서는 일종의 연애 편지라는 이유였고 전도서도 그 내용의 사상이 유대인들의 종교적인 전통에 일치되지 않는 것이라고 해서 잘 읽히지 않고 숨겨져 있던 책이다.

---

1) Aron Marcus, A. Cohen.,ed. The Five Megilloth, (New York: The Soncino Press, 1984. p. 25

히스기야가 왕위에 있을 때에 히스기야의 신하들이 사마리아에서 솔로몬의 전도서를 발견했고 살곤 왕의 침략을 받으면서 솔로몬의 글 세 권을 다 하나님의 말씀이라고 강조하기 시작했다고 주장한다. 실제로 잠언 25장 1절에 히스기야 때 책을 정리한 사실을 지적하고 있다. "이것도 솔로몬의 잠언이요 유다왕 히스기야의 신하들이 편집한 것이니라."(잠언 25:1) 이 잠언 25:1절을 주석한 미드라쉬(구약의 주석책)에 보면 이것이 솔로몬의 전도서, 아가, 그리고 잠언을 의미하는 것이라고 설명하고 있다.

유대인들은 오순절이 지난 후 가을에 다가오는 쑥곳이라는 장막절을 지키는 축제가 있는데 이 장막절은 하나님께서 이스라엘 백성을 애굽에서 해방시켜서 광야에서 40년 동안 집도 없이 장막을 치고 살았어도 먹고 마실 것을 공급해 주셨던 일을 기념하는 절기이다. 이 쑥곳 혹은 장막절은 8일 동안 지켜야 했기 때문에 필연적으로 안식일이 끼게 되는데 안식일에 전도서를 처음부터 끝까지 다 읽었다고 한다. 그뿐 아니라 장막절은 장차 메시아가 오시어서 천년왕국을 이 땅위에 건설하셔서 이 땅위에 모든 사람들이 먹고 마실 것에 대한 걱정을 할 필요가 없이 편하게 살 수 있는 지상 낙원이 건설될 것을 예표로 제시하는 기쁜 절기였다. 이렇게 기쁜 절기에 왜 하필이면 전도서를 읽느냐 하는 문제가 있다. 40년 동안의 광야의 생활은 그렇게 편한 것은 아니었다. 마찬가지로 광야와 같은 이 세상을 사는 동안은 역경과 고통이 필연적으로 수반되는데 그런 것에 불평 불만하지 말고 장차 하나님께서 주실 평안한 안식처를 바라보고 기대하는 신앙으로 현실적으로 눈앞에 닥치는 모든 역경을 극복하라는 의미에서 전도서를 장막절에 읽었다고 한다.[2]

---

2) Aaron Marcus, op., cit,. p. 16

이상의 그라츠의 이론이나 마크스의 이론 같은 것은 성경의 정경성을 부인하는 자유주의자들의 이론일 뿐이다. 우리는 다른 이론들을 더 연구할 필요가 없이 성경 자체에서 전도서가 "다윗의 아들 예루살렘 왕 전도자의 말"이라고 분명히 말해주는 대로 전도서를 솔로몬이 기록한 책으로 받아들이고 전도서를 연구하려 한다.

# 제1장 영혼의 일기장

(신앙 편력 - 인생의 유익한 것이 무엇인가?)
본문 : 전도서 1:1-11

## I. 내용 : 전도자의 말(קֹהֶלֶת)

1:1- "다윗의 아들 예루살렘 왕 전도자의 말씀이라"

전도자의 말 : 우주의 원리 = 물질세계를 지배하는 형태 변화 무쌍한 현실 세계에 관한 사항.

1절에서 '전도자의 말씀'이라고 한 '말씀'은 로고스(λόγος) 혹은 다발(דָבָר)이라는 말로 이것은 원리 원칙을 뜻하는 단어이다.

1:2절에 전도서 기자가 지적하는 헛되다는 것은 눈에 보이는 현실 세계 혹은 현실과 관계된 모든 인간들의 역사나 경험 같은 것은 헛되고 헛된 것이라는 뜻이다. 그러나 전도자라고 불리는 솔로몬이 전파했던 "말씀"은 우주의 원리 원칙을 지배하고 변화 무쌍한 물질 세계를 지배하며 현실 세계를 지배하는 영원한 진리이다.

## II. 교훈(1:2-11)

1:2 "전도자가 가로되 헛되고 헛되며 헛되고 헛되니 모든 것

이 헛되도다"

## A. 모든 것이 헛되다(복수 두번 - 7번 반복)
(חֲבֵל חֲבָלִים אָמַר קֹהֶלֶת הֲבֵל חֲבָלִים הַכֹּל הָבֶל)

2-11절까지는 전도자가 전파했던 말씀의 내용(교훈)인데 모든 것이 헛되다고 했다. 우리말 성경에는 헛되고 헛되며 헛되고 헛되니 모든 것이 헛되다고 다섯 번 헛되다는 말이 반복되었는데 히브리어 원어로는 헛되고 헛되다라는 두 번째 헛되다는 말은 복수이고 또 헛되고 헛되다라는 말이 복수로 나와서 전체적으로 헛되다는 말이 일곱 번 반복되었다. 이렇게 일곱 번 반복된 사실에 근거해서 램반(Ramban)은 만물은 그 근원으로 돌아간다는 뜻에서(Make a Mist of Mist's) 하나님께서 7일 동안에 천지 만물을 창조하셨는데 1일에 창조하신 것도 헛되고 2일에 창조하신 것도 헛되고 3일에 창조한 것도 헛되고 4일… 5… 6…7일에 창조한 모든 것이 다 헛되다고 선포하기 위해서 일곱 번 반복했다고 설명한다. 그러나 이것은 숫자놀이를 잘하는 유대인들의 습성에 지나지 않는다.

또 어떤 학자들은 이 일곱 번 헛되다고 반복한 것은 인생의 일곱 번의 단계를 설명하는 것으로 그 모든 일곱 개의 단계가 헛된 것을 선포한 것이라고 주장했다.

1. 첫 번째 단계는 한 살 때인데 어린아이가 갓 났을 때 모든 사람들이 왕이나 왕후처럼 귀중하게 감싸고 위해 주는데 그것이 사실은 별것 아니고 헛된 것이라는 뜻이다.
2. 두 번째 단계는 두 살부터 세 살까지인데 이때는 돼지처럼 무엇이든지 움켜잡고 먹는데 돼지처럼 먹어봤자 헛된 것에 해

당하는 것이다.
3. 세 번째 단계는 열 살이 됐을 때인데 열 살쯤 되면 염소처럼 팔짝팔짝 뛰어 다니는데 이것 역시 헛된 것에 불과하다.
4. 네 번째 단계는 20세 때인데 이 때는 말처럼 뒷발로 서서 자기가 잘났다고 힘을 줄 뿐만 아니라 암말을 찾아 헤매 다니는 때인데 그것도 헛된 것이다.
5. 다섯 번째 단계는 결혼한 뒤인데 결혼을 하고 나면 등에 짐을 진 노새처럼 땀을 뻘뻘 흘리면서 고생을 하고 있으니 역시 헛되다.
6. 여섯 번째 단계는 결혼을 해서 아이들이 생긴 후에는 가족들을 벌어 먹이기 위해서 개처럼 정신없이 이리 뛰고 저리 뛰어야 되는 시기이니 역시 헛되다.
7. 일곱 번째 단계는 다 늙은 뒤 활동이 자유스럽지 못해서 원숭이처럼 앉아서 먼 산이나 바라보면서 가려운 데를 긁적거리며 소일하게 되는 상태이니 이 모든 인간의 단계가 다 헛되고 헛되다고 지적하는 방법으로 일곱 번 헛되다고 했다고 설명하고 있다.

철학자들은 "Being"(있는 것)은 변하지 않는 것이라고 주장한다. 이것은 신학적인 술어로는 하나님이라고 할 수 있는데 하나님은 영원 전에 계셨고 지금도 계시고 영원 후까지 계신다. 옛부터 영원한 미래까지 전혀 변하지 않고 항상 계시는 하나님이란 뜻이다. 반면에 물질 세계, 현실 세계는 철학적인 술어로 "Becoming"(변하는 것)이라고 하는데 이것은 변하는 상태를 말한다. 모든 물질세계는 무엇이든지 다 계속해서 변한다. 아무리 큰 산이라도 정지 상태에 있는 것이 아니라 사태가 나서 무너지고 강도 메워지며 나무도 늙으면 쓰러지고 인생도 낫다가 성장해서 늙어 죽고 또 낳고 또 죽고 또 낳고 또 죽어 항상 변하는 것이다. 그러나 하나님만은 영원히 불변하시는 하나님이시다. 전도서를 지혜롭게 잘 관찰하면 염세주의나 스토익철학의 숙명론을 가르치는 것이 아니다. 영원토록 불변하시는 하나님을 가르치고 있는 철저한 성서 사상이다. 하나님만이 영원히 불변하시는 존재이신 까닭에 모든 인간은 하나님을 경외하고 또 그에게 의존하고 신앙으로 그에게 접붙임을 받고 있지 않은 한 모든 것이 헛되고 헛되다는 사실을 분명히 가르치고 있다.

"무릇 하나님의 행하시는 것은 영원히 있을 것이라 더할 수도 없고 덜할 수도 없나니 하나님이 이같이 행하심은 사람으로 그 앞에서 경외하게 하려 하심인 줄을 내가 알았도다"(전도서 3:14)

"일의 결국을 다 들었으니 하나님을 경외하고 그 명령을 지킬찌어다 이 것이 사람의 본분이니라. 하나님은 모든 행위와 모든 은밀한 일을 선악간에 심판하시리라."(전도서 12:13-14)

위에 인용한 절수들은 전도서의 결론에 해당하는데 모든 인간이 발붙이고 사는 이 물질 세계는 계속해서 변하는 헛되고 헛된 것이기 때문에 의존할 것이 못된다. 그러나 하나님은 영원히 불변하신 분이시고 그가 관장하시는 진리는 영원할 뿐만 아니라 궁극적으로 선과 악을 심판하실 분은 하나님 한분 뿐이시다. 그런 상태에서 인간이 취할 수 있는 태도는 하나님을 경외하고 그 명령을 지키는 것이고 이것이 사람의 본분이다. 이러한 전도서의 깊은 내용을 깨닫지 못하고 헛되고 헛되다고 반복된 부분만 읽고 나면 우울증에 걸려 이렇게 헛되고 불안한 세상에 사느니 차라리 죽는 것이 낫겠다고 자살해 버리는 사람들이 쏟아져 나올 것이다. 따라서 인생의 근본 목적은 여호와 하나님을 경외하고 그의 명령을 지키는 것이라는 사실을 전제로 하고 전도서를 읽어야 한다.

## B. 인생의 유익한 것이 무엇인가?(1:3-11)

1:3-11 "사람이 해 아래서 수고하는 모든 수고가 자기에게 무엇이 유익한고"

여기에 "무엇이 유익한고"라고 번역된 단어는 야톤(מַה־יִּתְרוֹן ;남다, 견디다)이라는 단어인데 가치관의 척도로, 유용성이 아니라 끝까지 변치 않고 남아 있는 것을 말한다.

이 단어는 다른 성경에는 한 번도 나오지 않고 전도서에만 열 번 나오는 단어로 전도서를 이해하는 데 대단히 중요한 단어이다. "무엇이 우리에게 유익한고"라고 한 질문은 마치 무엇이 우리에게 이익을 줄 수 있는가 라는 공리주의자들의 질문 같은데 그보다는 오히려 가치관을 말하는 것으로 무엇이 변하지 않고 또 없어지지 않고 항상 남아 있어서 인생에게 참된 의미를 주는 영원한 진리이냐? 라는 뜻으로 번역되어야 한다.

"해 아래"라는 표현은 전도서에 29번 사용됐다. 이 "해 아래"라는 것은 인간들의 활동 영역을 말하는 것으로 영원 전부터 영원 후까지 계시는 하나님과 비교해서 인간들의 활동 영역이 "해 아래" 국한되어 있음을 말한다.

해 아래 사는 인간들의 수고는(שֶׁיַּעֲמֹל)땀을 흘리며 하는 힘들고 어려운 노동을 의미하는 단어이다. 다시 말해 인간들이 이 세상에서 피땀을 흘리고 뼈가 부서지도록 일을 해봤자 남는 것이 없어서 인간들의 모든 수고와 노력이 헛되다고 지적했다.

이스라엘의 유명한 실존주의 철학자 말틴 부버(Martin Buber 1878-1965)는 사람이 돈을 벌고 명예를 추구하고 권력을 잡는 것 등은 별것이 아니고 바람이 불면 전부 날아가 버리는 빈 쭉정이에 불과하다고 주장했다. "사람이 해 아래서 수고하는 모든 수고가 자기에게 무엇이 유익한고"라고 말한 전도자의 말과 같다. 인간에게 있어서 가장 귀중한 것, 영원토록 변하지 않고 남아 있는 것은 "나와 하나님"과의 품성적인 관계를 옳게 유지하는 것이다. 따라서 내가 추구해야 될 것, 또 내 인생의 궁극적인 목표가 되어야 하는 것은 하나님과 나 사이의 관계를 옳게 정립해 나가는 것("I and Thou" - 나와 하나님)이라고 했다.3)

1:4 "한 세대는 가고 한 세대는 오되 땅은 영원히 있도다"

**(인생의 변화무쌍한 상태)**

근래에 와서는 인간들의 수명이 길어져서 80-90세까지 사는 사람이 많아졌다.

인류의 역사를 10,000년 정도라고만 가정해도 그 만년 중에 100년 동안 살 수 있었던 것은 매우 짧은 기간에 불과하다. 30년을 대개 한 세대라고 기준을 잡는데 사람인 경우 대개 20세로부터 50세까지는 사람 대우를 받아서 한 세대를 장식하는 존재로 취급한다. 30년의 활동 기간이 지나면 세대 밖으로 사라져 가는 그림자로 취급해서 언덕을 넘어 인생의 황혼 길을 걷고 있다고 말한다. 사람들은 황혼의 언덕길을 넘어서면 죽지 않으려고 대단한 노력을 한다. 몸에 좋다는 보약은 물론 심지어 뱀이나 지렁이까지도 잡아먹은 한국 사람들 중에 죽지 않고 200세나 300세까지 산 사람이 하나도 없다. 좋다는 것 다 골라 먹은 사람이나 그렇지 못한 사람들은 1년이나 2년의 차이는 있을는지 모르나 죽기는 다 마찬가지이다.

---

3) Martin Buber, I and Thou. Kaufman, Walter, tr.(Hudson River Edition) Scribner, 1970.

전도서 기자는 "한 세대는 가고 한 세대는 오되 땅(지구 자체)은 영원히 있도다"고 했다.

> 1:5-7 "해는 떴다가 지며 그 떴던 곳으로 빨리 돌아가고 바람은 남으로 불다가 북으로 돌이키며 이리 돌며 저리 돌아 불던 곳으로 돌아가고 모든 강물은 다 바다로 흐르되 바다를 채우지 못하며 어느 곳으로 흐르든지 그리로 연하여 흐르느니라"

태양의 움직임, 바람이 부는 것, 자연 환경이나 기후는 일정함이 없이 항상 변하는 것이다. 또한 인간들이 정확하게 분석하고 이해하는 것조차 불가능하다. 그러나 하나님만은 영원 전부터 영원후까지 전혀 변하지 않는 분이시고 그 여호와 하나님을 경외하는 인간의 참된 신앙도 매우 중요한 것이어서 영원히 변하지 않고 남아 있는 것이다.

3000여년 전에 세계에서 제일 지혜로웠던 전도서 기자가 이렇게 해가 떴다가 지고 바람이 남으로 불다가 북으로 돌아 불고 강물이 계속해서 바다로 흐르는 데도 바다를 채우지 못하는 등 자연의 변화에 대해 잘 알 수 없다고 고백했다. 오늘날 기상학자들은 컴퓨터를 가지고 가능한 모든 데이터를 수집해서 기후의 변화를 측정해 정확한 일기예보를 하려고 많은 연구를 하지만 역시 정확한 일기예보를 하지 못한다. 자연에는 질서가 있는 것 같은데 혼돈 상태에 있고 또 혼돈상태에 있는 것 같은데 다시 살펴보면 어느 정도의 질서가 있기 때문에 현대 기상학자들이 "대기는 완전히 혼돈 상태에 있다(Chaos Theory)"는 어리둥절한 이론을 발표했다.

> 1:8 "만물의 피곤함을 사람이 말로 다 할 수 없나니 눈은 보아도 족함이 없고 귀는 들어도 차지 아니하는도다 이미 있던 것이 후에 다시 있겠고 이미 한 일을 후에 다시 할찌라 해 아래는 새것이 없나니 무엇을 가리켜 이르기를 보라 이것이 새것이라 할 것이 있으랴 우리 오

래 전 세대에도 이미 있었느니라. 이전 세대를 기억함이 없으니 장 래 세대도 그 후 세대가 기억함이 없으리라."

## 만물의 피곤함(כָּל־הַדְּבָרִים יְגֵעִים)

"All Things to toil to weariness"

만물이 피곤할 수 있는가? 자연도 피곤을 느낄 수 있는가?

우리가 살고 있는 자연은 두 번씩이나 하나님의 저주를 받았기 때문에 만물이 피곤한 가운데 신음하고 있는 것이다. 아담이 타락했을 때 땅이 저주를 받아 가시덩굴과 엉겅퀴를 내게 했다. 그뿐만 아니라 가인이 아벨을 쳐죽인 후에 땅에 붙어사는 인간들도 저주를 받아 한 장소에 정착해서 살지 못하고 항상 유리 방황하는 나그네가 되었다. 이렇게 저주받아 피곤한 상태에 있는 지구 표면에서 과학자들이 아무리 자연의 법칙을 연구하려고 해도 알 수 없는 것이다. 하나님께서 원하실 때 폭풍우를 내리게 하시고 가물게도 하시고 단비를 내리기도 하시는데 하나님께서 직접 이 우주 안에 들어오셔서 관여하시고 보존하시고 계신다는 이 엄연한 사실을 계산 속에 집어넣지 않은 상태에서는 아무리 천체를 살피고 지구 표면의 모든 자료를 다 수집해서 컴퓨터에 데이터를 집어넣어도 전혀 정확한 답이 나오지 않는 혼돈상태(Chaos Theory)에 있을 수밖에 없다.

현재 자연 과학은 경험주의에 근거해서 이론이 정립되어 있는데 하나님의 관여하시는 역사나 하나님께서 자연을 저주하셨다는 사실을 인정하지 않은 채 오관을 통해 눈으로 보고 코로 냄새를 맡고 입으로 맛을 보고 피부로 느끼는 등의 경험을 통한 것이나 혹은 실험실에서 여러 번 실험을 반복해서 수집된 자료에 의해 결론을 내리고 그 것이 과학적인 진리라고 주장한다. 그러나 사람이 눈이 있어도 볼 수 있는 능력에는 한계가 있고 보는 눈이 있으나 보는 각도가 다르고 귀가 있어도 정확하게 듣지 못하거나 엉뚱한 것을 듣고 헛소리를 하기 때문에 경험을 통해 얻어진 자료들이 하나도 일치하지 못하고 전부 의견이 다르므로 주관적인 요소를 너무 많이 내포하고 있다. 이러한 주관적인 경험은 객관적인 진리를 설명할 수 없는데 이것이 바로 경험주의의 문제점이다.

> 1:11 "이전 세대를 기억함이 없으니 장래 세대도 그 후 세대가 기억함이 없으리라."

과거도 망각하고 현실도 정확하게 관찰하지 못하고 더군다나 미래를 위한 준비는 더 못하는 것이 인간의 한계성이다.

아담이 선악과를 따먹고 에덴 동산에서 쫓겨난 후에 960살을 살았다고 했는데 960년 동안 무엇을 했는가? 아들딸을 낳았다는 내용은 창세기 5장 1절 이후에 있는데 그러면 아들딸만 낳고 아무 것도 한 일이 없는가? 에덴동산에서 타락한 사실에 대해서 자녀들에게 교훈을 제대로 시켰는가? 만일 제대로 교훈을 시켰으면 왜 노아 때 모든 사람들의 생각이 항상 악한 것뿐이었는가? 에덴동산에서 직접 하나님을 만났고 하나님께 직접 처벌을 받았던 아담이 그 이후에 똑같은 범죄를 하지 않도록 가인에게 교훈시키지 못했고 라멕에게도 교훈하지 못했었는가? 멀리 갈 것 없이 과거 우리 조상들의 좋은 경험을 통해 모범이 되는 교훈들이 그렇게 많이 있지만 우리는 그런 것들을 다 잊어버리고 마치 새롭게 인생을 개척하면서 사는 것 같다. 사람들이 세상에 태어난 이후 부모에게서 배우고 초등학교 1학년부터 대학에 가서 학박사 학위를 받기까지 계속해서 배우므로 지식은 많이 습득했어도 옛날 사람들보다 더 지혜롭게 산다는 주장을 할 수 없는 것 같다.

그뿐만 아니라 현재 우리는 잘 발달된 통신 수단을 통해 전 세계에서 일어나는 모든 뉴스를 그때그때 보고 듣고 있지만 이 모든 자료를 내 생활에 연관시켜 올바른 교훈을 받는 것이 아니라 그런 일이 있었구나 하고 넘겨 버리는 정도이다.

미래의 문제에 있어서 내일이 오고 내년이 온다는 것은 누구나 알고 있는 기정사실임에도 내일을 위해서, 내년을 위해서, 미래를 위해 준비하는 일은 극히 드물다. 새 학기가 시작되면 학기말 시험이 반드시 다가온다는 사실은 마치 아침이 되면 반드시 해가 떠오르는 것처럼 기정된 사실이다. 그럼에도 한 학기 내내 놀다가 시험 보는 날 몇 시간 전에 시험 공부를 하는 일이 많다. "이전 세대를 기억함이 없으니 장래 세대도 그 후 세대가 기억함이 없으리라" 지나간 과거도 망각하고 미래를 위한 준비도 소홀히 하는 인생들의 모든 생활은 하나님께서 보실 때 헛되고 헛된 것에 불과하다.

그러나 하나님은 영원하신 하나님이셔서 옛날이나 오늘이나 또 장래에도 영원토록 불변하시는 궁극적인 진리로 존재하신다.

# 제2장 인생의 노력은 바람잡기이다

(지혜와 지식을 추구하는 모든 노력은 무모하다)
본문: 전도서 1:12-18

불란서의 수학자이고 철학자였던 파스칼(Blaise Pascal 1623-1662)은 1600년대의 천재, 혹은 괴재로 알려졌었는데 39세의 젊은 나이에 애석하게 세상을 떠났다. 이 사람은 원래 카톨릭 신자로 하나님을 믿고 믿지 않는 문제와 연관을 해서;

1) 하나님을 알지도 못하고 찾지도 않고 있는 사람이 있으면 이 사람은 어리석은 사람이다.
2) 하나님을 알지는 못하나 열심히 찾고 있으면 이 사람은 지혜로운 사람이다.
3) 하나님을 알고 열심히 믿고 예배하는 사람이 있으면 이 사람은 참으로 행복한 사람이라고 사람을 세 부류로 구분했다.4)

파스칼은 하나님을 알고 하나님을 예배하고 있는 사람을 지혜로운 사람이라고 하지 않고 행복한 사람이라고 했다. 다시 말해 행복해지는 조건은 하나님을 찾아 안 뒤에 하나님을 예배하는 것이다.

## I. 하늘 아래서(자연주의)지혜와 지식을 추구하는 것은 바람을 잡으려는 노력에 불과하다(1:12-13)

---

4) Blaise Pascal, Pensees. Krailsheimer, A. J. tr.(Classics Ser.)(Orig.) Penguin. 1966.

1:12-13 "나 전도자는 예루살렘에서 이스라엘 왕이 되어 마음을 다하며 지혜를 써서 하늘 아래서 행하는 모든 일을 궁구하며 살핀 즉 이는 괴로운 것이니 하나님이 인생들에게 주사 수고하게 하신 것이라."

"하늘 아래서 행하는 모든 일…"이라고 한 말은 히브리어 원어에는 하늘 아래서 "그"가 행하는 모든 것이라고 3인칭 단수로 표시해 인간들이 하늘 아래서 모든 일을 추구해 좇아 다니고 있는 사실을 명시했다.

축자영감설을 인식하면서 전도서의 내용을 한 자도 빠뜨리지 않고 읽으면 전도서가 숙명론과 염세주의적인 사상을 전하는 책이라는 오해는 없어질 것이다. "나 전도자는… 하늘 아래서 행하는 모든 일을 궁구하며 살핀즉…"이라고 "하늘 아래" 세상에서 이루어지고 있는 현실세계, 물질세계, 인간의 세계, 또 인간의 역사를 살펴보면서 현실적으로 아무리 노력하고 수고해도 참된 하나님의 섭리를 발견할 수 없고 바람을 잡는 것과 같아 헛되고 헛되다고 분석하고 있다. 전도서 기자는 하늘 위에 계신 하나님을 망각한 것도 아니고 영의 세계, 즉 형이상학의 세계가 있어 삼층천에 좌정해 계신 하나님께서 모든 인류의 역사를 궁극적으로 섭리하시고 통치하시는 사실을 부인하는 것도 아니다.

하늘 아래서 행하는 모든 일을 연구하고 살폈다는 것은 요즘 말로 바꾸면 자연주의자가 되었다는 뜻이다. 그러면 자연주의는 무엇인가? 이 세상의 궁극적인 실체는 우주 만물이라고 주장하는 것이 자연주의이다. 현재 20세기 문명을 지배하고 있는 사상이 바로 이 자연주의이다. 따라서 피조물의 세계를 자기들의 하나님을 삼아 인생문제를 해결하려고 노력해 봤더니 모든 것이 헛되고 헛된 것이라는 고백이 나올 수밖에 없었던 것이다.

　궁극적인 우주의 실체가 무엇이냐는 질문에 대해 성경은 「우주의 궁극적인 실체는 우주를 창조하신 하나님이시다」라고 대답한다. 자연을 초월해서 삼층천에 계시는 하나님께서 역사의 어느 시점에 우리가 알고 있는 우주를 창조하셨기 때문에 물질세계는 영원전부터 영원 후까지 있었던 것이 아니라 하나님의 창조 능력에 의해 우리가 살 수 있게 임시로 창조하신 것뿐이다. 어느 날 하나님께서 "이제는 됐다" 하고 종지부를 찍으시면 체질이 뜨거운 불에 풀어지고 큰 소리를 내면서 온 천하가 다 없어져 우리가 알고 있는 물질세계는 완전히 사라져 없어질 것이다. 그런 후에 하나님께서 새 하늘과 새 땅을 창조하시겠다고 했다.

　　"…그 날에는 하늘이 큰 소리로 떠나가고 체질이 뜨거운 불에 풀어지고 땅과 그 중에 있는 모든 일이 드러나리라"(베드로후서 3:10)

　　"하나님의 날이 임하기를 바라보고 간절히 사모하라 그 날에 하늘이 불에 타서 풀어지고 체질이 뜨거운 불에 녹아지려니와 우리는 그의 약속대로 의의 거하는 바 새 하늘과 새 땅을 바라보도다"(베드로후서 3:12-13)

　"해 아래" 사는 세상 사람들은 "해 위에"(하늘 위) 계신 하나님을 의식하지 못하는 경우가 많다. 하나님께서 지구를 포함한 온 우주를 창조하셨고 그 하나님께서 섭리와 관여하시는 역사로 물질 세계를 포함한 모든 인간의 역사를 주장하신다. 이런 사실을 알지도 못하고 믿지도 못하고 물질세계만이 전부인 것으로 생각하는 사람들은 이 세상에서 잘 살고 출세하고 유명해지기 위해 열심히 쫓아다니는데 이들이 바로 "하늘 아래서" 바람을 잡으려고 쫓아다니는 어리석은 사람들이다.

A. 마음을 다했다 - "심장을 다 주어서"

1. 궁구했다(לִדְרוֹשׁ), 찾았다, 발견하려고 노력했다.
2. 살폈다(לָתוּר), 관찰하여 그 의미를 발견하려고 노력했다.

B. 지혜를 다했다

1. 왕이 된 상태에서 모든 자원을 동원하여 노력했다.
2. 하늘 아래 행하는 모든 것, 형상·물질 세계 및 변화 등을 살폈다.

전도서 기자는 하늘 아래서 이루어지는 모든 사건들을 연구하기 위해서 마음을 다하며 지혜를 써서 연구했다고 했다. 여기에 사용한 "궁구하며"라는 단어는 연구했다는 뜻인데 원래 히브리어의 원어의 뜻은 "찾아 돌아다녔다", "발견하려고 노력했다"는 뜻이다. "살폈다"라는 단어도 조심스럽게 관찰해서 참된 의미가 어디 있는지를 알려고 노력했다는 뜻이다.

인생의 사는 목적이 어디 있는가? 인생의 가치관이 어디 있는가? 우주 만물이 운행하고 지구가 태양계 안에서 자전과 공전을 계속하고 있고 그 속에 인간들이 낳다가 성장해서 죽고 또 낳다가 성장해서 죽는데 이렇게 계속해서 변하는 "하늘 아래" 물질세계의 참된 의미가 무엇인가? 하는 것을 조심스럽게 연구하고 노력했다는 뜻이다. 현대어로 바꾸면 철학자가 됐고 신학자가 되어 인생의 참된 의미를 발견하려고 노력했고 참된 가치관이 어디에 있는지 찾으려고 노력했다는 고백이다.

## II. 인생의 의미의 추구 및 그 결과(13)

1:13 "마음을 다하며 지혜를 써서 하늘 아래서 행하는 모든 일을 궁구하며 살핀즉 이는 괴로운 것이니 하나님이 인생들에게 주사 수고하게 하신 것이라"

### A. 괴로운 것이다(Heavy, Heart)무거운 짐이다.

그냥 괴롭기만 한 것이 아니라 찍어누르는 것 같은 무거운 짐이다.

### B. 하나님의 섭리이다 - 인간이 변화시킬 수 없다

"인간은 독 안에 든 쥐"처럼 지구를 벗어날 수 없고 태양계나 우주를 벗어날 수 없다. 전도서 저자는 인간의 한계점을 정확하고 바르게 이해했다.

"나 전도자는 예루살렘에서 이스라엘 왕이 되어"라고 했는데 원래의 뜻은 완료형으로 되어 있어서 이미 왕노릇을 오랫동안 하고 나서라는 뜻이 포함되어 있다. 그래서 왕으로서 사용할 수 있는 모든 연구 자료나 주변에 있는 지혜로운 신하들이나 현인들, 선지자나 제사장들 그리고 세계 각국에서 찾아왔던 모든 탁월한 학자들을 총동원해서 "마음을 다하며 지혜를 써서" 인생의 참된 의미를 발견하려고 노력했다.

그러나 연구 결과는 "괴로운 것이라"고 했다. 이 괴로운 것이라는 말은 원어로는 "무거운 짐"이라고 번역하는 것이 더 정확하다. 다시 말해 그냥 괴롭기만 한 것이 아니라 찍어누르는 무거운 짐이다. 그래서 전도서 기자가 해 아래서 이루어지는 모든 현실 문제를 연구하고 조심스럽게 관찰해 보니 마치 무거운 짐을 지고 헤매다가 너무 괴롭고 힘들어 죽을 지경이 된 상태임을 토로하고 있다.

요즘은 문명이 많이 발달되어서 기차, 전철, 버스, 그리고 자가용 등을 타고 다니므로 무거운 짐을 등에 지고 다니는 것이 얼마나 괴로운가를 알지 못하는 시대가 되었다. 그러나 불과 몇 십년 전만 해도 우리 나라에서는 무거운 짐을 지게에 얹어 지고 다니거나 아니면 멜빵을 매어 등짐을 지고 다녔다. 전도서가 기록되던 주전 1000년경 중동지방에서도 모든 짐을 사람들이 손으로 들어 나르거나 등으로 져 나름으로 무거운 짐을 지고 다니는 것이 얼마나 괴로운지를 잘 알았다. 그렇기 때문에 하늘 아래서 행해지는 모든 인생 만사를 조심스럽게 관찰해 보니 이 모든 일은 마치 무거운 짐을 지고 끙끙대는 것과 같은 고통인데 이 모든 괴로운 것이 하나님께서 주셔서 수고하게 하셨기 때문에 벗어날 길이 없는 것이 인생의 운명이라고 했다.

하나님의 섭리는 우주 만물을 통치하시는 하나님의 법칙이고, 물질세계를 통치하시는 하나님의 법칙은 자연법 혹은 보전하시는 역사이며, 좀더 범위를 좁혀서 품성적인 존재들(인간, 영계의 존재들(천사, 사탄, 악령))을 지배하시는 하나님의 법칙은 관여하시는 역사이고 관여하시는 법칙 안에 또 죄인을 구원하시는 하나님의 법칙이 작은 부분으로 차지하고 있다. 이렇게 하나님은 우주 만물 전체를 포함해서 그 안에 있는 인간들과 인간들에게 영향을 미칠 수 있는 모든 영계의 존재들을 다스리실 뿐만 아니라 죄인을 구원하시는 문제까지 이중 삼중으로 철저한 법칙에 의해 통치하고 계시다.

하나님의 법칙은 절대적이어서 아무도 어길 수 없다. 하나님의 법칙에는 예외가 없다. 예외가 있는 것같이 보이는 것은 시간의 제한을 받는 존재인 우리가 시간의 제한을 받지 않으시는 하나님께서 그의 법칙을 그의 뜻대로 실현하시는 과정에 걸리는 시간적인 차이를 분별하지 못하기 때문이다. 하나님은 하루가 천년같이, 천년이 하루같이 기다리시는 분이시다. 사람들은 죄를 지었을 때 즉석에서 매질을 하고 때려서 가르칠 수도 있고 혹은 시간이 경과하면 과거에 지은 죄를 잊어버려 그냥 넘길 수도 있지만 하나님은 잊어버리시는 예가 없다. 즉석에서 처벌하지 않고 5년이나 10년을 기다리는 수도 있고 아니면 그 사람은 제쳐놓고 그의 자손 3대, 4대, 혹은 10대 후에라도 처리하실 문제는 반드시 처리하시는 분이시다.

참으로 신앙이 좋고 성실한 젊은 사람이 어린아이들을 줄줄이 남겨두고 갑자기 죽는 사건이 생길 때 현재라는 시간적인 차원밖에 모르는 인간의 협소한 견해로 보면 아무리 생각해도 이해가 안되고 하나님께서 하시는 일이 불공평한 것 같고 심지어는 하나님께서 실수하신 것이 아닌가 하고 의아해 할 때가 많이 있다. 그러나 선조의 2-3대를 거슬러 올라가거나 자손의 2-3대를 내려가서 관찰해 보면 이 모든 일은 하나님의 깊고 오묘하신 섭리로 이루어지는 것임을 알 수 있다. 통계적으로 많은 탁월한 영웅이나 지도자들은 모두 다 아버지가 없이 성장한 사람들이라고 한다. 아마도 아버지 없이 성장한 사람들은 어려서부터 어른처럼 책임 있는 생활을 하다 보니 자기 동년배들보다 앞서게 되어 결과적으로 지도자로 부상하게 되는 것이 쉽다고 설명할 수 있다. 비극이라고 생각했던 사건은 오히려 그 자손들을 하나님께서 원하시는 방법으로 양육해서 쓰시기 위해 있었던 일임을 알 수 있다.

한편 우리 생각으로는 젊은 사람이 아깝다고 생각하지만 천국은 이 지상보다 열배 백배 좋은 곳이다. 사랑하는 이를 잃었기 때문에 울고 서러워하지만 오히려 하나님이 불러 가신 그 사람은 천국에서 눈물이나 한숨이나 모든 인생의 어려움에서 해방되어 행복하고 기쁘게 살고 있는 것이다. 인간들은 주변에서 일어나는 일들을 제한된 한계에서만 관찰할 수 있으니까 괴로운 것이 있고 슬픈 것이 있는 것이다. 전도서 기자도 마음을 다해 지혜를 써서 하늘 아래서 행하는 모든 일을 연구하고 살펴보았더니 이는 하나님께서 인생들에게 무거운 짐을 지고 따라가게 하신 것이므로 벗어날 수 없는 길이라고 지적했다.

### III. 인생의 의미를 추구한 결과보고(1:14-18)

1:14 "내가 해 아래서 행하는 모든 일을 본즉 다 헛되어 바람을 잡으려는 것이로다"

### A. 자연계의 모든 현실은 헛되다(1:14)

다시 "해 아래"가 반복되는데 이것은 전도서 기자가 하나님과의 관계를 설명하는 것이 아니고 하나님을 모르는 사람을 상대로 현실 문제, 역사 문제, 인간 문제, 물질 문제 등을 "해 아래서 즉 자연계 안에서 행해지는 모든 일을 보니 다 헛되다"고 하는 것이다.

### B. 인생은 무능하다(1:15)

1:15 "구부러진 것을 곧게 할 수 없고 이지러진 것을 셀 수 없도다.

#### 1. 인생은 무능해서 구부러진 것을 바로잡을 수 없다.

미국의 수도 워싱톤 국무성 앞에는 아인슈타인(Albert Einstein)의 동상이 있는데 이 동상은 똑바로 서 있는 자세가 아니고 누운 것도 아니고 앉은 것도 아닌 비스듬한 자세로 만들어졌다. 그는 똑바로 서 있는 자기의 동상 앞에서 사람들이 위압을 느끼는 것을 원치 않고 오히려 누구나 자기의 동상 앞에 왔을 때는 얼굴과 얼굴을 맞대어 친근감을 느껴 마음속으로라도 담화를 할 수 있고 어린아이들이 자기 위에 기어올라 놀 수 있는 자세가 되기를 원한다는 본인의 요청에 의해 비스듬한 자세의 동상이 만들어졌다고 한다. 역시 세계적인 과학자이기 전에 겸손한 태도를 보인 훌륭한 사람이었다.

아인슈타인이 유명한 물리학자로 세계에 이름을 떨치게 된 중요한 이론은 "상대성 원리"이다. 상대성 원리를 가장 쉽게 설명하면 직선이란 있을 수 없다는 것이다. 즉 직선을 긋는 것이 전혀 불가능하다는 이론이다. 왜 직선을 그릴 수 없느냐? 지구가 둥글기 때문에(… 인간들이 직선을 그었다고 생각하는데 사실은 지구 전체가 둥그런 원으로 형성됐기 때문에 직선을 그어 놓고 이것을 계속해서 연결시켜 나가다 보면 지구를 한 바퀴 돌아 가지고 제자리에 돌아올 수밖에 없는 것) 우주 공간을 꿰뚫고 한도 끝도 없이 어디론가 직선으로 가는 것은 불가능하다는 뜻이다.

전도자가 "해 아래 행하는 것이 모두 바람을 잡으려는 헛된 것인데 그 중에 하나가 구부러진 것을 곧게 할 수 없다"고 했다. 그런데 구부러진 것을 왜 펴지 못하겠는가 강철이라도 뜨거운 불에 달구어 망치로 두드려서 펼 수 있고 나무는 자를 대고 톱으로 켜서 직선으로 펼 수 있겠으나 궁극적으로 구부러진 것을 정말 곧게 편다는 것은 인간의 한계 내에서는 전혀 불가능한 것이다. 왜냐하면 직선에 대한 기준이 없기 때문이다. 우주는 완전히 곡선으로 형성되어 있는 실체이기 때문에 직선이란 인간들의 언어와 개념에만 있지 실제로 우주 안에 궁극적인 직선이란 있을 수 없다. 주전 1000년경에

이 전도서 기자가 이미 아인슈타인의 상대성 원리를 발표한 것이다. 1000년 전에 전도서 기자가 이런 상대성 원리를 알았겠는가? 물론 아니다. 이것은 영감을 통해서 하나님께서 이 원리를 가르쳐 주신 것이다.

### 2. 이지러진 것을 셀 수 없다(없는 것은 셀 수 없다)

여기에서 이지러진 것이라고 한 히브리어 원어의 뜻은 "없는 것"이란 뜻이다. 없는 것은 셀 수 없는 것이 사실이다. 눈에 뻔히 보이는데 왜 없다고 하느냐고 반문하겠지만 현재 있는 것은 불원간 없어질 것이기 때문에 없는 것이나 마찬가지다.

영원이라는 개념에서 볼 때 언제 없어질지 모르는 현재 눈앞에 보이는 것들을 있다고 간주해서 숫자로 계산하는 것은 어리석은 사람들의 어리석은 짓에 불과한 것이다.

## C. 인생은 한계를 벗어날 수 없다(1:16)

> 1:16- "내가 마음 가운데 말하여 이르기를 내가 큰 지혜를 많이 얻었으므로 나보다 먼저 예루살렘에 있던 자보다 낫다 하였나니 곧 내 마음이 지혜와 지식을 많이 만나보았음이로다."

14-18절까지는 인생의 의미를 추구한 결과를 조목조목 보고하고 있는 내용인데 자연계의 모든 현실은 헛되고(14절) 인생은 무능해서 구부러진 것도 펴지 못하고 이지러진 것을 셀 수도 없다(15절)고 하면서 16절에 "내가 큰 지혜와 지식을 많이 얻었으므로 나보다 먼저 예루살렘에 있던 자보다 낫다"고 내 마음에 자만심을 가지고 내가 가장 똑똑한 사람인 것처럼 생각했지만 계속해서 변하는 세상에 붙어살면서 좋은 것을 헤아릴 수 없고 궁극적인 진리를 이해하

지 못하는 것은 역시 인간의 한계를 벗어나는 것이 불가능하기 때문이라고 고백했다.

솔로몬이 젊어서 왕으로 취임할 때 하나님 앞에 천 마리의 희생제물을 드리면서 하나님께 예배드렸을 때 하나님께서 기뻐셔서 네가 원하는 것이 무엇이냐고 물으셨다.

"내가 만일 하나님의 백성을 잘못 지도하면 하나님 앞에 범죄하는 것이니 하나님의 백성을 옳게 지도할 수 있게 지혜를 주옵소서"라고 젊은 왕 솔로몬은 겸손한 태도로 지혜를 요청했다. 하나님께서 그의 요청을 기뻐하셔서 지혜를 주신 위에 부귀 영화도 더 허락하셨다. 그래서 솔로몬은 이 모든 부귀 영화를 평생 동안 누리면서 자기가 고백한 것처럼 모든 자료를 다 동원해서 지혜와 지식을 추구했고 하늘 아래 있는 모든 것을 궁구하고 살폈다. 그런 후에 자기보다 지혜로운 사람은 없구나 하고 오만한 마음이 생겼다. 그러나 솔로몬은 즉시 자기가 예루살렘에서 모든 지혜를 연구한 후에 지혜롭다고 생각한 그 자체가 창조자이신 하나님 앞에서 가소롭기 짝이 없는 것이고 역시 인생은 어리석은 자를 만드는 자만심의 함정을 벗어날 수 없는 존재임을 고백하고 있다.

### D. 인생의 부패(1:17)

> 1:17 "내가 다시 지혜를 알고자 하며 미친 것과 미련한 것을 알고자 하여 마음을 썼으나 이것도 바람을 잡으려 하는 것인 줄 깨달았도다."

### 1. 미친 것 1:17, 2:12, 10:13

(הוֹלֵלוֹת)Clear - 깨끗하다, 다 보인다, 어리석다, 속이 다 드

러나 보인다는 뜻의 단어.

미친 것과 미련한 것을 알아야 될 이유가 왜 있었는가? 예루살렘의 모든 지혜를 다 터득했고 모든 지식을 다 습득했다던 지혜자가 도대체 왜 미친 것과 미련한 것을 알고자 했는가?

여기에 미친 것(הוללות)이라고 번역된 단어는 하렐이란 단어로 깨끗하다, 맑다, 혹은 어리석다(마음이 텅 비었으므로)고 해석되는 단어이다. 헬라 종교에는 계시를 받는다는 개념이 많이 있었는데 쏘크라테스가 델피의 신전에서 신탁을 받았다고 한 것이 그 한 예이다. 헬라인들의 풍습에서는 간질병 환자들이 가끔 발작을 일으켜 쓰러질 때 이것은 신들이 이 사람에게 들어가 이 사람을 지배하고 있는 것이라고 믿어 발작을 일으킬 때 말을 시켜서 대답을 하면 그것이 신의 계시라고 해석했다. 그뿐 아니라 옛날 중동지방에서도 광증이 있는 사람을 신에게 사로잡힌 사람이라고 생각했다. 이렇게 미친 사람들을 단순한 정신병자로 생각한 것이 아니라 이들의 말을 신의 계시로 해석하는 경우가 얼마든지 있었기 때문에 솔로몬이 미친 사람들을 연구했던 것이다. 실제로 순수한 진리를 혼돈시키는 방법으로 악령에 사로잡힌 사람들이 미래지사를 얼마든지 정확하게 예언할 수도 있고 사소한 병도 주고 또 고치기도 하는 것이 사실이다. 지금도 악령들이 기독교의 진리를 모함하는 방법으로 방언도 하게 하고 괴상한 짓을 하면서 병을 고치는 일을 할 수도 있다.

## 2. 미련한 것

(שכלות —שָׂכַל ; 본다, 지혜롭게 한다, 돌본다)

다니엘 8:25 에도 이 단어가 나오는데 겉똑똑하다(Cunning), 혹은 나쁜 의미의 똑똑함을 말하는 것으로 자기 꾀에 자기가 넘어가는 사람이라는 뜻이다. 그러므로 여기에서 미련하다고 한 것은 정말 병신스럽고 둔한 사람을 말하는 것이 아니다. 자신은 상당히 똑똑해서 모든 세상만사를 다 알아 휘잡아 흔들고 있다고 착각을 해서 잔재주를 부리는데 사실은 어리석어서 남에게 자기 속을 들여다 보여 비평의 대상이 되는 사람, 즉 자기 꾀에 자기가 넘어가는 사람을 말한다.

전도자가 이미 왕이 되었고 하늘 아래서 행해지는 눈에 보이는 인간 문제, 사회 문제, 역사 등 모든 현실 세계를 다 살펴 연구한 후에 결론을 내린 것이 인간들은 부족한 존재이기 때문에 구부러진 것을 곧게 할 수 없고 이지러진 것을 셀 수 없음을 알았고 자기가 예루살렘에서 최고의 지혜자가 됐다는 자만심에 사로잡혔지만 역시 불분명한 것이 너무 많음으로 이제는 눈으로 볼 수 없는 신비하고 괴상한 문제들(미친 것과 미련한 것) 곧 영계의 비밀까지 알기 위해서 악령들에게서 계시 받았다고 주장하는 사람들이나 혹은 자기 스스로 굉장히 똑똑하다고 생각해서 권모술수를 써 자기의 목적을 달성하는 사람들에 관한 것까지 이해하려고 노력했으나 결과적으로 그 모든 것이 바람을 잡으려는 것에 불과함을 깨달았다고 고백하는 것이다.

### E. 인생의 현실

1:18 "지혜가 많으면 번뇌도 많으니 지식을 더하는 자는 근심을 더하느니라"

지금도 아라비아 사람들의 격언 중에 지혜가 많으면 번뇌도 많다는 말이 있다고 한다. 우리 나라 속담에도 "식자 우환" 이나 "모르면 약이다" 라는 말이 있는 것처럼 알면 걱정스러운 일이 많이 있는 것이 사실이다. 현대인들의 큰 공포는 너무 파헤쳐서 잘 알게 되어 얻은 공포이다. 물의 오염이나 공기 오염뿐만 아니라 오존층의 파괴로 피부암에 걸릴 확률이 늘어난 사실을 알게 됐고 전에는 이름 모르는 병으로 시름시름 앓다가 죽었다고 하던 병들을 전부 파헤치고 검사를 한 뒤에 암이나 에이드(Aid)라는 진단을 해주어 죽는 날까지 공포에 떨게 해 주고 있다. 아무것도 모르면 하나님께서 90-100세까지 살게 해주시겠지 하고 마음 편히 살 수 있다. 그러나 이런 모든 사실을 과학자들의 연구를 통해 자세히 알려주니까 암에 걸릴까 걱정하고 에이드에 감염될까 걱정 근심을 하며 예방하기 위해 별별 노력을 다하지만 인생들의 모든 노력이 바람을 잡는 것과 같은 헛수고일 뿐이다. 20세기의 문명은 어떤 의미에서는 자살행위에 해당하는 것에 불과하다. 여기 전도서 기자가 말하는 것은 모든 지혜와 지식의 자료를 총동원해서 인생문제를 해결해 보려고 아무리 노력해도 결과적으로는 번뇌와 근심만 더하는 것이라는 뜻이다. 그런 의미에서 성경에서 여호와를 경외하는 것이 지혜와 지식의 근본이라고 한 것은 인생이 행복하게 살 수 있는 가장 적절한 방법을 가르쳐주고 있는 것이다.

# 제3장 쾌락 추구의 무용성

본문 : 전도서 2:1-11

전도서 1장에서는 지혜를 추구한 결과 "지혜"를 발견해서 자기 것을 삼았어도 그것이 모두 헛수고였다는 고백을 했다. 2장 9절에도 역시 같은 말을 했는데 "내가 이같이 창성하여 나보다 먼저 예루살렘에 있던 모든 자보다 지나고 내 지혜도 내게 여전하여"라고 자신이 지혜를 추구해서 지혜를 찾았고 자기 것으로 만들어 사용해 봤는데 결과적으로 모든 것이 다 헛되다고 했다.

이번에는 전도서 기자가 인생의 모든 "쾌락"을 추구해서 쾌락을 즐겨봤으나 그것도 역시 헛되다고 고백하고 있다.(2:1-11)

## I. 쾌락의 선택(2:1-2)

### A. 가치관의 선택

2:1- "나는 내 마음에 이르기를 자, 내가 시험적으로 너를 즐겁게 하리니 너는 낙을 누리라 하였으나 본즉 이것도 헛되도다."

#### 1. 시험적으로 쾌락을 선택했다

אֲנַסְּכָה בְשִׂמְחָה ; 쾌락을 시험한다. 미드라쉬에서는 이 절에 대해 술을 마심으로 가질 수 있는 심장의 쾌감을 의미한다고 서술했

다.

　마음에 즐거움을 누릴 수 있도록 노력하겠으니 마음껏 낙을 누려 보라고 자신에게 말했다고 했다. 여기에서 "즐겁게 한다", "낙을 누린다"라는 개념은 쾌락을 추구한다는 개념이다. 특히 즐겁게 한다는 말은 샤마(שָׂמַח)라는 단어로 술을 마심으로 얻어지는 즐거움을 의미한다. 여기에 나오는 즐거움이라는 단어와 2절에 나오는 "…희락을 논하여 이르기를…"의 희락이라고 번역된 단어는 같은 단어인데 1절에서는 "즐겁게"로 번역됐고 2절에서는 "희락"이라고 번역됐다.

　인간의 역사가 시작된 이래 모든 인간들은 쾌락을 추구해 왔다. 또한 쾌락을 추구하는 작업은 으레 종교와 밀접한 관계를 가지고 있었다. 특히 헬라의 종교 가운데는 악령 예배가 많았는데 성경에서 말하는 사단에 대등한 악한 신들을 예배의 대상으로 광범위하게 믿고 있었다. 흔히 말하는 유대모니아(Eudemonia)는 행복의 추구라는 개념으로 서양문명권에 소개됐다. 그 유래는 사실상 악령들과의 접촉, 악령예배 등의 종교행사로 술을 마시고 노래를 부르고 정신없이 춤을 추면서 쾌감을 느낄 때 모든 사람들이 똑같이 취한 경험을 함으로 한 형제 자매가 되어 평화스럽게 살 수 있는 것이 행복이라고 생각했다.

　일반 서민들만이 쾌락을 추구해 왔던 것이 아니라 철학이나 종교에서도 쾌락이나 희락의 추구는 인생의 궁극적인 목적으로 인식되어 왔다. 특히 헬라철학 가운데 히돈이슴(Hedonism)은 쾌락주의인데 이것은 에피큐러스라는 사람이 주장했던 이론이기 때문에 에피큐리안이슴(Epicureanism)이라고도 불린다. 인생의 궁극적인 목적은 행복의 추구, 쾌락의 추구라고 주장했던 철학이었다.

　에피큐러스는 쏘크라테스나 플라톤의 영향을 받았던 사람으로 참된 행복이 무엇이냐 하는 문제를 다루었고 참된 행복이란 죽음의 공포로부터 해방되는 것이라고 했다. 원자(Atom)라는 헬라어 단어는 이미 헬라의 쾌락주의 철학자들 중에서 만들어진 단어로 그 뜻은 더 이상 자를 수 없는 물체라는 뜻이다. 사람의 몸 전체를 머리카락이든 손톱이든 어느 부분이든지 완전히 분해하면 더 이상 세분할 수 없는 원자로 형성됐는데 죽으면 원자로 돌아가 버리는 것이고 영혼이 있는 것이 아니라고 주장했었다. 그래서 죽으면 문자 그대로 무(無)의 상태, 자연상태로 돌아감으로 죽음을 두려워해야 할 하등의 이유가 없다. 고로 인생의 본질을 옳게 이해해서 죽음으로부터의 공포에서 놓여나면 그것이 행복한 것이라고 가르쳤다.

이러한 사상은 서양 문명권에서 계속해서 심각한 철학적인 문제로 취급됐다. 예를 들어 아리스토텔레스가 니코마키안 에틱스(Nicomachean Ethics - 행복의 추구)라는 책을 쓸 때 니커마커스(Nicomachus)라는 자기 아들에게 교훈하는 식으로 도덕률에 관한 책을 썼는데 인생의 근본적인 도덕률은 행복의 추구에 있다고 했다. 이 책은 지금까지도 대학가에서 광범위하게 읽혀지고 있는 책으로 행복을 추구하는 것은 모든 사람들에게 주어진 본질적인 권리요 의무라고 가르치는 것이다.

아리스토텔레스의 또다른 책으로 유데모니안 에틱스(Eudamonian Ethics)라는 책이 있다. 원래 헬라어로 행복하다는 술어가 유데모니아이다. 유데모니아($ευδαιμόνια$)는 두 단어가 합성된 단어로 유($ευ$)라는 전철은 기쁘다는 뜻이고 다이모니아($δαιμόνια$)는 악령이라는 뜻이다. 결국 악령이 주는 기쁨이란 뜻인데 영어의 디몬(Demon - 악령)이 본래 헬라어의 다이모니아란 단어를 음역해서 디몬(Demon-악령)이 됐다.

전도서 기자가 "어떻게 하여야 내 마음에 지혜로 다스림을 받으면서 술로 내 육신을 즐겁게 할까" 하고 술을 마심으로 육신을 즐겁게 한다고 했다. 타락한 아담의 자손들은 무엇엔가 의존하지 않으면 쾌감을 느낄 수가 없는 것 같다. 노래를 부른 다든지 여러 사람들이 모여 파티를 한다던가 술을 마시거나 아편을 취하거나 혹은 코케인을 쓴다든지 아니면 술을 마시고 춤을 추는 종교적인 행사를 통해서 최면에 걸린다든지, 무엇엔가 의존해서 육신에 자극을 줄 때 쾌감을 느낄 수가 있다. 반면에 통증도 느낄 수 있는 것이다. 아리스토텔레스가 니코마키안 에틱스나(Nicomachian Ethics)유데모니안 에틱스(Eudemonian Ethics) 같은 데서 강조했던 행복은 악령과의 관계에서 얻어지는 것, 즉 신적인 존재들과의 접촉을 통해서 얻어지는 쾌감으로 인간들이 누릴 수 있는 최상의 행복이라고 주장했던 것이다.

기독교가 발생하면서 악령과의 접촉을 통한 종교적인 행사로 얻어지는 행복이나 쾌감이라는(유대모니아 - Eudemonia)개념은 중세기에 이르러 거의 도말됐었다. 그런데 14-15세기에 문예혁명이 일어나고 계속해서 산업혁명과 여명기 운동이 발생되면서 헬라인들의 행복의 추구라는 개념이 다시 부활됐다. 17-18세기경 영국 사람들 중에서 에피큐리안이즘이라는 호칭은 악령과의 접촉으로 얻어지는 쾌락으로 인식되어 별로 좋지 않은 개념이므로 영어로 히돈이즘(Hedonism)이라는 명칭으로 바꾸어 쾌락의 추구, 행복의 추구가 인생의 궁극적인 목적이라는 철학적인 개념을 복구시켰다.

현대 민주주의는 행복의 추구라는 개념을 정치적인 이론으로 발전시킨 것이다.

근대 히돈이즘(Hedonism)을 창설했고 발전시킨 학자는 제레미 벤탐(Jeremy Bentham, 1768-1832)이며 후에 그의 제자인 존 스튜워드 밀(John Stuart Mill, 1806-1873)이 공리주의(Utilitari-anism)라는

이름을 붙였다.(1823)

문예혁명 이후 17-18세기에 왕정이 지속되고 있던 영국에서 왕의 생각이 법이고 왕의 명령이 절대적인 법령으로 실천되어 가던 상황이 무너지고 영국에 의회가 형성되면서 입법을 할 때 영국 의회에서 입법의 근본 원리가 무엇이냐 하는 심각한 질문을 하기 시작했다. 거기에 대한 답이 모든 법률은 가장 많은 사람들의 가장 큰 행복의 추구(최다인의 최대 행복)라는 결론을 내렸다. 그 이론에 의해서 영국 헌법의 기초가 설정되었는데 이것이 바로 민주주의의 근본원리이다.

그런데 이것은 고대 헬라인들의 쾌락주의가 부활된 형태이다. 이 사상을 히도니즘(Hedonism)이나 유대모니안이즘(Eudemonianism)이란 이름을 붙이면 기독교인들의 반발이 클 것을 고려하여 꼭 필요한 원리 원칙에 의해서 법률안을 만든다는 뜻에서 공리주의(Utilitarianism)라고 불렀다. 이 개념이 미국에 들어와서 청교도들의 반발을 우려하여 실리주의(Pragmatism)라고 불렀다. 따라서 지금 우리가 살고 있는 20세기 민주주의나 자본주의 문명은 쾌락주의 사상에 근거해서 형성된 문명이다. 그러므로 이것이 성경과는 전혀 상관없는 헬라의 에피큐리안(쾌락주의 자)들이 발전시켰던 개념임에도 불구하고 교회에도 쾌락주의가 무비판적으로 많이 쏟아져 들어왔다. 그래서 마치 행복의 추구가 기독교의 궁극적인 목적인 것처럼 착각하고 있는 사람들이 많이 있는데 도대체 성경에는 유대모니아란 단어가 한 번도 언급되어 있지 않다. 그럼에도 현대 기독교인들은 예수 믿는 목적이 행복의 추구(악령과의 접촉을 통해 얻는 쾌감)에 있는 것처럼 가르치는 것은 우상숭배를 강조하는 것이라고밖에 설명할 수 없다.

오늘날 목회자들은 죄를 지적하고 회개하라든지 인간은 타락한 존재들인 고로 구세주를 필요로 한다는 등의 설교는 하지 않고 하나님은 사랑이시고 자기 교회에 와서 예배에 참석만 하면 만병이 통치되고 물질적인 축복을 해 주심으로 부자가 되고 아이들은 일류대학에 입학이 되는 등 무엇이든지 좋은 일은 다 일어난다고 쾌락주의적인 설교를 하고 있는 실정이다. 이같은 현실은 교회 안에도 쾌락주의와 자본주의가 침투해 들어와 있는 상태이다.

### B. 쾌락 추구의 결과(2:2)

1. לשׂחוק(웃음 - 육신의 쾌락에서 오는 폭소)
2. ולשׂמחה(희락 - 즐겁게 하는 것 - 술 - 성취한 것이 하나도 없는 허무한 것)

> 2:2 "내가 웃음을 논하여 이르기를 미친 것이라 하였고 희락을 논하여 이르기를 저가 무엇을 하는가 하였노라."

여기에서 말하는 "웃음"은 영어로 Laughter이다. 빙그레 웃는 웃음이 아니라 술을 마시면서 박장대소하는 것을 말한다. 술을 마시고 떠들면서 박장대소를 하는 사람들의 웃음소리를 귀담아 들어 보면 웃는 소린지 우는 소린지 구분할 수 없이 적막감이 역력히 그 웃음 속에 깔려 있는 사실을 발견할 수 있다. 이런 폭소를 2절에서 "미친 것"(שׂחוק)이라고 했는데 이것은 지나친 표현의 번역이고 그 실제 내용은 "무의미한 것", 혹은 "어리석음"이라는 뜻이다. 결국 그렇게 박장대소를 하는 것은 어리석음을 드러내는 행위에 불과하다. 술을 좀 마셨기로니 그런 웃음이 나와야 할 이유가 없지 않은가? 그런데도 술판을 벌이면 아무 일도 없는데도 행복한 척해야 되고 웃을 일도 없는데 웃어야 되니 큰소리로 어색한 웃음을 웃으면서 노래를 부르고 떠들어대는 것이다. 술좌석에서 부르는 노래소리를 가만히 들어보면 그것이 기쁜 마음으로 가슴속에서 우러나오는 행복의 노래가 아니고 허공을 치는 소리에 불과함을 느낄 수 있다. 솔로몬도 자신의 폭소를 살펴보고 전혀 무의미한 것임을 발견했다.
"희락을 논하여 이르기를 저가 무엇을 하는가" - 술을 마셔 희락을 추구하려고 노력해 보았으나 결국은 성취한 것이 아무것도 없는 허무한 짓이다. 술을 마셔 한때 쾌감을 느꼈으나 쾌감을 느낀 이상으로 후유증으로 고통을 당해야 했으므로 후유증과 술을 마신 동안 취해서 쾌감을 느꼈던 것과 비교를 하면 건강 손해, 시간 낭비, 돈 허비로 손해본 것밖에 없다. "희락을(술을 마심으로 얻는 육체적인 쾌감) 논하여 이르기를 저가 무엇을 하는가 하였노라" 하는 말이 전혀 성취한 것이 없이 손해만 본 것을 말한다.

## II. 환락의 추구(2:-3-11)

2:3 - "내 마음에 궁구하기를 내가 어떻게 하여야 마음에 지혜로 다스림을 받으면서 술로 내 육신을 즐겁게 할까 또 어떻게 하여야 어리석음을 취하여 천하 인생의 종신토록 생활함에 어떤 것이 쾌락인지 알까 하여"

### A. 욕망

인간이 일반적으로 갖는 욕망을 다음과 같이 세 가지로 표현했다.
1. 지혜로 마음을 다스린다
2. 술로 육신을 즐겁게 한다

### 3. 인생의 참된 쾌락을 발견한다

· 이 구절에서 솔로몬다운 노력을 한 것을 엿볼 수 있는데 그는 가끔 술을 마시기는 하지만 술에 취해 어리석은 자처럼 행동하지 않았고 우선 지혜로 마음을 다스리면서 육신을 즐겁게 하기 위해 술을 마셨고 또 "어리석음을 취하여" 짧은 인생 동안 인생의 참된 쾌락을 찾으려고 했다. 여기에 번역된 "어리석음"은 영어로는 Folly 라고 번역된 단어인데 축제일에 여러 가지 게임 등을 하면서 얻는 즐거움을 말하는 것으로 세상의 쾌락을 말하며 한편 천하게 주색잡기를 통해 얻어지는 쾌락이라는 뜻이 있는데 이런 모든 것들을 통해 인생의 궁극적인 쾌락이 무엇인지 알기를 원했다고 했다. 전도서는 헬라의 염세주의의 영향을 받아 기록된 책이라고 비평하는 학자들이 있으나 여기에 보면 솔로몬이 전혀 염세주의자가 아니고 자기의 마음을 지혜로 다스리면서 탈선하지 않고 동시에 술도 마시고 싶을 때 좋은 술을 잘 마셔서 육신도 즐겁고 기쁘게 만들고 그러면서도 모든 인생의 쾌락을 다 체험해서 참된 인생의 궁극적인 목적이 어디 있는지를 알기 위해 노력했다고 했다.

### B. 시도 - 사업을 크게 벌였다(2:4-8)

솔로몬은 인간의 입장에서 더 이상 바랄 것이 없을 정도로 균형을 맞추어 인생의 참된 의미를 발견하려고 노력하면서 자기가 벌였던 사업을 나열하고 있다.

> 2:4-8 "나의 사업을 크게 하였노라 내가 나를 위하여 집들을 지으며 포도원을 심으며 여러 동산과 과원을 만들고 그 가운데 각종 과목을 심었으며 수목을 기르는 삼림에 물주기 위하여 못을 팠으며 노비는 사기도 하였고 집에서 나게도 하였으며 나보다 먼저 예루살렘에 있던 모든 자보다도 소와 양떼의 소유를 많게 하였으며

은금과 왕들의 보배와 여러 도의 보배를 쌓고 또 노래하는 남녀
와 인생들의 기뻐하는 처와 첩들을 많이 두었노라."

1. 건축 - 나를 위하여 집들을 지었다. 후궁들이 많이 있었으므
로 궁전을 많이 건축했었다
2. 농업 - 포도원을 심었다.
3. 환경 조성 - 동산과 과원을 만들었다.
4. 임업 - 수목 기르는 산림에 물 주기 위해 저수지를 만들었다.
5. 노예의 확장 - 사기도 하고 집에서 나게도 했다
6. 목축의 확대 - 나보다 먼저 예루살렘에 있던 모든 자보다도 소와 양떼의 소유를 많게 했다(예루살렘 사람들 중에는 아무도 추종할 수 없을 정도의 부자가 됐다)
7. 보화의 축적 - 은금과 보배를 쌓았다
8. 음악, 악사 - 노래하는 남녀를 두었다
9. 처첩 - 인생들이 기뻐하는 처와 첩들을 많이 두었다

C. 성취(2:9-10)

1. 시각의 요청을 만족시켰다.
2. 마음의 즐거움(요구)을 만족시켰다.

2:9-10 "내가 이같이 창성하여 나보다 먼저 예루살렘에 있던 모든 자
보다 지나고 내 지혜도 내게 여전하여 무엇이든지 내 눈이 원하
는 것을 내가 금하지 아니하며 무엇이든지 내 마음이 즐거워하
는 것을 내가 막지 아니하였으니 이는 나의 모든 수고를 내 마
음이 기뻐하였음이라 이것이 나의 모든 수고로 말미암아 얻은
분복이로다."

왕의 입장에서 금은 보화 등 좋은 것은 다 긁어모았고 재산도 쌓

아 놓았고 필요한 것은 다 모아 물질적으로 모든 사람에 비해 훨씬 더 부자가 되어 예루살렘에 있던 모든 자보다 창성해지면서도 지혜를 잃어버린 것이 아니라 "내 지혜는 여전하여"라고 지혜는 지혜대로 여전히 보전하고 있었음을 과시했다.

3절에서 자기의 목표를 설정했던 것처럼 "내 마음에 지혜로 다스림을 받으면서 술로 내 육신을 즐겁게 할까…" 하면서 인생의 궁극적인 쾌락이 무엇인지를 알기 위해서 이 모든 일을 효과적으로 성취했다. 그뿐만 아니라 "무엇이든지 내 눈이 원하는 것을 내가 금하지 아니하며 무엇이든지 내 마음이 즐거워하는 것을 내가 막지 아니하였으니"라고 자기가 보고 싶은 것 가지고 싶은 것, 듣고 싶은 것, 하고 싶은 일은 무엇이든지 자유롭게 다 해보았다고 했다.

솔로몬이 아니고는 이 세상에 그 어느 누구도 자기가 갖고 싶은 것 다 가져 보았고 해 보고 싶은 것 다 해보았다고 큰소리칠 만한 사람이 없다. 솔로몬은 일국의 왕이었을 뿐만 아니라 그 당시 중동지방의 신비라고 할 수 있을 정도로 많은 지혜를 가지고 있었고 부귀영화를 혼자 누렸던 사람이었기 때문에 내 눈이 원하는 것 마음이 즐거워하는 것을 전부 다 해 보았다고 주장할 수 있었다.

### D. 결과(2:10b - 11)

> 2:10b-11 "…이것이 나의 모든 수고로 말미암아 얻은 분복이로다 그 후에 본즉 내 손으로 한 모든 일과 수고한 모든 수고가 다 헛되어 바람을 잡으려는 것이며 해 아래서 무익한 것이로다."

"이것이 나의 모든 수고로 말미암아 얻은 분복이로다"라고 했는데 모든 부귀 영화가 저절로 생긴 것이 아니라 위에 언급한 대로 자기가 사업을 크게 벌여 여러 가지로 노력해서 얻은 것이었음을 지적하고 있다. 그래서 모든 하고 싶은 일을 다 해보았는데 결과적으로 그런 경험을 다 해 보고 나니까 내 손으로 한 모든 일과 수고한 모든 수고가 다 헛되어 바람을 잡으려는 것이며 해 아래서 무익한 것이라고 했다.

 통계적으로 미국에서 백만 불 짜리 복권을 탄 사람들 중에 파산하지 않은 사람이 거의 없다고 한다. 좋은 집에 좋은 자동차를 몇 대씩 사고 세계일주를 하고 다니는 등 물 쓰듯 돈을 쓰다 보면 몇 년이 못되어 파산해서 거지처럼 되고 병들어 비참하게 된다고 한다. 손과 발이 닳도록 노력을 해서 벌어서 쓰면 그것이 귀한 돈이지만 공짜 돈을 얻어 쓰기 시작하면 망하는 수밖에 없다. 옛날 사회보장 제도가 없을 때는 흑인들의 가족제도가 건전했다. 아버지 어머니나 형제들이 서로 협조해서 열심히 일을 했고 이렇게 열심히 일하는 가정환경에서 자란 젊은이들이 문제를 일으키는 예가 거의 없었다. 가난한 가정에서 자란 흑인들이 건전한 사회 인사로 활약하는 사람이 많이 나왔고 영웅적인 인물도 가끔 나왔었다. 그러나 사회보장 제도가 생긴 뒤로 여자들이 공짜로 돈을 받기 위해 결혼도 안 하고 아이를 셋씩 넷씩 낳기만 했지 돈 받기 위해 낳아 놓은 아이들은 하나도 귀엽지 않기 때문에 아이들을 방치해 버려 배고픈 아이들은 자연히 밖으로 나다니면서 도둑질을 하는 수밖에 없게 됐다. 그 동안 흑인들은 일류대학 입학에 우선권을 주었고 또 장학금을 많이 주어 최고의 학위를 취득한 흑인들이 수없이 배출됐으나 공짜로 얻어먹는 습성을 기른 흑인 사회에서 인재는 한 사람도 나오지 않고 있어 자멸상태에 있는 것이다.

 솔로몬은 공짜로 재산을 모은 것이 아니라 왕으로서 할 수 있는 모든 일 중에 육체적인 작업도 전부 해 보았다. 집도 지어 보고 포도원도 만들어 보고 목장도 해 보고 지중해 상선대를 만들어서 주전 1000년경에 이미 무역까지 해서 유럽 일대 아프리카 일대에서 금은 보화, 공작, 향료, 비단 등등 별의 별 귀한 것을 다 싫어 와서 그 당시 중동지방에서는 제일 큰 부자가 되어 인생의 쾌락을 최고로 즐겨 보았다. 그 후에 보니 이 모든 것이 바람을 잡는 일이라고 했다.

아무리 많이 쌓아 놔 봤자 금은 보화를 먹을 수도 없다. 음식도 하루에 세 끼 이상 먹어 봤자 병만 나는 것이고 옷도 하루에 한 벌이면 족하지 세 벌 네 벌을 겨입을 수도 없는 것이다. 잠도 침대 하나에서 자야지 두 개, 세 개 침대를 옮겨 다니면서 잘 수 없다. 솔로몬은 인생의 쾌락을 즐기기 위해서 돈도 실컷 벌어보고 별별 짓을 다 해보았어도 결국에는 모든 것이 바람을 잡으려는 헛수고에 불과했다고 고백하고 있다. 솔로몬이 그의 경험을 통해 자신의 솔직한 심정을 고백하는 것을 우리가 받아들이는 것이 지혜이다. 나는 못해 봤으니까 죽어도 한번 해 봐야되겠다고 쓸데없는 욕심을 내서 정신없이 돈을 벌려고 노력하다가 결국은 죽을 수밖에 없다.

1장에서나 마찬가지로 2장에서도 전도서 기자는 하나님과의 관계를 일체 언급하지 않고 있다. 솔로몬이 시도했던 모든 일들이 하나님과의 관계에서 하나님의 뜻을 이 땅위에 실현하기 위해서 시도했던 것이면 모두 의미가 있고 값어치가 있는 사건이다. 그러나 술로 쾌락을 추구하는 것은 하나님과는 연관시킬 수 없다. 그래서 솔로몬이 이 세상의 쾌락을 추구해 보았는데 모두가 허사라는 것은 하나님과 관계없이 지상에서 인간에게만 연관된 사건을 추구했을 때 전혀 아무런 의미가 없는 것이라고 고백하는 것이다.

# 제4장 지혜자와 우매자의 비교

본문 : 전도서 2:12-17

지혜와 쾌락을 비교해 보니 지혜가 우매한 것보다는 훨씬 나으나 지혜가 죽음의 문제를 해결할 수 없다.

## I. 지혜자는 우매자보다 현실에 있어서는 우월하다(2:12 - 14a)

2:12a "내가 돌이켜 지혜와 망령됨과 어리석음을 보았나니"

### A. 지혜자의 눈은 머리에 있다

1. 지혜(חכמה)(1:1-8)보았다, 생각했다, 연구했다
2. 망령된 것(הוללות)(1:17) 미친 것 - 깨끗한 것,
3. 어리석음(סכלות)미련한 것

"내가 돌이켜 지혜와 망령됨과 어리석음을 보았나니" 여기에 "보았다"는 것은 눈으로 본 것을 의미하는 것이 아니라 머리 속에 넣고 굴려봤다는 뜻이다. 그래서 "지혜와 망령됨과 어리석음"을 비교 연구하여 1장에서는 지혜를 추구해 본 사실을 지적했고 2장에서는 쾌락을 추구해본 사실을 고백했다. 1:17절에서 쾌락을 추구하는 생활은 미친 것 혹은 미련한 것이라고 했는데 "미친 것" 이라는 단어가 2장 12절에서는 "망령됨"으로 번역됐고 "미련한 것" 이

라고 번역된 단어는 "어리석음으로" 번역됐다.
 이미 1:17절에서 지적한 대로 "망령됨"(הוֹלֵלוֹת)혹은 "미친 것"이라는 원어의 뜻은 깨끗한 것, 흠이 전혀 없는 것, 혹은 속이 훤히 들여다보이는 것을 말한다.
 예를 들어 중동지방 유목민들은 서로 좋은 초장을 구하려고 치열한 경쟁을 하면서 사는데 "내가 오늘 어디 어디에 가보니까 좋은 초장이 있더라 내일은 양떼를 몰고 거기에 갈 계획을 한다"고 자랑을 하면 그 말을 들은 사람이 먼저 앞질러 가서 그 자리를 차지해 버리기 때문에 이렇게 속없이 자기 계획을 밝히는 것은 속이 훤히 들여다보이는 짓일 뿐만 아니라 정신나간 사람의 짓으로 생각해서 1장 17절에서는 "미친 것"이라고 했고 2:12절에서는 "망령됨"이라고 했는데 사실은 하지 말아야 될 말들을 지껄임으로 속을 들여다보이는 것을 의미한다.
 "어리석음"(סִכְלוּת)이란 단어도 1:17절에서는 "미련한 것"이라고 번역했는데 역시 히브리어로 똑같은 단어이다. 여기에 어리석다고 한 것은 정말 우매하고 미련한 바보를 말하는 것이 아니라 꾀를 부리기는 하는데 빤히 속이 들여다보이게 꾀를 부림으로 자기 꾀에 자기가 넘어지는 사람을 어리석음 혹은 미련한 것이라고 번역했다. 정말 우매하고 미련한 바보는 거론의 대상도 되지 않는 것이다. 솔로몬이 바보 천치와 지혜를 비교한다는 것은 말도 안되고 정도(正道)를 쓰는 사람 즉 바른길로 지혜를 쓰는 사람과 사도(邪道)로 꾀를 쓰는 사람과를 비교한 것을 말한다. 다시 말해서 인류 전체의 복지와 이익을 위해서 쓰는 꾀는 지혜라고 볼 수 있지만 자기의 이권이나 사리 사욕을 위해서 쓰는 꾀를 전도서에서 "어리석은 것" 혹은 "미련한 것"이라고 비교하고 있는 것이다.

2:12 "내가 돌이켜 지혜와 망령됨과 어리석음을 보았나니 왕의 뒤에 오는 자는 무슨 일을 행할꼬 행한 지 오랜 일일뿐이리라"

이 말을 다시 해석하면 솔로몬은 왕의 입장에서 모든 자료를 총동원해서 충분한 범위에서 지혜, 인간의 쾌락 혹은 어리석은 문제를 종합적으로 다 조사해 보았다. 왕의 뒤에 오는 그 어느 사람도 솔로몬 자신이 했던 것처럼 막대한 투자를 해서「지혜」를 추구하는 것도 불가능하고 자기처럼 부유해서 처가 700명, 첩이 300명이 있을 정도로「쾌락」을 즐기는 것도 불가능하므로 자기 뒤에 따라오는 그 누구도 자기처럼 그렇게 철저하게 지혜를 추구할 수 있고 쾌락을 추구할 수 있는 사람은 한 사람도 없다는 뜻이다. 다시 말해서 솔로몬 자신이 연구해서 내린 결론보다 더 광범위하게 연구해서 더 나은 결론을 내릴 사람은 천하에 있을 수 없다고 자신의 연구나 분석이 완전한 것이라고 선언하고 있는 것이다. 이 설명을 배경으로 12절을 다시 풀이하면 "내가 돌이켜 지혜와 망령됨과 어리석음을 연구해 보았나니 내 뒤에 오는 자는 무슨 일을 더 보태서 행할 수 있을 것인가 이미 내가 다 했던 일을 반복하는 것에 지나지 않는다"는 뜻이 된다.

### B. 우매자는 흑암을 헤맨다

2:13 "내가 보건대 지혜가 우매보다 뛰어남이 빛이 어두움보다 뛰어남 같도다."

현실적으로 육신의 쾌락을 즐기는 우매한 생활은 지혜를 추구하는 생활만 못하다. 이것을 빛과 어두움과 비교하여 지혜를 추구하는 것은 빛과 같고 우매한 것은 어두움 가운데 다니는 것처럼 현저

한 차이가 있음을 말하면서 지혜 있는 사람과 우매한 사람의 차이를 14절에서 다음과 같이 지적하고 있다.

> 2:14 "지혜자는 눈이 밝고 우매자는 어두움에 다니거니와 이들의 당하는 일이 일반인 줄을 내가 깨닫고"

"눈이 밝고"라고 한 히브리어 원어는 눈이 머리 안에 있다는 뜻이다. 즉 지혜자는 눈이 머리 속에 있어서 미래를 내다보면서 이성적으로 모든 사물을 정확하게 분석하여 미리 준비하고 계획하는 사람을 말한다.

"우매자는 어두움에 다니거니와(비틀거리는 사람)" 어리석은 사람은 마치 어두운 속에서 갈 곳을 알지 못하고 여기저기 부딪치며 돌아다니는 사람과 같다. 눈이 머리에 있는 사람과는 달리 내일 일이나 자신의 장래 문제 혹은 가족문제, 자녀들의 교육문제, 같은 것은 전혀 생각지 않고 그때그때 눈에 보이는 현실 문제만 즉흥적으로 처리해 버리는 사람을 어둠 속을 헤매고 다니는 우매자라고 했다.

## II. 지혜자나 우매자가 당하는 숙명이 같다(2:14b - 15)

> 2:14b-15 "··· 이들이 당하는 일이 일반인 줄을 내가 깨닫고 심중에 이르기를 우매자의 당한 것을 나도 당하리니 내가 어찌하여 지혜가 더하였던고 이에 내가 심중에 이르기를 이것도 헛되도다."

### A. 지혜자나 우매자나 다 같은 운명 아래 산다

인간의 생명을 좌우하시는 하나님의 섭리는 지혜자나 우매자의 구분이 없다. 다 죽을 수밖에 없는 아담의 자손들이다.

B. 지혜를 더하기 위해서 노력한 것이 허사에 불과하다(지혜의 한계성)

지혜를 발견했으나 죽음 문제를 해결할 수 없었다.

"이들이 당하는 일"(מקרה)- 숙명, 혹은 운명이란 뜻.

지혜가 있어 금은 보화를 많이 모을 수 있었고 또 건강 관리를 잘 해서 평생 죽지 않고 살 것처럼 준비를 해놓고 쾌락을 즐기려는데 어느 날 갑자기 죽음이 문 앞에 와서 두들길 때 일년만 더 기다려 주시오, 열흘만 더 기다려주시오라고 간곡하게 애원할 수 없다. 모든 사람이 당하는 일, 즉 죽음 앞에서는 선택의 여지가 없이 모든 것을 집어던지고 따라가는 수밖에 없다.

지혜자나 우매한 사람들을 상대로 이런 사실을 선포하고 있는 나 솔로몬도 당하리니…. 솔로몬이 지혜를 추구해서 지혜를 가지고 살아 봤고 쾌락을 추구해서 왕의 자리에서 다른 사람들이 추종할 수 없는 부귀와 권력을 가지고 모든 쾌락을 다 즐겨 봤으나 그 지혜나 부귀로 수명을 한 시간이라도 더 연장시킬 수 없다는 사실, 하나님의 섭리 앞에서 그 누구도 항의할 수 없다는 사실을 생각할 때 지나간 과거의 모든 노력이 헛된 것에 불과하다고 고백하고 있다.

산업화된 사회에서 수입이 많은 좋은 직업, 힘 안 드는 편한 직업, 남에게 존경받는 직업을 갖기 위해 머리가 터지게 공부하여 좋은 대학에 입학하려는 풍조가 생겼다. 큰 회사에 취직이 되어 월급을 많이 받을 수 있을는지는 모르지만 매일 스트레스에 싸여 병원

출입을 해야 하고 심장마비에 걸리는 것보다는 몸은 피곤하겠지만 온 가족이 힘을 합해 시골에서 농사를 지으면서 화목한 가정을 이루어 마음 편히 즐겁게 사는 것이 훨씬 나을 것이다. 궁극적으로 행복하게 살 수 있으면 그것이 제일 좋은 직업이다.

### Ⅲ. 지혜자나 우매자가 다 같이 망각된다(2:16-17)

> 2:16 "지혜자나 우매자나 영원토록 기억함을 얻지 못하나니 후일에는 다 잊어버린 지 오랠 것임이라 오호라 지혜자의 죽음이 우매자의 죽음과 일반이로다."

지혜자였든 우매자였든 죽고 나면 세상 사람들이 다 잊어버리지 영원토록 기억되는 사람이 하나도 없다. 그럼에도 사람은 누구나 다 죽은 후에 자기를 기억해 주기를 원하는 것 같다. 그래서 사람이 죽으면 그 무덤에 큼직한 돌비석을 세우는데 두어 세대가 지난 후에는 이 돌비석이 누구의 것인지를 알아보기 위해 일부러 무덤을 찾아가 그 돌비석을 들여다보는 사람은 없다. 조금 유명했던 사람이면 곳곳에 동상들을 세워 두나 경치 좋은 관광지이기 때문에 광광객들이 몰려드는 것이지 실제로 고인을 추모하기 위해 일부러 경비를 들여 먼 곳까지 찾아가는 사람은 없다. 미국의 정치가들은 대통령이나 장관급이 되었을 때 자기에게 주어지는 일시적인 이권보다는 현실적으로 손해되는 일이 있어도 자기가 죽은 후에 역사가 자기를 어떻게 판단할 것이냐 라는 역사성에 의해 행동한다. 그러나 아무리 훌륭한 사람이라도 세월이 지나면 이름이 남아 있어 표본으로 전시하거나 비평을 하는 일은 있어도 죽은 사람에 대한 기억은 오래 가지 않는다.

소비엣 연방이 붕괴됐을 때 스탈린이나 레닌의 동상이 허무하게 무너졌다. 파고다 공원에 세워 놨던 이승만 박사의 동상을 4.19 때 사람들이 두들겨 부숴 동상의 목을 새끼줄로 매어 서울 시내를 질질 끌고 다녔었다. 누군가가 아부하기 위해 이 박사의 석상을 만들어 세웠을 때 이승만 박사는 "내가 평생 동안 독립운동을 하느라고 고생했던 보람이 있구나"하고 만족해했을 것이다. 그러나 지금은 이승만 박사의 동상은 없어지고 말았다. 죽은 뒤에는 지혜를 추구한 사람이나 쾌락을 추구한 사람이나 우매한 사람이나 아무런 차이가 없이 다 망각 속에 사라져 버리는 고로 이름을 남기기 위해 노력하는 것도 헛되고 헛된 것뿐이다.

2:17 "그러므로 내가 사는 것을 한하였느니 이는 해 아래서 하는 일이 내게 괴로움이요 다 헛되어 바람을 잡으려는 것임이로다"

인간의 모든 능력을 다 동원해서 추구한 모든 지혜나 지식 그리고 쾌락도 죽음이란 운명 앞에서는 헛되어 바람을 잡으려는 것에 불과함을 발견하고 사는 것을 한하였는데 "이는 해 아래서 하는 일이 내게 괴로움이요…."라고 하나님과의 관계가 형성되지 않은 하늘 아래서 이루어지는 상태를 서술하고 있는 것이다.

# 제5장 축제의 무모성

### 본문: 전도서 2:18-23

## I. 재산 상속과 후계자의 자질 문제(2:18-19)

2:18-19 "내가 해 아래서 나의 수고한 모든 수고를 한하였느니 이는 내 뒤를 이을 자에게 끼치게 됨이라 그 사람이 지혜자일지 우매자일지야 누가 알랴마는 내가 해 아래서 내 지혜를 나타내어 수고한 모든 결과를 저가 다 관리하리니 이것도 헛되도다"

솔로몬 왕이 축적한 재산에 대해 열왕기 상 10장 14절 이하에서 다음과 같이 기록했다.

"솔로몬의 세입금의 중수가 육백 육십 육 금 달란트요 그 외에 또 상고와 무역하는 객상과 아라비아 왕들과 나라의 방백들에게서도 가져온지라 솔로몬 왕이 쳐서 늘인 금으로 큰 방패 이백을 만들었으니 매 방패에 든 금이 육백 세겔이며 또 쳐서 늘인 금으로 작은 방패 삼백을 만들었으니 매 방패에 든 금이 삼 마네라 왕이 이것들을 레바논 나무 궁에 두었더라" …상아로 큰 보좌를 만들어 정금으로 씌웠고… 솔로몬의 마시는 그릇은 다 금이요 레바논 나무 궁의 그릇들도 다 정금이라 은 기물이 없으니 솔로몬의 시대에 은을 귀히 여기지 아니함은 왕이 바다에 다시스 배들을 두어 히람의 배와 함께 있게 하고 그 다시스 배로 삼년에 일차씩 금과 은과 상아와 잔나비와 공작을 실어 왔음이더라. 솔로몬 왕의 재산과 지혜가 천하 열왕보다 큰지라."

여기에 말하는 다시스는 스페인을 말하는 것으로 지중해에 무역선을 많이 띄워 장사를 해서 금은 보화를 거두어들였음을 말한다.

계속해서 26절 이하에는 솔로몬의 군사 구조에 관한 것을 설명하고 있다.

"솔로몬이 병거와 마병을 모으매 병거가 일천 사백이요 마병이 일만 이천이라 병거성에도 두고 예루살렘 왕에게도 두었으며 왕이 예루살렘에서 은을 돌같이 흔하게 하고 백향목을 평지의 뽕나무같이 많게 하였더라…"

"솔로몬이 바로의 딸 외에 이방의 많은 여인을 사랑하였으니 곧 모압과 암몬과 에돔과 시돈과 헷 여인이라 여호와께서 일찍이 이 여러 국민에게 대하여 이스라엘 자손에게 말씀하시기를 너희는 저희와 서로 통하지 말며 저희도 너희와 서로 통하게 말라 저희가 정녕코 너희의 마음을 돌이켜 저희의 신들을 좇게 하리라 하셨으나 솔로몬이 저희를 연애하였더라."

솔로몬은 하나님의 명령을 정면으로 어기고 이방 여인들을 사랑해서 맞아들였는데 열왕기상 11장 3절에 보면 "왕은 후비가 칠백인이요 빈장이 삼백인이라…"고 했다. 후비는 부인으로 맞은 처라는 뜻이고 빈장은 첩을 말하는 것이다. 그뿐만 아니라 4절에 보면 솔로몬이 늙은 후에는 왕비들이 솔로몬의 마음을 돌이켜 각기 자기들이 가지고 들어온 신을 좇게 하고 그 신들을 위해 산당을 지어 거기에서 분향하고 제사하게 했다. 하나님께서는 솔로몬이 이방여자들과 결혼할 뿐만 아니라 이 여자들이 가지고 온 우상을 위해 산당을 짓고 우상 숭배하는 것을 보시고 당연히 처벌해야 했지만 "네 아비 다윗을 위하여 네 세대에는 처벌하지 않겠다"고 말씀하신 약속을 지켜 그 당대에는 처벌하지 않으셨다.

솔로몬이 가만히 앉아 있는데 금은보화가 저절로 쏟아져 들어온 것이 아니다. 솔로몬이 지중해 상선대를 동원해서 전세계를 누비고 다니면서 무역을 할 때 물론 관리인을 두었겠지만 최후 결정권은 솔로몬에게 있었을 것이다. 한번 잘못 결정을 하면 몇 백 세겔씩 되는 금이 없어져 버리는 큰 손해가 나기 때문에 솔로몬은 신경을 곤

두세우고 이 큰 무역회사를 운영했을 것이다. 한 남자가 한 여자와 결혼을 한 후에 화목하게 잘 살기 위해서는 서로가 많은 노력을 해야 한다. 그렇지 않으면 싸우고 이혼을 하게 되는데 솔로몬은 여자들 천 명을 상대로 가정생활을 하기에 얼마나 고생을 했겠는가 가히 상상하고도 남을 일이다. 행복한 가정생활이 아니라 오히려 지긋지긋한 지옥과 같은 생활을 했을 것이다.

하나님께서 이스라엘의 기본적인 정치 원리를 신명기 17장에 주셨는데 그 중에 하나가 왕이 됐을 때 율법서를 등사하여 평생에 자기 옆에 두고 하나님의 말씀을 읽음으로 그 하나님 여호와 경외하기를 배우며 이 율법의 모든 말과 이 규례를 지킴으로 왕의 마음이 그 형제 위에 교만하지 말라고 하셨다. 백성, 혹은 국민이라고 하지 않고 "네 형제들"에게라고 한 것은 자기가 왕이 됐으면 모든 백성들도 자기와 똑같이 왕이 된 위치로 왕처럼 대우하고 왕후처럼 대우해야 한다는 뜻이다.

1967년 6일 전쟁 때 이스라엘의 국방장관 모세 다이안이 6일 동안의 전쟁을 통해 1억 아랍 연방을 완전히 쳐 물리치고 나일강까지 진격해 대승전을 하는 역사에 없는 큰 공로를 세웠다. 국방장관으로 이렇게 대단한 승전을 한 영웅으로 모든 백성들의 선망을 한 몸에 지니게 되었어도 전쟁이 끝난 후에는 자기는 이스라엘 백성중에 하나라고 하면서 다시 키브스로 돌아가서 다른 사람들과 똑같이 곡괭이를 들고 농사 짓고 나무 심는 일을 하고 시간이 있으면 고고학적인 발굴 작업에 참여하면서 조용히 지냈다. 이것은 신명기 17장에 하나님께서 주신 계시를 옳게 이해한 태도이다.

솔로몬에게 있었던 가장 큰 문제는 왕후가 많았기 때문에 왕후마다 궁전을 지어주기 위해서 이스라엘 백성 전체를 형제로 대우하기는커녕 노임도 제대로 주지 않고 노예처럼 부렸던 것이다. 솔로몬은 역사상 최초의 강제 노동 체제를 국정에 반영하여 자신의 영화를 누렸던 장본인이다. 그래서 백성들이 솔로몬이 죽고 난 후에 그 아들 르호보암에게 "당신의 아버지가 우리의 멍에를 무겁게 하였으나 왕은 이제 왕의 부친이 우리에게 시킨 고역과 매우 무거운 멍에를 가볍게 하소서"라고 요청했다. 부역을 폐지하고 힘든 일을 시키지 않는다고 약속을 하면 당신을 왕으로 영접해서 섬기겠지만 그렇지 않으면 다른 대책을 강구하겠다고 했다. 르호보암이 솔로몬을 모시고 있던 늙은 장관들에게 물으니 "그 말이 옳습니다. 왕이 만일 오늘 날 이 백성의 종이 되어 저희를 섬기고 좋은 말로 대답하여 이르시면 저희가 영영히 왕의 종이 되리이다."라고 조언했다.

　그러나 르호보암은 노인들의 조언을 버리고 자기와 함께 자란 젊은 친구들에게 물었다. 그러니 그 젊은 친구들이 이것은 백성들이 공연히 쓸데없는 불평을 하는 것이므로 더 무겁게 더 고통스럽게 학대하겠다고 엄포를 해야 된다고 조언했다. 어리석은 르호보암은 젊은 친구들의 권고대로 사흘만에 온 백성들을 모아놓고 "내 부친은 너희의 멍에를 무겁게 하였으나 나는 너희의 멍에를 더욱 무겁게 할지라 내 부친은 채찍으로 너희를 징치하였으나 나는 전갈로 너희를 징치하리라"고 포악한 말을 했다. 이 말을 들은 이스라엘 백성들이 르호보암을 버리고 여로보암을 왕으로 추대해서 왕조가 갈리는 결과를 낳았다.

A. 평생에 쓴 것을 한했다

　노력해서 지혜를 얻은 것, 재산을 모아 쾌락을 즐긴 것을 미워했다.

솔로몬이 1000명의 부인중에서 아들이라고는 하나밖에 없었는데 그나마 이 외아들 르호보암은 자랄 때 이미 어리석음이 보여 솔로몬은 이 못난 아들이 자기가 죽은 후에 평생을 수고해서 모은 모든 재산을 넘겨주면 재산 관리를 할 능력이 없어 생길 비극을 예견하면서 "내가 해 아래서 나의 수고한 모든 수고를 한하였노니 이는 내 뒤를 이을 자에게 끼치게 됨이라." 한탄했다.

여기에 "한하였다"라고 한 단어는 미워했다는 뜻으로 공연히 쓸데없는 노력을 했구나… 자신이 평생 동안 수고하여 많은 재산을 모아 쾌락을 누렸고 실컷 쓰고도 남아 많은 재산을 못난 아들에게 남기게 될 텐데 자기 아들 르호보암을 보니 물려준 재산을 잘 관리하기는커녕 오히려 이 재산이 해가 될 것을 예견하면서 내가 평생 동안 수고해서 재산 모은 것이 완전한 실수였구나 하고 자기 일생을 미워했다는 뜻이다.

B. 재산상속이 - 수고하지 않은 자에게 가서 낭비할 가능성을 예견함

C. 후계자의 자질 - 지혜로운 자일는지 우매자일는지 알 수 없다.

 2:19 - "그 사람이 지혜자일찌 우매자일찌야 누가 알랴마는 내가 해 아래서 내 지혜를 나타내어 수고한 모든 결과를 저가 다 관리하리니 이것도 헛되도다."

솔로몬은 자기 아들 르호보암이 아직은 왕이 되지 않았고 많은 재산을 실제로 관리하는 위치에 있지 않은 상태에서 볼 때 왕위를 물려받기 위해 우선은 자기 앞에서 조심스럽게 행동함으로 지혜로

운 것같이 보이기는 하지만 어떤 때는 미련한 행동을 하는 것을 보고 "그가 지혜자일지 우매자일지야 누가 알랴마는 내가 해 아래서 내 지혜를 나타내어 수고한 모든 결과를 저가 다 관리하리니 이것도 헛되도다"라고 자기가 밤잠을 못 자면서 수고한 모든 수고에 대하여 오히려 마음으로 실망케 되었다고 고백하고 있다.

여기에 "우매자"라는 단어는 속이 들여다보인다, 투명하다는 단어로 2:3절에는 어리석음이라고 번역됐고 1:17절에는 미친 것으로 또 2:13절의 우매함도 다 같은 단어이다. 여기에서 우매자라고 한 것은 천치 바보를 말하는 것이 아니라 잔꾀를 부려 남을 속이려고 하나 오히려 속이 빤히 들여다보인다든지 해서는 안될 말을 똑똑한 척하고 큰소리치고 허풍을 치다가 오히려 손해를 보는 사람들을 말한다.

르호보암의 생각에 젊은 친구들의 조언이 왕의 권위를 더 세우는 것 같으므로 노인들의 조언을 물리치고 젊은 사람들의 말을 들었던 것이 바로 우매자의 태도이다.

## II. 재산 상속과 후계자의 윤리문제(2:20-21)

불로소득했고 어려운 체험을 하지 않고 성장한 후계자

A. 미래에 대한 보장이 없는 상황에서 자신의 지나간 과거의 노력에 대해 실망했다.

B. 재산 상속자는 수고하지 않은 자이다. - 불로소득 - 이것이 참으로 옳은 정책인가?

## C. 불로소득을 허용하는 것은 큰 해이다
### great misfortune meaningless

2:20 "이러므로 내가 해 아래서 수고한 모든 수고에 대하여 도리어 마음으로 실망케 하였도다 어떤 사람은 그 지혜와 지식과 재주를 써서 수고하였어도 그 얻은 것을 수고하지 아니한 자에게 업으로 끼치리니 이것도 헛된 것이라 큰 해로다."

인류 역사에 유례가 없었던 통쾌한 사건을 미국 역사에서는 가끔 발견할 수 있는데 그것은 많은 미국 사람들이 재산을 자녀들에게 넘겨주지 않고 사회로 도로 내놓는 것이다.

그 가장 좋은 예로 데이빗 록키휄러(Daivd Rockefeller)가 뉴욕 시에 백만평(840 Acres=1,028,160평)이 넘는 땅을 기부해서 만하탄 한 복판에 공원(Central Park)을 만들어 푸른 잔디와 무성한 나무로 채워 사계절의 변화를 보여줌으로 콘크리트와 아스팔트로 덮인 만하탄의 살벌함을 면하게 해 주었다. 그는 또 1890년에 3천 5백만 불을 한꺼번에 기부해서 시카고 대학을 만들도록 했고 그 외에 록커휄러 센터를 만들어 학교를 만드는 일에 또 자선 사업에 썼다. 많은 미국 사람들이 이렇게 자신들이 모은 재산을 자기 자녀들에게 물려주기보다는 사회에 도로 귀환시키는 것은 아마도 미국은 광대한 나라이고 자원이 넉넉해서 개척시대부터 오늘까지 누구나 자기가 노력만 하면 당대에 큰 부자가 될 수 있었기 때문에 마음이 넓고 호탕해져서 자신이 죽을 무렵이 되면 재산을 사회에 내어주도록 정리하고 죽는 것이 가능한 것 같다.

그러나 솔로몬 당시의 모든 사람들은 부모에게서 물려받은 유산이란 여호수아 때 각 지파에게 분배했던 한정된 땅밖에 없었다. 주어진 이 땅을 봄부터 가을까지 땀을 흘리면서 부지런히 경작해야 가을에 추수할 것이 있어서 일년을 잘 먹고 살 수 있지 만일 조금이라도 게으름을 부리면 그 해에는 먹을 것이 없게 됐다. 따라서 부지런히 일을 하면 먹고사는 데는 부족함이 없었지만 평생 부자가 될 가능성은 전혀 없었다. 솔로몬은 자신이 평생 노력해서 그 누구도 따를 수 없는 큰 재산을 모아 놓았다. 물론 후궁들이 살 집을 짓는 등 백성들을 심하게 노역을 시킨 것은 사실이지만 약탈할만한 재산이 없는 가난한 백성에게서 세금을 징수하거나 백성들의 재산을 탈취해서 부자가 된 것은 아니었다. 왕의 위치에서 또 그의 비상한 머리를 써서 다시스의 상선, 오필상선대를 세계 각지로 보내어 무역을 해서 외국에서 많은 재산을 긁어모았던 것이다. 이렇게 모아 논 재산을 그의 아들 르호보암에게 물려주게 될 텐데 왕궁에서 자라 일할 줄도 모르고 고생을 모르는 아들이 제대로 재산을 관리할 것인지 아니면 책임감 없는 아들에게 재산을 넘겨줌으로 오히려 「해」가 되는 것이 아닌가 하고 번민하는 것이다.

여기에 "큰 해로다"라고 번역된 히브리 원어는(וְרָעָה בכה great misfortune, meaningless)로 크게 불행스럽고 무의미한 일이라는 뜻으로 단순한 해가 됨을 말하는 것이 아니라 허무하고 불행스러운 일을 말하는 것이다.

"그 얻은 것을 수고하지 아니한 자에게 업으로 끼치리니 이것도 헛된 것이라 큰 해로다" 고 자녀들에게 많은 재산을 물려주는 것은 오히려 자녀들의 투지력을 잃게 함으로 해를 끼치는 결과를 가져오게 됨을 말하고 있는데 부모의 입장에서 자녀들에게 물려줄 수 있는 가장 귀한 재산은 신앙의 유산이다. 부모들 자신이 좋은 신앙생활을 하고 좋은 가통을 이룩하여 자녀들이 건전하고 정직하게 노력해서 잘 살 수 있도록 좋은 신앙과 정신적인 유산을 남겨주는 것이 가장 중요한 일이다.

### III. 재산 상속을 위한 축재의 무용성(2:22-23)

A. 수고 - 육체노동 - 소득이 없다

　슬픔뿐이다

B. 마음에 애쓰는 것 - 정신노동 - 소득이 없다

　밤에도 쉬지 못한다

> 2:22-23　"사람이 해 아래서 수고하는 모든 수고와 마음에 애쓰는 것으로 소득이 무엇이랴 일평생에 근심하며 수고하는 것이 슬픔 뿐이라 그 마음이 밤에도 쉬지 못하나니 이것도 헛되도다."

　육체적인 노동을 하는 것은 소득 없이 슬픔을 가져오는 일이고 마음으로 정신노동을 하는 것은 결과적으로 밤잠을 자지 못하게 하는 신경쇠약증을 가져오는 일이기 때문에 재산을 모으기 위해서 혹은 지혜를 축적하기 위해서 육체적으로 노동하는 것도 헛된 일이고 정신적으로 노동하는 것도 헛되고 괴로운 일이다. 물론 이제까지 언급한 모든 사실은 하나님을 알지 못하는 사람의 상태에서 현실을 분석하고 있는 것이다.

　따라서 하나님을 빼놓고 이 말씀만 읽을 때 전도서는 염세주의적인 내용이라고 할 수 있겠으나 전도서 전체를 통해서 특히 3:11절 같은 데 보면 하나님과의 관계가 옳게 형성되는 경우 육체적으로 노동을 해서 재산을 모으는 것도 의미가 있고 정신적으로 노력해서 지혜를 모으는 것도 참된 의미가 있고 더 나아가서 많은 재산이나 많은 지혜를 가지고 하나님을 영화롭게 하고 하나님의 뜻을 이 땅 위에 실현할 수 있다면 그것은 가치 있는 수고요 노력이다.

# 제6장 여호와의 관여하심

본문 : 전도서 2:24-26

"사람이 먹고 마시며 수고하는 가운데서 심령으로 낙을 누리게 하는 것보다 나은 것이 없나니 내가 이것도 본즉 하나님의 손에서 나는 것이로다 먹고 즐거워하는 일에 누가 나보다 승하랴 하나님이 그 기뻐하시는 자에게는 지혜와 지식과 희락을 주시나 죄인에게는 노고를 주시고 저로 모아 쌓게 하사 하나님을 기뻐하는 자에게 주게 하시나니 이것도 헛되어 바람을 잡으려는 것이로다"

어떤 유대인 학자는 이 구절을 가능한 한 최대한으로 인생의 낙을 누리라는 뜻이라고 해석했다. 그러나 낙을 누리라고 권면하는 말씀이라기보다는 인생의 행복을 포함한 모든 것은 결과적으로 하나님의 손에 달려 있다고 해석하는 것이 더 정확하다. 전도서 기자가 쾌락이나 부나 명예 등을 다 체험하고 시험해 보는 과정중에서 2장 24-26절은 모든 인생의 행복이나 불행은 결과적으로 여호와의 관여하시는 역사에 달려 있다. 즉 "하나님의 손에서 나는 것"이라고 했다.

## I. 쾌락의 중요성(2:24)

### A. 사람에게 있어 가장 좋은 것(24a)

2:24a "사람이 먹고 마시며 수고하는 가운데서 심령으로 낙을 누리게 하는 것…"

인생에 있어서의 최선의 상태는;
1) 먹는 것,
2) 마시는 것,
3) 심령으로 낙을 누리는 것이라고 했다.

여기에 말하는 "심령으로 낙을 누리는 것"은 히브리 원어의 뜻은 일에서 즐거움을 누리는 것이라는 뜻이다. 억지로 일을 하는 것이 아니라 자기의 직업을 혹은 자기가 하는 일에서 즐거움을 느끼고 또 먹는 것, 마시는 것에서 즐거움을 느끼는 것 등을 가리켜 인생의 최고의 상태라고 했다.

산업화로 인한 생산 증가로 요즈음은 굶주리거나 배고픈 사람들이 별로 없다. 오히려 음식이 너무 흔해 비만증이라는 문화병에 걸리는 시대가 되었기 때문에 먹는 것이 인생의 최선의 상태라는 말은 별로 실감이 나지 않는다. 그러나 주전 1000여년 경 이스라엘은 먹을 것이 귀했기 때문에 항상 배가 고팠다. 멀리 갈 것 없이 이북에서도 지금 흉년이 들어 우리 동족이 고통을 당하고 있는 소식을 듣고 있다. 하루 이틀이 아니라 평생을 배고픈 것을 참느라고 허리띠를 조르고 살던 사람들에게는 넉넉히 배불리 먹을 수 있는 것은 최고의 상태였다. 한국 땅은 어디를 가나 우물을 파면 물이 나오기 때문에 마실 물 때문에는 걱정하지 않지만 중동지방은 사막이기 때문에 물이 없을 때는 양젖을 짜서 갈증을 해소하거나 포도주를 마시는 등 물을 마음대로 마실 수 없었다. 그래서 물은 물론이고 양젖이든 포도주든 갈증이 날 때 마음껏 마실 수 있는 것도 굉장한 축복으로 생각했다. 그런데 이 모든 것보다 더 중요한 것은(심령에 낙을 누리는 것) 자기가 하는 일에 즐거움을 느끼는 것이라고 했다.

현대인에게 두드러지게 나타난 현상은 모든 사람들이 자기가 하는 일에 만족하지 못하는 것이다. 옛날에는 농부는 농사를 지으면서 마음 편히 살았고 목수는 목수로서 자기 일에 자부심을 가지고 불평 없이 살았다. 그래서 남자 혼자 나가 일을 해 벌어들여도 여러 식구가 먹고사는 것이 그렇게 어렵지 않았다. 그런데 점차적으로 기계 문명이 발달되면서 사람들의 기대감이 높아져 버렸다. 테레비전에서는 "당신은 이렇게 비싼 물품을 구입할 자격이 있는 값비싼 존재"라고 계속해서 추겨주면서 엄청나게 비싼 가격의 상품을 팔고 있다. 이렇게 헛된 광고들의 세뇌작용은 사람들에게서 근면성이나 혹은 고통을 참고 견뎌야 하는 인내성 같은 것은 다 제거하고 완전히 허황된 쾌락을 최고로 즐길 수 있는 자격과 권리가 있는 존재들이라는 헛꿈을 꾸는 사람들을 만들어 내고 있다. 따라서 실제 생활에서 조금도 괴로운 것을 참지 못해 불평불만이 터지고 가정생활도 서로 참고 협조하는 것이 아니라 몇 마디 말다툼으로 싱겁게 이혼해 버리는 일이 너무나 많다. 이런 것은 기계가 보여주는 프로그램대로 결혼 생활은 항상 꿈 같은 행복의 연속극으로만 기대하기 때문에 그 기대에 어그러지면 조금도 참지 못하고 가정이라도 쉽게 부서 버리는 것이다. 2장 24절에 전도서 기자가 말하고 있는 기본적인 기대감은 보리밥이든 감자든 무엇이든지 때를 맞춰 배불리 먹을 수 있고 또 냉수라도 마실 수 있고 할 일이 있어 그 일을 짜증내지 않고 기쁜 마음으로 하여 그 하는 일에 즐거움을 느낄 수 있으면 인생 사는 동안 더 이상 바랄 것이 없는 최고의 행복한 상태라고 말하고 있는 것이다.

　성경에서 어떻게 이런 먹고 마시고 일하는 육체적인 차원에서 이루어지는 사건들을 인생의 최선의 상태에 도달한 것이라고 가르치고 있는가? 라는 비평이 나올 만하다. 그러나 구약 성경에서는 대부분의 경우 기쁨이나 즐거움은 육체적인 차원에서 이루어지는 사건들로 설명하고 있다. 특히 배고프지 않고 때를 맞춰 먹을 것이 있는 것을 행복한 상태로 서술하고 있다. 예를 들어 잠언 10장 3절에 보면 "의인의 영혼은 주리지 않게 하신다"라고 했고 13장 25절에는 "의인은 포식하여도 악인의 배는 주리느니라"고 배불리 먹을 수 있으면 그것이 의인이고 배를 주리고 사는 사람은 악인이라는 뜻으로 말하고 있다. 또 27장 7절에는 "배부른 자는 꿀이라도 싫어하고 주린 자에게는 쓴 것이라도 다니라"고 함으로 배가 부르면 만족하고 행복하기 때문에 더 이상 필요한 것이 없는 상태이고 주린 사람은 쓴 것이라도 달게 먹어야 되는 불행스러운 상태에 있는 사람임을 암시하고 있다.

### B. 하나님의 손에서 나온다(하나님의 관여하시는 역사)(2:24b)

> 2:24 "사람이 먹고 마시고 마시며 수고하는 가운데서 심령으로 낙을 누리게 하는 것보다 나은 것이 없나니 내가 이것도 본즉 하나님의 손에서 나는 것이로다"

(모든 것-(먹는 것, 마시는 것, 일에서 즐거움을 느끼는 것)이 하나님의 손에서 나온다)
זֹה רָאִיתִי אָנִי כִּי מִיַּד הָאֱלֹהִים הִיא

육체의 궁극적인 쾌락은 하나님의 손에서 나온다.

"…내가 이것도 본즉 하나님의 손에서 나는 것이로다"라고 했는데 쓸데없이 먹는 것에 너무 욕심을 부리고 쓸데없이 너무 폭음을 하지 않고 오히려 하루 종일 기쁘고 즐거운 마음으로 열심히 일함으로 즐거움을 느끼는 것은 모두 하나님의 손에서 이루어지는 현상임을 말한다.

현대인들의 심각한 문제는 젊은 세대가 일을 하려 하지 않는 것이다. 또 일을 하는 경우 기쁘고 즐거운 마음으로 하는 것이 아니라 마지못해 최소한도의 일을 하면서도 최대한의 월급을 요구하는 것이다. 그러나 사람이 먹고 마시는 것뿐만 아니라 일하는 것까지도 하나님의 손에서 나오는 것이다. 사람의 마음을 지배하시는 분이 하나님이시기 때문에 우선 하나님과 올바른 관계가 형성됐으면 먹고 마시고 하는 일에 대해 건전한 생각을 하고 건전한 정신이 있으니까 기본적인 요구 조건만 만족되면 기쁘고 즐거운 마음으로 사역에 참여할 수 있는데 이런 기쁜 마음으로 일하려는 마음자리를 가질 수 있는 것이 바로 하나님의 축복이다.

## II. 쾌락의 체험(2:25)

2:25 "먹고 즐거워하는 일에 누가 나보다 승하랴"

사람이 먹고 마시고 일을 하면서 얻는 기쁨보다 더 나은 것은 없는데 이것은 다 자신이 체험해 본 사실에 근거해서 말한다고 했다. 실제로 솔로몬은 그 당시 동방에서 가장 부유한 왕의 입장에서 먹고 싶은 것은 무엇이든지 다 먹어 봤고 쾌락을 누리는 면에 있어서도 자기와 비교를 할 만한 사람이 없을 정도로 완전히 쾌락을 즐겨보았고 왕궁을 짓는 등 대건축공사도 했고 전세계를 누비면서 무역을 하는 등 일도 많이 해본 경험에 의해 하는 말이다.

## III. 쾌락의 가능성(2:26)

2:26 "하나님이 그 기뻐하시는 자에게는 지혜와 지식과 희락을 주시나 죄인에게는 노고를 주시고 저로 모아 쌓게 하사 하나님을 기뻐하는 자에게 주게 하시나니 이것도 헛되어 바람을 잡으려는 것이로다."

**A.** 하나님께서 기뻐하시는 자에게 지혜, 지식, 희락을 주신다

1. 지혜(חָכְמָה) 인생의 체험을 통해 얻은 판단력
2. 지식(דַעַת) 관찰 및 경험을 통해 깨닫고 기억하는 사실
3. 희락(שִׂמְחָה) 2:1, 10 Happiness, 기쁨, 행복감

하나님이 기뻐하시는 자라고 하나님을 주어로 제시하고 있다. 그러면 누가 하나님의 기뻐하시는 자이냐? 물론 하나님의 뜻대로 살려고 노력하고 정직하고 부지런하게 삶으로 하나님의 이름을 더럽히지 않는 좋은 신앙의 사람이다. 하나님께서 기뻐하시는 자에게는
1) 지혜를 주시고
2) 지식을 주시고
3) 희락을 주신다고 했다.

1. 지혜(חָכְמָה)는 지식과는 다르다. 지혜는 인생의 체험을 통해 터득한 올바른 판단력이어서 교육을 받지 못한 일자무식인 사람이라도 지혜로운 사람일 수 있다. 이런 사람들은 자기 처신을 지혜롭게 해서 남에게 폐를 끼치지 않고 오히려 다른 사람을 도우면서 사는 사람들이다. 반면에 교육을 많이 받아 최고의 학위를 받았거나 돈을 많이 벌어 부자가 된 사람이라도 지혜가 없어서 항상 남에게 눈총을 받고 비평의 대상이 되고 남에게 폐를 끼치면서 사는 사람들이 얼마든지 있다. 그런데 이 지혜를 하나님께서 기뻐하시는 자에게 주신다고 했다.
2. 지식(דַעַת)을 주신다고 했는데 실제적인 생활의 지식은 살아가는데 필요한 재능을 말한다. 지식은 반드시 학교에 가서 수

학을 배우고 화학방정식을 외우고 외국어나 철학을 배워 학위를 받는 것만이 지식이 아니다. 학교에서 배운 지식은 자기 생활에는 전혀 쓸 수 없는 무용한 정보에 그치는 경우가 있다. 오히려 다양하고 실제생활에 적용되는 좋은 지식은 자기가 직접 보고 관찰한 것, 혹은 경험한 모든 것들을 조직 분석 정리해서 자기 생활에 유용하게 쓸 수 있는 원리로 정리했을 때 얻어진 것이다. 사람들은 이렇게 경험에서 얻은 지식을 잘 유용하는 것이 아니라 돌아서면 까마득히 잊어버리고 똑 같은 과오를 범하는 경우가 많다. 인생의 체험을 통해 얻은 지식을 잘 기억하여 생활에 적용할 수 있는 기능도 역시 하나님께서 기뻐하시는 자에게 주시는 선물이다.

3. 희락(שמחה)은 하나님께서 기뻐하시는 자에게 희락을 주신다고 했는데 하나님을 잘 믿는 상태에서 갖게 된 희락은 하나님과의 올바른 관계에서 이루어지는 희락인 까닭에 영원한 행복이요 영혼을 살찌게 하는 은혜로운 행복감으로 말초신경을 자극해서 얻어지는 쾌감과는 전혀 다른 희락이다. 인생의 가장 좋은 상태는 먹고 마시고 일해서 기쁨을 느끼는 것과 동시에 한 걸음 더 나아가 하나님과 올바른 관계를 맺은 까닭에 하나님께서 주시는 지혜, 지식, 그리고 희락을 누릴 수 있는 사람이다.

### B. 하나님께서 죄인에게는 벌주신다

죄인(חוטא)이라고 언급한 히브리어는 헬라어에 하말티아(ἁμαρτία)인데 이 하말티아는 표적을 맞추지 못했다는 뜻으로 성경에서 가장 많이 사용된 죄에 대한 단어이다. 그 표적은 무엇인가? 하나님께서 인간들을 창조하셨을 때 설정한 표적이다. 죄란 하나님께서 설정한 표적에 미치지 못한 상태를 말한다. 살인 강도와 같은 악한 짓을 하는 것은 별개의 것으로 세상의 법으로 처리되어야 하는 범죄 행위이지만 여기서 말하는 죄인은 하나님 보시기에 부족한 사람, 하나님께서 설정한 목표에 도달하지 못한 상태를 의미한다.

그런 사람(죄인)에게는 노고(עצבון)를 주신다고 했는데 노고라는 단어의 뜻은 땀을 뻘뻘 흘리면서 열심히 일을 하지만 되는 일이 하나도 없는 것을 뜻한다. 하나님과의 올바른 관계가 형성되지 않은 상태의 죄인들이 하나님의 섭리나 관여하시는 역사를 무시하고 자신들이 생각하고 계획해서 시도하는 모든 일들은 다 허사로 돌아갈 수밖에 없다.

그뿐 아니라 죄인들로 하여금 열심히 모으고 쌓게 했다가 그 모든 것을 하나님이 기뻐하시는 자에게 주게 하신다고 했다. 옛날 중남미의 잉카(Inca)나 아치택(Aztec)들이 일정한 밀림지역의 나무를 자르고 개척해서 자기들이 살 집을 짓고 우상의 전을 짓고 금은 보화를 많이 모아 놓고 화려한 문화를 이루었었다. 그런데 이 지역은 비가 많이 오기 때문에 주변의 나무들이 너무 빨리 자라 자기들이 개척한 지역까지 침투해 들어와 생활 영역이 좁아지기 때문에 벌목하는 일만도 큰일이었다. 또한 이 당시 잉카나 아치택들은 상당히 발달된 의술이 있었고 위생 관리를 잘 했었기 때문에 질병이 별로 없어 인구가 너무 빨리 증가되었다. 밀림지역에서 자기들이 살 공간은 자꾸 좁아지는데 인구는 증가되어 포화 상태가 됨으로 팽창되는 인구문제를 해결하는 방법으로 종교행사의 일환으로 사람을 죽여서 제사를 지내고 그 인육을 나눠 먹는 일들을 했다고 한다. 사람 사는 곳에 죄가 없을 수는 없고 인간의 문명과 함께 각종 범죄가 많지만 우상숭배의 일환으로 사람끼리 서로 잡아먹는 것을 하나님께서 매우 역겹게 생각하셨던 것 같다. 그래서 하나님께서 이 인종을 자멸하게 하시고 이들이 모아놓았던 금은보화를 스페인 사람들이나 폴투갈 사람들이 와서 다 쓸어가도록 섭리로 허용하셨던 것 같다. 한국의 금은보화도 고려 시대에는 원나라가 침략해 와서 쓸어갔고 그 후로는 일본이 한국을 식민지화해서 마음놓고 모든 국보급 보화를 실어갔으며 6.25 사변이 난 후에는 미군이 들어와 전쟁으로 폐허된 속에서도 좋은 물건은 말할 것도 없고 나중에는 농촌에서 제사 때 쓰던 제기, 상여에 쓰는 기구, 꽹과리, 심지어 빗자루까지 소포로 싸서 자기 집으로 보냈는데 이 모든 물건들이 오늘날 미국에서 골동품으로 팔리고 있다. 한국은 조상들이 모아 놓았던 그나마 얼마 안되는 재물도 다 뺏긴 것이다. "죄인에게는 노고를 주시고 저로 모아 쌓게 하사 하나님을 기뻐하는 자에게 주게 하시나니"라는 말씀이 이러한 상황을 말해주고 있다.

  모든 것이 헛되다는 것은 허무주의적인 이론인데 허무주의(Nihilism)는 서너 가지로 나누어서 설명할 수 있다.
1) 철학적인 허무주의는 지식이나 진리가 존재하지 않는다는 주장이다.
2) 윤리적인 허무주의는 도덕 및 종교에 이론적인 바탕이 없이 단순히 자기 멋대로 믿으면 된다는 이론이다.
3) 정치적인 허무주의가 있는데 이것은 무정부주의라고 부르는 개념이다. 정치적인 허무주의는 소련에서 1860년대로부터 시작해서 1917년대에 발전됐던 정치사상인데 기존 정권을 폭력으로 완전히 파괴해 버리고 난 후에 새로운 정치기구를 건설할 수 있다고 주장하는 이론이다. 그래서 니콜라이 2세가 황제일 때 정치 폭력이나 암살 행위가 계속해서 일어났다. 소련의 문호 아이반 트루게네브(Ivan Trugenev)가 정치적인 허무주의를 주창했던 사람 중에 하나이다. 물론 이런 허무

주의는 현실적으로 인간들이 분석한 허무주의이다.

전도서를 수박 겉 핥는 것처럼 읽으면 허무주의를 구가하고 있는 책으로 오해하기 쉽다. 그러나 전도서 기자가 24-26절에 지적하고 있는 것은 영혼의 문제가 본질적으로 해결되지 않은 경우 현실문제나 육체 문제 등 이 세상에서 이루어지는 모든 사건들은 시간의 제한 속에서 완전히 물거품처럼 사라져 버리는 것이기 때문에 바람을 잡으려는 것처럼 허무하다고 주장하고 있다. 참된 인생의 의미를 발견할 수 있는 유일한 길은 하나님과의 올바른 관계를 형성해서 궁극적으로 영혼의 문제까지 해결하는 데 있다고 가르치는 것이다.

# 제7장 시간 관념

본문 : 전도서 3:1-9

* 성경의 「시간관」은 수직사관이다(우주 - 창조, 보존 - 지속운행 - 결론)

## I. 시간의 범위 1a-

3:1 "천하에 범사가 기한이 있고 모든 목적이 이룰 때가 있나니"
לְכֹל זְמָן וְעֵת לְכָל־חֵפֶץ תַּחַת הַשָּׁמָיִם

### A. 범사에 기한이 있다

기한(וּזְמָן)이란 지정한다, 결정한다, 임명한다(하나님께서 섭리로)

### B. 목적이 이룰 때가 있다

목적(עֵת)이란 누군가가 결정하여 세운 뜻(우주적인 차원에서 하나님께서 섭리로 설정하신 목적)이라는 단어이다.
"천하에 범사가 기한이 있고"라고 했는데 히브리어 원어에는 "하늘 아래 범사가 기한이 있고"라고 되어 있다.
일반적으로 사람들은 「시간」에 대해서 깊이 생각하지 않는다. 몇 시인지 알고 싶으면 시계를 보면 되고 또 봄, 여름, 가을, 겨울의 네 계절이 변하는 것을 보면서 세월이 빨리 가는구나 하는 정도의 생각 이외는 시간이 무엇인가 하는 문제는 별로 생각지 않는 것이 사실이다. 그러나 예로부터 철학자들은 "시간"이라는 개념을 설명하기 위해 1000여 페이지가 넘는 책을 쓰면서 이론을 전개해 오고 있다. 엄격하게 물리학적인 이론으로 정리하면 하루가 24시간인데 그것은 지구가 한번 자전하는 속도를 스물 넷으로 잘라서 하루를 24시간이라고 하는 것이다. 또 지구가 태양을 중심으로 한번 공전하는 속도를 1년이라고 부르고 그것을 365일로 나눈 것이다. 만약에 태양계를 벗어나서 우주 공간의 어느 시점에 가 있다고 가정할 때 시간을 어디에 맞추어 측정하느냐 하는 문제가 생긴다. 태양계 안에서는 지구가 자전과 공전을 계속하니까 그것을 나누어서 시간 속에 집어넣을 수 있지만 태양계를 완전히 벗어나 우주 공간의 어느 지점에 그냥 머물러 있다고 가정하면 시간을 계산하는 것이 어렵게 된다.

요즘 우주여행에 관한 영화들이 많이 나오는데 우주선을 타고 여행을 하다가 타임 월프(Time walf) 같은 것에 흡수돼 버리면 똑같은 일이 계속해서 반복되기도 하고 어떤 경우에는 24세기에 살고 있는 사람들이 18세기-19세기에 돌아오기도 하고 어떤 때는 22세기에 살고 있는 사람이 범죄하고 20세기로 도망간 죄수를 잡으러 22세기에 살고 있는 경찰들이 20세기로 돌아와서 이 사람들을 22세기로 다시 돌려보내 처벌받게 하는 등의 줄거리로 엮어진 영화가 많이 나오고 있다. 이런 영화들은 사람들이 200년 혹은 600년을 건너 뛰어 자유롭게 왔다갔다할 수 있는 것처럼 상상해서 만들어낸 영화이다

캠부리치대학의 유명한 천체물리학 교수 스티븐 학킹스는 전신

제7장 시간 관념 85

불수가 되어 의자에 앉아서 살고 있으면서 "시간의 역사"라는 책을 썼는데 이 사람의 이론중에 하나는 시간을 건너 뛰어 여행하는 것(Time traveling)이 가능하다는 주장이다. 지금 20세기에 살고 있는 사람이 24세기에 갈 수 있고 또 반대로 16세기나 12세기 등 과거로 돌아갈 수 있다고 주장했다. 시간은 태양계를 벗어나는 경우 거의 무의미한 것이어서 얼마든지 앞으로 혹은 뒤로 옮겨 다닐 수 있다는 이론들이 상당히 보편화되어 가고 있다.

전도서에서 취급하는 「시간」은 그런 문제가 아니고 "시간"이라는 흐름 속에 인간들이 한번 들어가 있으면 아무리 발버둥을 쳐도 시간에서 탈피할 수 없고, 「시간」 속에서 이루어지는 모든 사건들이 개인의 노력에 의해 정리되는 것이 아니라 오히려 섭리자(하나님)가 계셔서 모든 일이 그의 섭리에 의해 이루어져 나가기 때문에 인간에게 있어서는 그때그때 적당하게 섭리의 한계 내에서 활동할 수 있는 것뿐이지 자기 운명을 좌우한다든지 현실을 뛰쳐나간다는 것이 전혀 불가능하다는 이론을 전개하고 있다.

그러한 이유에서 일부 학자들이 전도서 3장을 허무주의적 실존주의(Nihilistic Existentialism)라고 설명하면서 사람은 자기 운명을 좌우할 수 없고 역사를 주관할 수 없는 상태에 있고 오직 하나님께서 섭리로 인간의 운명이나 역사를 주장하시는 까닭에 인간인 경우 피할 수 없는 운명 속에서 허덕이다가 죽을 수밖에 없다는 숙명론을 전개했다.

그러나 전도서 기자가 3장 1절에서 9절까지 말한 것은 하늘 아래 지상에서 이루어지는 일을 말하고 있는 것이다. 실제로 하나님을 계산 속에 넣지 않고 인간의 입장에서만 볼 때 아무것도 할 수 없고 역사의 흐름 속에 꼼짝없이 지배당하는 존재에 불과한 것처럼 보이는 것이다. 그러나 만일 하나님과의 관계가 올바로 형성되는 경우 이 지상에서 이루어지는 사건을 얼마든지 초월할 수 있고 그래서 인간들에게는 숙명론적인 운명만 있는 것이 아니라 그 이상의 생활이 있음을 지적하고 있다.

기한이라는 단어는 지정한다, 결정한다, 임명한다는 뜻의 단어이다. 그러면 지정하고, 결정하고, 임명하는 것이 누구인가? 물론 하나님께서 하시는 일이다. 무신론적인 입장에서 읽으면 시간과 역사가 인간을 지배한다는 해석이 나오지만 하나님이 계시다는 사실에 근거해서 본문을 읽으면 기한이 있어서 정한 시간이 있는데 그 「시간」을 정하신 분이 바로 하나님이시다. 지구의 자전과 공전을 운행하시는 분이 하나님이시고 시간을 창조하시고 역사를 주관하시는 분이 하나님이시기 때문에 시간이나 기한은 하나님과의 관계에서 취급돼야 한다. 하나님의 손안에 들어 있는 존재가 하나님을 의식하지 못할 때 숙명론자가 될 수밖에 없는 것이다.

### B. 모든 목적이 이룰 때가 있다

목적이란 단어를 인터내쇼날역(International Version)에서는 행동(Every Activity)이라고 번역했다. 그러나 이것은 행동뿐만 아니라 행동이 성취되는 목적을 말한다. 모든 행동에는 이유가 있고 목적이 있다. 역시 이 행동에도 하나님을 계산 속에 집어넣으면 하나님은 목적을 설정하시는 분인 까닭에 하나님의 때가 되어야 목적이 달성되는 것이고 인간들이 아무리 열심히 일을 하고 급하다고 서둘러 보았자 되는 일이 없는 것이다.

사람들이 아무리 노력을 해도 전혀 성취할 수 없는 사건들이 얼마든지 있다. 예를 들어 북극지방 툰드라(동토지대)에 채소 씨를 뿌리면 365일 어느 때 뿌려도 그 씨가 얼어 버리지 싹이 나지 않는

다. 반면에 열대지방에 가서 씨를 뿌리면 아무리 좋은 씨앗을 뿌렸어도 싹이 나자마자 벌레들이 먹어 버리거나 아니면 뜨거운 햇볕에 녹아버리고 만다. 반드시 농사를 짓는 일 뿐만이 아니라 모든 인간들이 계획을 하고 도모하는 일들은 장소와 때를 맞추어야 하는데 그것도 결실할 때가 되어야 결실하는 것이지 아무 때나 결실하는 것이 아니다.

이렇게 모든 목적이 이룰 때가 있다는 사실을 2절 이하에서 예로 들고 있다.

## Ⅱ. 시간의 지배(절대성)

3:2-9 "날 때가 있고 죽을 때가 있으며 심을 때가 있고 심은 것을 뽑을 때가 있으며 죽일 때가 있고 치료시킬 때가 있으며 헐 때가 있고 세울 때가 있으며 울 때가 있고 웃을 때가 있으며 슬퍼할 때가 있고 춤출 때가 있으며 돌을 던져 버릴 때가 있고 돌을 거둘 때가 있으며 안을 때가 있고 안는 일을 멀리할 때가 있으며 찾을 때가 있고 잃을 때가 있으며 지킬 때가 있고 버릴 때가 있으며 찢을 때가 있고 꿰맬 때가 있으며 잠잠할 때가 있고 말할 때가 있으며 사랑할 때가 있고 미워할 때가 있으며 전쟁할 때가 있고 평화할 때가 있느니라 일하는 자가 수고로 말미암아 무슨 이익이 있으랴."

### 1. 인간의 능력의 한계를 벗어난 절대적인 시간의 지배를 받는 사건

"날 때가 있고 죽을 때가 있으며"

시간이 모든 인생문제를 절대적으로 지배한다는 사실을 "날 때가 있고 죽을 때가 있다"고 한 마디로 정의하고 있다. 어린아이는 자기가 언제 태어나기를 원한다고 시간이나 날짜에 대한 선택권이 전혀 없다. 그럴 뿐만 아니라 모든 사람들에게는 죽는 날에 대한 선택권도 전혀 없다. 물론 자살을 할 수는 있으나 자살을 기도했다가 죽지 못하는 사람들도 얼마든지 있다. 또 더 살고 싶어서 목숨을 연장하려고 노력해도 한 시간이나 10분도 더 연장을 못한다. 결국 인생의 일생은 하나님의 손에 달려 있지 우리 손에 달려 있는 것이 아니다. 따라서 매일매일 살고 호흡하고 활동할 때 하나님께서 주신 생명을 감사하면서 죄 짓지 말고 하나님의 뜻에 합당하게 살아야 한다.

### 2. 인간의 노력과 시간의 변화가 들어맞아야 하는 사건

"심을 때가 있고 심은 것을 뽑을 때가 있으며"

농사를 지을 때 씨를 뿌렸는데 너무 빽빽하게 많이 나면 더 자라기 전에 일부를 뽑아 솎아준다. 이렇게 심기도 하고 더러는 뽑아주는데 물론 전부 뽑아 버리는 것이 아니라 더러 남겨 두어 잘 자라게 한다. 이렇게 제 때 뽑아주고 김을 매주는 등 인간들의 노력과 시간의 변화가 들어맞아야 결실을 얻을 수 있는 것이다. 씨를 뿌려야 될 봄에 씨를 뿌리지 않아도 저절로 싹이 나고 여름 동안 노력을 하지 않아도 가을이 되면 저절로 결실해서 추수할 것이 있는 것이 아니다. 따라서 인간들의 노력은 하나님의 시간에 보조를 맞추어 노력을 해야 결실을 보는 것이다.

### 3. 인간의 판단(감정)에 의해 결정을 요하는 사건들

"죽일 때가 있고 치료시킬 때가 있으며"

말이나 가축이 다리가 부러지던가 아니면 짐승에 물려 치료를 해주어 봤자 제 구실을 못할 것 같으면 총으로 쏴 죽여서 차라리 고통을 제거하는 장면을 서부 영화에서 흔히 볼 수 있다.

미국 미시간 주에 있는 카볼키안(Kaborkian)이란 의사는 20여명의 불치병에 걸린 사람들의 자살을 도와주다가 입건되어 재판을 받고 있는데 아직 이 의사를 살인죄로 유죄판결을 내려 형무소에 집어넣지 못하고 있는 이유는 이 의사가 덮어놓고 사람을 죽도록 도운 것이 아니라 너무 고통이 심한 상태에 있는 사람들에게 고통을 면하게 도와주는 작업을 해서 어떤 의미에서는 자비를 베푼 것이라는 변호 때문에 법원에서도 이 문제를 해결하지 못하고 계속 재판을 하고 있는 것이다. 생명을 보존할 수 있는 상황이면 치료를 해 주는 것이 옳고 치료를 해주어 봤자 고통의 연속인 경우는 치료하지 않고 내버려 두어 죽게 하는 것을 말하는데 아마도 이것을 여기서는 죽일 때가 있다고 한 것 같다. 죽여야 할 때가 있고 치료시킬 때가 있다는 것은 물론 인간의 판단에 의해서 결정을 요하는 사건은 아니다. 이것은 어느 때든지 하나님의 섭리에 일치되어야 한다.

### 4. 헐 때와 세울 때(판단과 결단)

유럽에는 오래된 고궁이나 건물이 많이 남아 있다. 역사가 짧은 미국에도 100-200년 된 건물이 많이 있는데 공공 건물이 아닌 개인 주택도 보통 100년이 넘는 것이 많이 있다.

미국에서는 개인 주택이라도 100년이 넘는 것이면 아무리 낡았어도 마음대로 뜯어버리고 새로 지을 수 없고 원래의 모습을 그대로 보전하도록 보수 공사만을 허락함으로 역사적인 유물로 보호조치를 하고 있다. 반만년의 역사를 자랑하는 한국에는 1000년 이상 된 건축물이 하나도 없다. 원나라 때 몽고인들이 침략해 와서 대부분의 고궁들이 다 불타 없어져 버렸고 7년이나 계속됐던 임진왜란 때 전국 각처에 있던 문화적인 유산들이 다 불타 없어져 버려 지금은 임진왜란 이후 증축한 건물들만 남아 있는 역사적인 비극을 안고 있다.

현재 한국에서는 재개발이라는 명목으로 아무리 큰 고층 건물이라도 주저하지 않고 헐어 버리고 새로 짓는 것이 여반사이다. 계획 없이 세우고 계획 없이 헐어버리는 것인데 지은 지 20-30년밖에 안된 고층 아파트들이 헐 때가 되어 버리는 한국의 건축은 세울 때가 어떠했는지 잘 말해주고 있다.

### 5. 울 때와 웃을 때, 슬퍼할 때와 춤출 때(주위 환경의 조화를 이루라)

토론토 공항 빈야드 교회는 순복음 계통의 교회로 이 교회의 창설자는 존 아르놋(John Arnot)이라는 사람으로 신학교 문 앞에도 가보지 못한 사람이다. 이 사람이 인도네시아에 여행을 갔다가 주일날 같은 순복음 계통의 교회에 가서 설교를 할 기회가 있었다. 자기 자신이 괴로운 인생을 살고 있던 사람이었기 때문에 감정적인 설교를 했는데 몇몇 사람들이 감명을 받았다고 하는 말을 듣고 자신이 목회를 해야겠다는 의욕이 생겨서 캐나다로 돌아와 토론토 공항 근처에 사무실 겸 창고로 지은 건물을 입수해서 거기서 예배를 보기 시작하면서 토론토 공항 빈야드 교회가 생겼다. 1994년 1월 20일에 미조리에 있는 빈야드 교회 목사(그도 평신도로 목사가 됨) 데이빗 크락(David Clark)이란 사람을 부흥 집회 강사로 초청해서 집회를 했다. 이때 성령의 불이 떨어져서 한편에서는 깔깔대고 큰소리로 웃고 한편에서는 엉엉 울고 또 일부는 바닥에 쓰러져서 몸을 비틀고 뒹굴면서 환상을 봤다고 아우성치고 더러는 병이 나았다고 펄펄 뛰고 또 일부는 짐승소리를 내는데 개 짖는 소리, 염소 우는 소리, 사자 우는 소리 등을 냄으로 대 수라장이 되었는데 이것을 성령의 불이 떨어졌다고 해석했다. 이 사실이 순복음 오순절 교회와 하나님의 성회의 신문 잡지를 통해 대 부흥의 역사가 일어났다고 전세계에 뉴스로 전해졌다. 그래서 세계 각국에서 많은 사람들이 구경하기 위해 몰려들기 시작했고 일년 후인 1995년 1월 20일에 부흥의 역사 1주 기념 성회 집회 때에는 4,000명이 참석해서 초기의 350명이 일년만에 4000명의 대형 교회로 부흥됐다고 한다. 이 소식을 듣고 한국에서도 많은 목사님들이 와서 견학하고 배워 갔을 뿐 아니라 토론토 공항 빈야드 교회 세미나도 곳곳에서 하고 있다.

전도서 기자는 울 때가 있고 웃을 때가 있으며 슬퍼할 때가 있고 춤출 때가 있다고 했다. 웃음이나 울음은 사회성이 있는 인간의 기능인 것이다. 남들이 우는 것을 보면 나도 슬픈 마음이 생기고 남들이 웃는 것을 보면 나도 모르게 미소를 짓고 따라서 웃게 되는 것이 통례이다. 그런데 한 방안에서 어떤 사람은 박장대소를 하고 한쪽에서는 엉엉 울고 있는데 또 한쪽에서는 짐승의 소리를 내고 있으면 그것은 혼돈 상태이지 정상적인 상태는 아니다. 이 문제로 인해 같은 오순절 교회 빈야드 교회에서도 분열이 일어났는데 1960-70년대에 은사운동을 주도했던 거물급 존 윔버(John Wimber)나 베니힌(Benny Hynn) 같은 유명한 사람들이 토론토 공항 빈야드 교회에서 일어난 사건은 악령에 사로잡힌 상태인 것 같다고 비평했다.

이러한 비평에 대해 토론토공항 빈야드교회 사람들은 성령의 역사라고 반박하면서 웃는 것은 은혜를 받아서 기뻐서 웃는 것이며 우는 것은 자기 죄를 회개하면서 우는 것이고 또 짐승 소리내는 것은 유다지파의 사자이신 메시아 예수 그리스도를 영화롭게 하는 방법으로 사자소리를 내는 것이며 또 세상죄를 지고 가시는 하나님의 어린양을 상징하는 그리스도를 찬양하기 위해서 염소나 양의 소리를 내는 것이라고 설명하고 있다. 그러나 개 짖는 소리에 대해서는 설명을 하지 못했다.

전도서 기자가 말하는 것은 사람이 울 때가 따로 있고 웃을 때가 따로 있고 기뻐할 때나 슬퍼할 때가 따로 있고 춤출 때가 따로 있는데 다른 말로 하면 남이 울 때 웃지 말고 남이 웃을 때 울지 말고 남들이 슬퍼할 때 춤추지 말고 남들이 춤출 때 슬프다고 그 앞에서 다리를 뻗고 통곡하지 말고 주위 환경에 맞추는 태도를 취하라는 말이다.

한국 사람들은 남의 나라의 식민지로 구박받는 비극적인 역사 속에서 살아 왔기 때문에 감정의 표현을 자유롭게 하지 못하는 사람들이다. 그래서 슬픔도 감추고 기뻐도 기쁜 표현을 잘 못하는 사람들이다. 그러나 전도서에서는 울 때는 울고 웃을 때는 웃고 슬퍼할 때는 슬퍼하고 춤출 때는 춤추면서 남에게 방해가 되지 않는 한 자유롭게 감정표현을 해야 된다고 지적하고 있다.

6: 돌을 던져 버릴 때와 돌을 거둘 때(미래를 위한 준비)

이것은 전쟁과 연관해서 미래를 위한 준비를 하라는 교훈으로 해석할 수 있다. 우리 나라에서도 행주산성 싸움 때 창이나 활이나 화살이 모자라니까 여자들이 행주치마에 돌을 날아오면 남자들이 돌팔매질을 하면서 싸웠던 유명한 이야기가 있다. 구약성경에도 전쟁을 할 때 특별히 왼손잡이를 모아서 돌을 던지게 하는 방법을 썼는데 왼손으로 돌을 던져 방패로 막는 적군들의 몸의 각도를 빗겨 옆으로 돌을 맞추어 상대방을 쓰러트리게 했었다. 옛날에는 화살이 흔한 것이 아니었기 때문에 전쟁을 할 때 돌도 무기로 썼었다. 따라서 평시에는 돌을 관심 없이 버리지만 전쟁이 나면 버렸던 돌들을 전부 성안으로 거두어 모아들이는 상태를 말하는 것이다.

7. 안을 때가 있고 안는 일을 멀리할 때(인간 관계)

이것은 부모 자식간의 관계를 말하는 것 같다. 한국의 부모 자식 과의 관계는 자식이 60이 넘어도 부모들이 철저하게 간섭하고 지배하는 것을 당연하다고 생각한다. 그러나 서양 사람들은 18세만 되면 성년으로 취급하여 자기 문제는 자기 스스로 결정해서 처리하도록 풀어놔 준다. 물론 더러 실수하는 일도 있지만 그러면서 인생을 배우는 것이라고 생각해서 아무리 어려운 곤경에 빠져 있어도 본인이 와서 도움을 청하지 않는 한 대개의 경우 간섭을 하지 않는다. 이러한 풍습은 어떤 면에서는 매우 몰인정한 것 같은데 사실상 자녀들을 기를 때 어떤 단계에는 자신이 자유롭게 자기 문제를 해결할 수 있도록 놔주어서 스스로 인생을 배우게 해야 한다. 아직 어려서 도움이 필요할 때는 안아 주고 보호해 주어야 하지만 장성하면 친자식이나 형제간에도 인격을 존중해서 자기 스스로 결정권을 행사할 수 있도록 정신적으로 또 감정적으로 풀어놔 주어 건전한 인격자로 발전할 수 있게 해야 함을 말한다.

8. "찾을 때가 있고 잃을 때가 있으며 지킬 때가 있고 버릴 때가 있으며"

전형적인 한국의 연애 소설은 연애를 하다가 실연을 하면 남녀간에 고민하다가 병들어 죽는 비극으로 끝나는 것이 거의 공식처럼 되어 있다. 그런데 서양 사람들의 연애소설은 연애를 하다가 한쪽이 걷어차서 실연을 당하면 용감하게 툭툭 털어 버릴 뿐만 아니라 그날로 다른 상대를 만나서 오히려 더 재미있게 사는 행복한 결론을 내린다. 아마도 민족성의 차이 혹은 역사적인 배경의 차이인 것 같다. 찾을 때가 있고 잃을 때가 있으며 지킬 때가 있고 버릴 때가 있다고 말하는 것은 주변 정리를 할 때 결단력을 내려서 잊어버릴 것은 깨끗하게 잊어버리고 새 출발을 할 수 있어야지 과거에 사로잡혀서 자기 일생을 망치는 자살 행위를 하는 것은 어리석은 일임을 말하고 있다.

### 9. "찢을 때가 있고 꿰맬 때가 있으며"

중동 사람들의 옷은 홑이불 같은 것을 둘둘 감고 다니는 것인데 무슨 일만 생기면 옷 찢는 것이 일종의 관습이었다. 분해서 참을 수 없다는 표현 또는 의분에 사로잡혀 이런 것은 용서할 수 없다 혹은 누가 하나님에게 모독하는 말을 했을 때 자기 옷을 찢고 땅바닥에 주저앉아 흙을 자신의 머리 위에 끼어 얹으면서 분노한 모습을 나타내는 것이다.

그런 후에는 그 옷을 꿰매지 않으면 입을 수가 없다. 옛날에는 지금처럼 옷이 흔했던 것이 아니니까 격분했을 때 옷 찢기는 했어도 다시 꿰매서 입어야 하기 때문에 찢을 때가 있는 반면에 꿰맬 때가 있다고 했다. 잘못된 일을 보았을 때 공의로운 분노를 발하는 것은 당연한 일이고 반드시 죄는 아니다. 그러나 에베소서에 보면 화를 내도 해를 넘기지 말라고 했다. 한 번 화난 것을 계속해서 노한 마음을 품고 있으면 사단에게 기회를 줄 염려가 있을 뿐만 아니라 오랫동안 분을 품고 있으면 건강에도 해로울 뿐이다.

### 10. "잠잠할 때가 있고 말할 때가 있다"

쓸데없는 말을 지껄이고 다니는 것은 옳지 않은 일이지만 할 말은 해야 된다는 의미에서 잠잠할 때가 있고 말할 때가 있다고 했는데 할 말은 하면서 사는 것이 원만한 인간 관계를 형성해 나가는데 도움이 되는 것이 사실이다.

미국 사람들의 교육은 유치원에서부터 어떤 사물을 보여주고 발표하고 질문하고 그 질문에 대한 답을 하도록 훈련시켜서 말하는 방법부터 가르쳤기 때문에 남녀간에 서슴없이 자기 의견 발표를 잘 한다. 그러나 한국 사람들은 유교의 전통 때문에 어른들이 말 할 때는 무조건 잠잠해야 한다고 야단쳐 버리지 그 아이가 무슨 말을 하려는지 들어주지 않는다.

한국 사람들도 어린이들에게 용기를 복돋아주어 함께 지성적이고 논리적인 대화를 자주 해서 자기의 의견 발표를 잘 하는 기술을 가르칠 필요가 있다.

미국의 법조계를 유대인들이 다 장악하고 있다고 해도 과언이 아닌데 유대인들은 말을 이론적으로 조리 있게 잘 하는 사람들이기 때문이다. 유대인들이 말을 잘 하는 것은 하루 이틀에 이루어진 것이 아니라 3500년 동안 어려서부터 안식일에는 반드시 야시바(주일학교 - 지금 우리의 주일학교 제도는 실제로 이 유대인들의 야시바에서 왔다)에서 구약성경을 공부한 전통에서 온 결과이다. 이들이 안식일에 모여 공부할 때는 시시한 얘기로 시간을 보낸 것이 아니라 하나님의 존재 문제, 하나님께서 우주를 창조하신 사건 등 고차원적이고 철학적인 개념, 신학적인 개념 등을 진지하게 가르치고 토론했던 것이다. 이렇게 어려서부터 질문하고 대답하는 훈련을 받았기 때문에 정신 연령이 높아졌고 언어의 기술이 발전함으로 수학이나 과학이나 철학·정치·법학 등 모든 면에서 다른 민족보다 뛰어날 수밖에 없었다.

### 11. 사랑할 때와 미워할 때, 전쟁할 때와 평화할 때

"사람은 사랑하고 죄는 미워하라"는 말이 있다. 이 말은 아무리 나쁜 사람이라도 그가 지은 죄는 미워하지만 그 사람은 사랑하라는 뜻이다. 말은 쉽지만 실행하기는 힘든 말인 것이 사실이다. 여기에서 사랑할 때와 미워할 때가 있다고 한 것은 선한 일, 하나님의 뜻에 합당한 일을 하면 사랑의 대상이 될 수 있지만 악하고 질서를 파괴하는 일을 하면 증오의 대상이 될 수밖에 없는 것을 지적하는 것이다.

이스라엘의 총리 이삭 라빈(Isaac Lavine)이 암살을 당했다. 이삭 라빈을 살해한 젊은이는 몰래 숨어서 암살을 한 것이 아니라 3미터까지 접근해서 총을 쏘았다. 그는 즉석에서 잡혔을 때 잘못 했다든지 괴롭다든지 실수했다고 변명하는 것이 아리라 전쟁을 해서 점령한 땅 웨스트 뱅크(West Bank)를 이삭 라빈이 무상으로 팔레스틴에게 준 것은 역적 행위이기 때문에 처벌을 받아야 됨으로 내가 그 집행을 한 것뿐이라고 오히려 자신이 한 일이 애국적인 행위였다고 떳떳하게 대답했다.

이삭 라빈은 16세부터 전쟁에 참여해서 특공대로 47년 전쟁 때부터 시작해 계속해서 전쟁 영웅으로 평생을 산 사람인데 이제는 더 이상 파레스틴인들과 싸울 필요가 없고 타협해서 살아야 한다고 생각했었다. 엄격하게 따지면 지금 이스라엘이 점령하고 있는 땅은 팔레스타인 사람들이 조상 대대로 2500년 동안 살아 왔던 땅이다. 성경에 근거해서 가나안 땅이 파레스타인의 땅이 아니라 이스라엘 사람들의 땅이라고 주장하는데 그런 이론을 정당화하려면 지금 미국 사람들은 모두 독일이나 영국으로 돌아가고 흑인들은 전부 다 아프리카로 돌아가고 아메리칸 인디안들에게 땅을 돌려주어야 한다. 2500년 동안이나 살아왔기 때문에 파레스틴인들은 그들대로 이것이 우리 땅인데 왜 내쫓고 너희 땅이라고 우기느냐 도로 내노라고 하는 것이다. 라빈이 이스라엘을 위해서 50여년 동안을 전쟁을 했던 사람이지만 이 단계에서는 더 이상 전쟁을 해봤자 이스라엘도 피해를 입고 파레스틴도 피해를 입을 테니 이제는 평화를 유지해야 되겠다고 생각해서 평화를 유지하는 방법으로 파레스틴인들이 살 수 있는 땅을 나눠주기 위해 몇 년 동안 노력을 했던 것이다. 이것이 바로 "전쟁할 때가 있고 평화할 때가 있느니라"는 말씀대로 전쟁할 때는 전쟁을 해야 되지만 평화할 때가 있어서 평화를 유지하기 위해서는 어느 정도 양보를 하면서라도 평화를 성취해야 한다고 생각했기 때문에 이루어진 사건이다.

### 12. "일하는 자가 그 수고로 말미암아 무슨 이익이 있으랴"

인간의 모든 수고가 아무런 유익이 없다는 것은 인간들이 하나님을 떠나서 자기 스스로 일을 성취하려고 할 때 되는 일이 없고 혹시 되는 것 같아도 결과적으로 자멸 행위에 불과하다는 뜻이다. 하늘 아래서 현실적으로 물질적으로 역사적으로 일어나는 모든 사건들은 무의미한 것들처럼 보이지만 그 배후에는 하나님이 계셔서 모든 만물을 지배하신다. 겨울이 지나면 반드시 봄이 온다는 사실을 알고 봄을 기다리는 것처럼 인간의 모든 일에도 하나님의 섭리로 성취된다는 것을 믿고 기다리는 지혜가 필요하다. 모든 인간들의 노력이나 음모가 하나님 앞에 드러나지 않는 것이 없고 또 그 노력이 하나님의 법도를 떠났을 때 전부 물거품처럼 없어지는 헛된 일이다. 오직 하나님의 뜻에 합당한 일을 도모할 때 그것이 하나님을 기쁘시게 하는 일이고 필연적으로 성공할 수 있는 일이다.

# 제8장 하나님의 관여하심

본문 : 전도서 3:10-15

하나님께서는 자연과 모든 인생들의 문제에 관여하실 뿐만 아니라 철저하게 지배하고 다스리고 계시다.

## I. 하나님께서 인생들에게 노고를 주셨다(3:10-)

A. 자연의 통치 - 타락 이전 - 다스리고 정복하라 하셨다.

다스린다 - 창세기 1:26(רדה)밟는다, 다스린다, 또는 소유한다는 뜻의 단어이다. 다시 말하면 자연의 질서를 유지하여 조화를 이루고 정상적인 기능을 발휘하도록 관리한다는 뜻이다.

정복한다 - 창세기 1:28(כבש) 발로 밟는다, 지배한다, 덮친다(Husbandary)는 뜻의 단어이다.

B. 자연의 저주 - 창세기 3:17-19

1. 땅이 너로 인해 저주를 받았다
2. 종신토록 수고해야 그 소산을 먹는다
3. 가시덤불과 엉겅퀴를 낸다
4. 얼굴에 땀을 흘려야 식물을 먹는다.
   창세기 4:11 - 저주를 받아

1) 밭을 갈아도 효과가 나지 않는다
2) 땅에서 피하여 유리하는 자가 되리라

　동양의 이원론은 음양사상으로 우주의 원리를 지배하는 것은 음과 양의 원리라고 가르치고 있다. 동양의 음양사상은 음은 어둡고 양은 밝은 것이라고 표현하기는 하지만 양은 밝고 남성이기 때문에 좋은 것이고 음은 어둡고 여성으로 표현됨으로 악하다는 개념이 아니다. 선과 악을 떠나서 단순히 음과 양에 의해서 우주가 지배되고 이합 집산을 하는 가운데 물질세계가 생성 소멸되고 인간의 역사가 존속된다고 가르쳤다.
　반면에 페루샤인들의 이원론은 음양의 원리가 아니라 선의 원리와 악의 원리가 있다고 가르쳤다. 선의 원리는 하나님을 대표하는 원리이고 악의 원리는 사탄을 대표하는 원리이다. 선과 악의 원리는 항상 충돌하고 서로 멀리하는 가운데 선의 원리가 성하면 풍년이 들고 사람들도 건강하게 잘 살지만 악의 원리가 성하면 질병이 유행하고 흉년이 들어 사람들이 살기 힘들어진다고 했다. 이렇게 모든 역사가 이 두 개의 원리에 의해 지배된다고 가르친 것이 자라투스트라라는 사람이 창설한 배화교의 이원론이다.
　기독교가 발전되는 과정에서 성서적인 원리가 아닌 헬라 철학이나 영지주의적인 요소 혹은 이원론적인 요소가 받아들여져 선의 원리와 악의 원리로 나뉘어 선의 원리는 영적인 것 신앙적인 것, 반면에 악의 원리는 육체적인 것 현실적인 것으로 생각하는 경향이 많이 생겼다. 물론 신약성경에서 가끔 육체의 정욕을 제어하라고 가르침으로 육신의 정욕, 혹은 욕심 같은 것은 악한 것으로 취급하고 있는 것은 사실이다. 그러나 이것은 죄의 성품, 악한 욕심이 나쁘다는 것이지 육체의 살과 뼈가 나쁘다는 것은 아니다. 성경에서는 영적인 것과 육적인 것의 구분이 있는 이원론을 가르치지 않는다.

하나님께서는 직접 인간사회에 들어오셔서 통치하시고 친히 자연 속에 들어오셔서 자연만물을 통치하시기 때문에 하나님과의 관계가 원만하게 형성되면 행복하고 즐겁게 살 수 있지만 그렇지 않으면 하나님의 처벌을 받을 수밖에 없다. 과거 개신교 신학계에서는 높고 높은 보좌에 좌정해 계신 하나님께서 인간들의 사회, 물질세계, 그리고 현실세계는 별로 관심을 갖지 않으시고 참견하시지도 않는 것처럼 인식되었었기 때문에 신학적으로 현실문제, 인생문제, 육신에 관한 문제를 소홀히 하는 경향이 많았다. 그러나 전도서를 통해서 보면 하나님은 멀리 계시는 것이 아니라 자연 가운데 계셔서 산천 초목을 직접 지배하시고 또 인간들의 역사를 지배하시며 우리 곁에 계셔서 내 개인 생활, 가정 생활, 교회 생활, 사회 생활, 전반에 걸쳐서 지대한 관심을 가지고 참관하고 계신다.

3:10 "하나님이 인생들에게 노고를 주사 애쓰게 하신 것을 내가 보았노라"

솔로몬 자신은 별로 힘든 일을 해 본 사람이 아니다. 그래도 성전 건축을 감독했고 수많은 궁궐을 짓는 것을 직접 나가서 보았는데 건축을 하는 목수나 노동자들이 벌겋게 달아오른 얼굴에 비지땀을 흘리면서 힘들게 일하는 것을 보았었다. 그래서 자신은 일을 안했지만 다른 사람들이 힘들게 일하는 것을 보고 하나님께서 인간들에게 노고를 주셔서 애쓰게 하신 것을 발견했다.

노동은 인간이 타락한 결과 하나님께서 처벌하기 위해 주신 것이 아니다. 하나님께서 아담을 창조하신 즉시 인간들의 본질적인 기능의 일환으로 노동을 하도록 섭리로 결정을 하셨던 것이다. 그래서 "…생육하고 번성하여 땅에 충만하라, 땅을 정복하라, 바다의 고기

와 공중의 새와 땅에 움직이는 모든 생물을 다스리라"(창세기 1:28)
고 하셨다.

다스리라고 한 히브리어 원래의 뜻은 밟는다, 지배한다, 또는 자연의 질서를 유지한다는 뜻이다. 옛날 모세 오경이 쓰여진 농경문명 시대에는 기계가 발달되지 않아 밭을 갈고 나서 흙덩이들을 곱게 부수기 위해 발로 밟아야만 했다. 그래서 다스린다는 개념은 흙덩이를 발로 밟아 부숴서 밭을 고르게 하는 작업을 말한다. 이렇게 흙덩이를 곱게 부수고 나서 씨앗을 심는 것처럼 다스린다는 뜻은 다리가 아프도록 흙덩이를 발로 밟아 고르게 하는 힘든 작업을 말하는 것이다.

또 정복하라고 하신 말씀은 자연의 상황을 잘 관찰해서 모든 자연이 질서를 잘 유지할 수 있게 규모 있는 경작(husbandry)을 하라는 뜻이다. 규모 있게 농사를 짓기 위해서는 땅을 파서 부드럽게 고르는 것만이 아니라 잡초나 자갈들을 다 제거하고 나서 씨를 뿌리고 필요할 때 물을 대주는 등 일이 많은 것이다. 하나님께서 아담에게 "땅을 정복하라, 모든 동식물을 다스리라"고 하신 명령은 아담이 타락했기 때문에 주신 명령이 아니라 하나님께서 아담을 창조하시고 바로 아담에게 명하셨던 명령이다. 다시 말해서 하나님께서 인간들을 창조하실 때 인간들은 필연적으로 육체적인 노동을 하지 않으면 안되는 존재로 만드신 것이다.

하나님께서 아담을 창조하실 때부터 결정하셨던 것처럼 날 때부터 평생 동안을 적당한 분량의 노동을 하면 체중이 늘 걱정을 할 필요가 없고 고혈압, 심장마비, 스트레스 등 각종 병이 생기지 않고 건강을 유지할 수 있을 것이다. 그런데 문명이 발달해서 걷는 대신 자가용을 타고 다니고 가만히 앉아서 단추만 누르면 기계들이 힘든 일을 해주니까 육체노동을 하지 않는 세대가 되었다. 필요한 노동을 하지 않으니까 이름 모를 병들이 수없이 발생하는 것이다.

  타락 전에는 하나님께서 인간들에게 단순히 노동만 하게 하셨다. 그러나 타락한 이후에는 그 노동에 고통이 수반되게 되었다. 아마도 타락하기 이전에는 별로 일하는 것이 힘들지 않고 적당한 분량의 일만 하면 먹고사는 것이 어렵지 않았던 것 같다. 그러나 타락한 이후에는 상황이 변해서 "…땅은 너로 인하여 저주를 받고 너는 종신토록 수고하여야 그 소산을 먹으리라 땅이 네게 가시덤불과 엉겅퀴를 낼 것이라 너의 먹을 것은 밭의 채소인즉 네가 얼굴에 땀이 흘러야 식물을 먹고 필경은 흙으로 돌아가리니 그 속에서 네가 취함을 입었음이라"(창세기 3:17-19)고 했다. 땅이 저주를 받았기 때문에 생산력이 감소되어 먹을 만치 농사를 지으려면 이제는 전에처럼 기쁜 마음으로 적당한 분량의 노동만 하면 되는 것이 아니라 힘들게 땀을 흘리면서 노동하지 않으면 먹을 것이 없을 만큼 생산력이 줄어들었던 것이다.

  그뿐 아니라 가인이 아벨을 죽인 후에 하나님께서 또 한 번 땅을 저주하셨다 "땅이 그 입을 벌려 네 손에서부터 네 아우의 피를 받았은즉 네가 땅에서 저주를 받으리니 네가 밭 갈아도 땅이 다시는 그 효력을 네게 주지 아니할 것이요 너는 땅에서 피하며 유리하는 자가 되리라"(창세기 4:11-12).

  미국 사람들은 농사를 잘 짓는 사람들에게 녹색 엄지손가락(Green Thumb)을 가진 사람이라는 별명을 붙여준다. 성서적인 입장에서 보면 녹색 엄지손가락을 가진 사람은 하나도 없고 전부 마귀의 손만 가지고 있다. 사람이 손을 대서 농사를 짓는 경우 잘되는 법이 없다. 물을 주고 비료를 주고 김을 매주고 농약을 뿌리고 별별 짓을 다하지만 해마다 더 많은 비료를 주어야 하고 해마다 더 많은 농약을 뿌려서 결국은 지력을 퇴화시키는 것뿐이다. 가인이 자기

동생 아벨을 쳐죽인 후에 "이제는 너희가 밭을 갈아도 효력을 네게 주지 않겠다"고 저주하신 땅에서 사람이 노력하면 할수록 지력만 약화시키는 것이다.

땅만 저주를 받은 것이 아니라 인간들도 땅에서 저주를 받아 한 곳에 오랫동안 정착해 살지 못하고 유리 방황하는 나그네가 될 것이라고 했다.(창세기 4:14) 이렇게 저주받은 인간들은 자연과 더불어 조화를 이루고 사는 것이 전혀 불가능하다. 지구는 우리의 유일한 거주 처인데 지구를 형성하고 있는 자연이 하나님의 저주 아래 있고 내가 가지고 있는 육체가 유일한 육체인데 이것이 저주를 받아서 자연과 조화를 이루어 살지 못하고 항상 나그네처럼 보따리를 싸 짊어지고 여기저기 방황하고 돌아다녀야 하는 노고가 우리 앞에 있는 것을 보고 전도서 기자가 "하나님이 인생들에게 노고를 주사 애쓰게 하신 것을 내가 보았노라."고 했다.

## II. 하나님께서 자연을 아름답게 하신다.(3:11a)

3:11a "하나님이 모든 것을 지으시되 때를 따라 아름답게 하셨고"

현대 오염과 공해문제를 취급하는 학자들이 엔트로피(entropy - 질의 저하, 붕괴)라는 이론을 전개하고 있다. 자연은 진화되어 더 좋아지는 것이 아니라 점차적으로 퇴화되고 있는데 충분한 시간적인 간격이 지난 후에는 모든 우주 전체는 생명의 존속이 불가능한 황무지로 변한다는 이론이다. 그 예로 고고학적인 발굴작업을 통해 사하라 사막 일대가 비옥한 초원이었고 상당히 발전됐던 문명의 흔적을 발견할 수 있는데 현재 사라하 사막은 점점 남쪽으로 번져나가 일년에 수만 평씩 사막화되어 가고 있다고 한다. 몽고의 고비사막은 모래가 아닌 자갈로 이루어진 사막인데 거기에서 화석이 된 공룡의 알들이 발굴되고 있다. 이렇게 공룡이 살 수 있고 알을 낳고 새끼를 칠 수 있었다는 것은 이곳이 늪지대였고 주변에 수림이 우거진 살기 좋은 곳이었다는 것을 증명한다. 시간이 경과되면서 이 고비 사막이 내몽고 지방으로 점차 확대됨으로 한때 중공에서 해마다 사방공사를 했으나 전체적인 차원에서 볼 때 퇴화되어 가고 있는 자연을 막을 수는 없는 것이다.

"하나님이 모든 것을 지으시되 때를 따라 아름답게 하셨고… "

하나님께서는 사계절의 변화를 통해서 자연을 소생시키며 때를 따라 만물을 새롭게 또 아름답게 하실 뿐만 아니라 보전하신다는 뜻인데 이 말씀은 오염과 공해 문제로 우울증에 빠진 사람들에게 새로운 활기를 갖게 하는 말씀이다.

욥기 26:13절에 하나님께서 "그 신으로 하늘을 단장하시고…"라고 함으로 하나님께서 우주 공간을 아름답게 하셨음을 지적했다. 사람들이 여름밤 하늘에 반짝이는 별을 보면서 즐기는데 하나님께서 하늘을 이렇게 아름답게 단장하신 것이다. 또 욥기 31장 38-39절에는 욥이 자기가 평생 동안 자연의 관리를 소홀히 하지 않았다는 고백을 하면서 마치 토지나 밭이랑이 자기를 책망할 수 있는 품성적인 존재인 것처럼 "언제 내 토지가 부르짖어 나를 책망하며 그 이랑이 일시에 울었던가 언제 내가 값을 내지 않고 그 소산물을 먹고 그 소유주로 생명을 잃게 하였던가 그리 하였으면 밀 대신에 찔레가 나고 보리 대신에 잡초가 나는 것이 마땅하니라"라고 했다. 사람들이 자연의 질서를 파괴하고 이유 없이 나무를 베고 산을 깔아뭉개고 할 때 자연은 "하나님 나는 사람들에게 너무 괴로움을 당하고 있습니다"라고 하나님에게 호소하고 있지 않은지 염려스럽다.

시편 104: 30절에는 "주의 영을 보내어 저희를 창조하사 지면을 새롭게 하시나이다"라고 오염과 공해로 인해서 생명 존속이 불가능하게 됐을 때 성령께서 오시어 생명존속이 가능하도록 자연을 새롭게 만드시는 사역을 하신다고 했다.

시편 145:9에도 "여호와께서는 만유를 선대하시며 그 지으신 모든 것에 긍휼을 베푸시는도다"라고 했는데 하나님께서는 마치 죄인들을 긍휼히 여기시는 것처럼 자연만물에게도 긍휼을 베푸셔서 정상적인 상태로 회복되게 하신다고 말한 것이다.

### III. 하나님께서 인간들에게 영원을 사모하는 마음을 주셨다 (3:11b)

3:11b "…사람에게 영원을 사모하는 마음을 주셨다"

사람에게 영원을 사모하는 마음을 주셨다는 것은 모든 인간에게는 종교성이 있다는 뜻이다.

1917년 이후 소련에서 하나님이 없다고 강조하는 무신론적인 공산주의 정권이 수립됐다. 한편 미국의 시카고 대학에서 가르쳤던 찰스 할트숀(Charles Hartshorn) 같은 학자는 인류 역사나 문화사를 다 조사해 본 바에 의하면 아주 미개한 상태에 있던 원시인들로부터 시작해서 고도로 발달된 문명권에 살고 있는 사람까지 어느 종족이었든지 종교가 없었던 인종은 한 번도 없었고 모든 인류는 어느 때든지 종교를 가지고 있었다는 사실에 근거해서 인간은 필연적으로 종교적인 동물이라고 결론을 내리고 있다.[5]

"사람에게 영원을 사모하는 마음을 주셨다"는 것은 하나님께서

---

5) Charles Hartshorne, Man's vision of God, The natural theology for Today.

모든 인간에게 종교성을 주셨음을 의미한다. 따라서 피조물인 인간은 참된 하나님을 찾기까지 항상 무엇인가 진리를 추구하는 노력을 계속할 것이다. 만일 하나님을 찾지 못하면 그 사람의 마음은 비어 있기 때문에 항상 초조하고 불안해서 하다못해 돌이나 나무를 깎아서라도 거기에서 영생의 추구를 해보려고 노력하는 것이다.

고적을 발굴해 보면 원시인들이 죽은 사람이 쓰던 활이나 칼 혹은 돌도끼 등을 시체 옆에 묻어줄 뿐만 아니라 그 사람이 먹고 마시던 식기까지 함께 묻어준 것을 발견하게 되는데 이것은 원시인들도 미래에 대한 소망이 있었기 때문에 사랑하는 부모 혹은 남편이나 아내가 죽은 후에 영원의 세계를 여행할 때 쓰라고 이런 물건들을 무덤에 함께 묻어 주었던 것이다. 할트숀이 주장했던 것처럼 인간들은 이렇게 미개한 상태에서도 역시 영원에 대한 생각을 가지고 있었고 영원히 살기를 원했기 때문에 각종 종교행사를 행했던 것이다. 한편 고도로 발달된 과학문명을 가진 20세기 현재도 지구촌 구석구석 어디를 가나 다양한 형태의 종교가 있음을 발견한다. 이러한 사실은 "하나님께서 사람에게 영원을 사모하는 마음을 주셨다"는 말씀을 증거하는 것이다. 따라서 사람은 종교 없이는 살 수 없는 존재이기 때문에 필연적으로 어떤 종교든 한 가지의 종교를 갖게 되는데 문제는 사람들이 올바른 하나님을 믿느냐 그렇지 않고 피조물이나 인간들의 생각을 신격화해서 믿는 것이 아니냐 하는 데 있다.

### IV. 하나님께서 인간들에게 한계를 주셨다(3:11c)

3:11c "그러나 하나님의 하시는 일의 시종을 사람으로 측량할 수 없게 하셨도다"

하나님께서 사람들에게 영원을 사모하는 마음을 주신 한편 생각하는 능력에 한계가 있게 하셔서 하나님께서 하시는 일을 측량하거나 완전히 이해하는 것을 불가능하게 하셨다.

이것이 바로 인간들에게 주어진 피조물성이다. 쉽게 말하면 인간들은 육안으로 천사를 볼 수 없고 하나님을 볼 수 없다. 또 하나님께서 섭리로 우리를 다스리고 계심에도 무엇이 섭리인지 잘 이해하지 못하는데 이것은 타락한 아담의 자손이기 때문이다. 다만 성경말씀을 통해서만 하나님께서 하시는 일을 조금 알 수 있는데 그것도 탁월한 믿음을 가져야만 성경말씀을 옳게 해석해서 하나님의 역사하시는 모습을 조금이라도 이해하는 것이 가능하다. 하나님의 섭리나 하나님의 속성을 수학 공식을 풀어내는 것처럼 일년이 걸렸든 3년이 걸렸든 정확히 풀어낼 수 있는 것은 아니다. 사람의 머리로 완전히 정복할 수 있고 해득할 수 있는 하나님이라면 별볼일없는 존재이지 하나님이라고 할 수 없다. 하나님은 하나님이신 까닭에 피조물인 인간들의 이성이나 논리를 가지고 완전히 이해하는 것은 전혀 불가능하다. 전도서 기자가 그런 사실을 지적해서 "하나님의 하시는 일의 시종을 사람으로 측량할 수 없게 하셨도다"라고 했다. 따라서 궁극적으로 하나님 앞에서 "하나님! 나는 부족해서 이것은 전혀 모르겠습니다"라고 겸손한 태도를 보일 수 있어야 한다.

### V. 하나님께서 인간들에게 목표를 주셨다.(3:12-13)

> 3:12-13 "사람이 사는 동안에 기뻐하며 선을 행하는 것보다 나은 것이 없는 줄을 내가 알았고 사람마다 먹고 마시는 것과 수고함으로 낙을 누리는 것이 하나님의 선물인 줄을 또한 알았도다"

사람이 사는 동안에 기뻐하며 선을 행하는 것보다 나은 것이 없다는 것은 인생의 최고의 가치관이나 목적은 선을 행하는 것이라는 뜻이다. 그렇다면 "선"이란 무엇인가? 우리말로는 선과 하나님과는 거리가 먼 개념인데 원래 영어로 God 과 Good 은 어원이 같은 단어이다. 성서적으로도 하나님의 성품에 일치되는 것이면 선한 것이고 하나님의 성품에 상반되는 것이면 악한 것이다.

"먹고 마시는 것과 수고함으로 낙을 누리는 것이 하나님의 선물"이라고 했다. 맛있는 음식을 눈앞에 놓고도 입맛이 없거나 병들어 먹지 못하는 사람들이 가끔 있다. 음식을 맛있게 먹는 것도 마음대로 되는 것이 아니다. 한때 세계에서 제일 큰 부자였던 라카힐러(David D. Rockafeller)는 돈은 많이 벌었지만 병이 들어 무엇이든지 먹기만 하면 배탈이 났었다. 몇 년 동안을 소금을 치지 않은 마른 크래커와 물만 마시면서 연명했었다. 맛있는 음식을 보고도 먹지 못했으니 그 많은 돈이 무슨 소용이 있었겠는가? 음식을 맛있게 먹을 수 있고 마실 것을 마음껏 시원스럽게 마시면서 일할 수 있는 것도 하나님께서 주시는 놀라우신 축복인고로 감사한 마음으로 잘 먹고 열심히 일할 필요가 있다.

## VI. 하나님의 사역(3:14-15)

> 3:14 "무릇 하나님의 행하시는 것은 영원히 있을 것이라 더할 수도 없고 덜할 수도 없나니 하나님이 이같이 행하심은 사람으로 그 앞에서 경외하게 하려 하심인 줄 내가 알았도다."

하나님께서 하시는 일은 절대적이어서 인간들이 아무리 노력을 해보았자 하나님께서 하시는 일에 한 가지도 더 보탤 수가 없고 한 가지도 제거할 수 없다. 또 하나님의 사역은 실존적이어서 인간들은 하나님께서 하시는 사역을 받아들이고 그를 경외하는 태도로 생활해야 한다.

> 3:15 "이제 있는 것이 옛적에도 있었고 장래에 있을 것도 옛적에 있었나니 하나님은 이미 지난 것을 다시 찾으시느니라."

역사는 반복된다는 개념인데 역사가 반복되기 때문에 어제 있던 일이 오늘 또 생기고 오늘 있던 일이 내일 또 생기고 해서 계속해서 반복되므로 인간들은 과거를 잊어버리는 것이 통례이다. 실제로 사람은 과거를 잊어버리는 재능이 있으므로 산다. 만일 과거의 괴로웠던 일, 슬펐던 일, 부끄러웠던 일 등을 전부 기억하고 산다면 정상적인 삶을 살지 못하고 미쳐버리고 말 것이다. 사람은 이 모든 괴로움을 잊을 수 있어야 사는 동물이지만 하나님은 지나간 과거에 있었던 작고 큰일, 잘잘못간에 하나도 망각하지 않는 분이시다. 과거의 일 현재 있는 일 혹은 장래 있을 모든 일을 묵인하지 않으시고 전부 시비를 가려서 정확하게 계산하실 것을 말한다. 하나님을 속일 수 있으리라고 생각하는 것은 전혀 잘못이다. 어차피 속일 수 없을 바에는 처음부터 정직하고 성실스럽게 살면 하나님 앞에서 떳떳하고 사람들 앞에서 겁날 것 없이 기쁘고 즐겁게 살 수 있을 것이다.

# 제9장 하나님의 심판

### 본문 : 전도서 3:16-22

## I. 인간의 심판은 불완전하다(3:16-17)

### A. 세상의 현실 - 하늘 아래 이루어지는 현실

**1. 재판에 악이 있다**

악(הָרֶשַׁע)이란 부당한 것, 억울한 것이라는 뜻의 단어이다.
흔히 이방인들이 유대인을 학대하는 것을 가르칠 때 이 단어를 썼다.

**2. 공의에도 악이 있다 - 뇌물, 편견**

### B. 세상의 마지막 심판(지혜자의 중심에 생각한 것)

1. 하나님께서 공의로 심판하신다
2. 세상 만사에 목적이 있어 결론이 나온다

3:16-17 "내가 해 아래서 또 보건대 재판하는 곳에 악이 있고 공의를 행하는 곳에도 악이 있도다. 내가 심중에 이르기를 의인과 악인을 하나님이 심판하시리니 이는 모든 목적과 모든 일이 이룰 때가 있음이라 하였으며"

> 3:16-17절은 해 아래서 이루어지는 인간의 심판이 불완전함을 지적하고 있다. 하나님을 떠난 인간들만의 사회에서는 재판하는 곳에 악이 있고 공의를 행하는 곳에도 악이 있다고 했다. 여기에 악이 있다는 말은 도덕적으로 악하다는 뜻이 아니라 의롭다는 단어에 정반대 되는 단어로 부당하고 억울한 판결이 내려지는 예가 있음을 뜻한다. 도덕적으로 악한 것은 인간들의 노력으로 방지할 수 있으나 어떤 때 재판을 하다 보면 아무리 생각해도 석연치 못하고 불공평한 점이 있는 것이 사실이다. 이렇게 사람의 심판은 불완전하나 결과적으로 하나님의 공의가 실현된다는 사실을 지적하고 있다

미국의 개척시대에는 말이나 소를 도적질하다 붙잡히면 무조건 잡아서 목을 매 죽이는 일이 많았고 확실한 증거가 없어도 도적질을 했을 것이라는 판단만 되면 무조건 잡아다 목매어 죽이는 예가 많이 있었다. 이렇게 억울한 사람을 많이 죽이는 것을 방지하기 위해 미국 헌장을 만들 때 검사 측에서 살인을 범했다는 사실을 의심의 여지가 없이 증거를 해야 유죄판결을 내리도록 법질서가 확립됐다.

최근에 미국에서 있었던 유명한 심슨(O.J.Simpson)의 재판 과정이 그 대표적인 예라고 볼 수 있다. 심슨(O. J. Simpson)이 실제로 자기 전 부인과 그의 동반자를 죽였는지 안 죽였는지는 모르지만 무죄 평결을 받았는데 흑인들은 모두 그가 무죄로 풀려 나온 것은 당연한 판결이었다고 적극적으로 지지했고 백인들은 이구동성으로 부당한 판결이었다고 비평했다.

미국의 형법에 의하면 형사재판 과정에서 검사 측이 의심의 여지가 없이 범죄했음을 증거하지 못하면 무죄가 되는 것이다. 그러나 이것이 과연 공정한 재판이었는가 하는 데는 문제가 있다. 아무리 인간들이 법을 잘 만들어 억울한 사람이 하나도 없게 하려고 애를 써도 결과적으로는 인간들이 만든 법이기 때문에 억울하게 처벌받

는 사람 혹은 범죄한 사람을 자유롭게 풀어놓는 공정하지 못한 법이 되는 것이다. 그래서 전도서 기자가 해 아래 사는 인생들의 생활을 살펴볼 때 공의가 반드시 실현되어야 하는 상황에서도 억울한 일이 얼마든지 있고 인간들의 재판에는 얼마든지 공정하지 못한 일이 있음을 지적해서 "… 재판하는 곳에 악이 있고 공의를 행하는 곳에도 악이 있다"고 했다.

> 3:17-18 "내가 심중에 이르기를 의인과 악인을 하나님이 심판하시리니 이는 모든 목적과 모든 일이 이룰 때가 있음이라 하였으며 내가 심중에 이르기를 인생의 일에 대하여 하나님이 저희를 시험하시리니 저희로 자기가 짐승보다 다름이 없는 줄을 깨닫게 하려 하심이라 하였노라."

재판과정에서 억울하게 유죄판결을 받아 처벌을 받게 되어 분을 못 참는 사람이나 재판과정에서 요행히 무죄 판결을 받아 놓여난 사람이나 시간적으로 약간의 차이가 있는 것뿐이지 죽기는 다 마찬가지다. 결국은 "하나님이 심판하시리니 이는 모든 목적과 모든 일이 이룰 때가 있음이라" 즉 모든 인간의 수명은 유죄판결을 받든 무죄 판결을 받든 상관없이 시간의 흐름에 대해 항의하지 못하고 다 죽을 수밖에 없는 것이다. 지혜자가 "심중에 이르기를 하나님이 저희를 시험하시리니 저희로 자기가 짐승보다 다름이 없는 줄을 깨닫게 하려 하심이라"고 인간들이 아무리 똑똑한 척하고 잘난 척해도 죽음 앞에서는 짐승보다 나은 것이 하나도 없다는 사실을 깨닫게 하기 위해 사람들의 경영하는 일이나 혹은 재판 같은 것에 더러 억울한 일이 있어도 하나님께서 방치하시는 것이다.

죽음은 피할 수 없는 것이다. 인류 역사 가운데 죽지 않으려고 노력했던 사람들이 많이 있었다. 진시왕이 불로초를 구하기 위해 동남동녀 300명을 동방에 보냈다고 했다. 그뿐 아니라 한무제는 불로장생하는 방법으로 승노반을 만들어 평생 동안 이슬을 받아 마셨다고 한다. 한무제 뿐만 아니라 요즘 사람들도 불로장생하려고 오염되지 않은 생수 물병을 어디나 가지고 다니면서 마신다. 그러나 한무제나 진시왕이 오늘까지 살아서 돌아다니고 있지 않다. 사람들이 죽지 않으려고 별별 노력을 다해, 혹 5년이나 10년 생명을 연장할 수 있을는지 모르나 결과적으로 죽음 앞에서는 짐승보다 나을 것이 하나도 없다.

그래도 짐승보다야 내가 낫지 어떻게 나를 짐승에다 비교하랴고 불평할 사람이 있겠지만 화장을 잘 하고 또 좋은 옷을 입고 그 위에 요란스런 보석으로 장식을 하는 점이 짐승보다 나은 것인지 모르나 그것도 짐승보다 나을 것이 별로 없는 것은 짐승도 자기 몸을 혀로 핥아서 깨끗하게 하고 묘한 색깔의 털이나 날개들로 장식을 하는 등 얼마든지 멋을 부리는 것이다. 지성의 차이가 있는 것도 사실이다. 사람이 약간 꾀가 더 많아서 잔재주를 부리는 것은 사실이지만 궁극적으로 살고 죽는 문제에 있어서는 짐승이나 사람이나 차이가 없다.

사람이 짐승이나 별다른 것이 없음에도 하나님께서 우리를 사랑하셔서 독생자 예수 그리스도를 보내셨고 누구든지 저를 믿기만 하면 우리가 짐승의 차원을 벗어나서 하나님의 자녀가 되고 삼위의 하나님께서 내 속에 내재하시는 신적인 존재가 되어 하나님과 동행하는 존재가 된다는 사실을 이해하면 철저한 신앙을 가지고 살수밖에 없다.

## II. 마지막 심판은 필연적이다(3:19-21)

(죽음은 마지막 심판이다)

3:19 "인생에게 임하는 일이 짐승에게도 임하나니 이 둘에게 임하는 일이 일반이라 다 동일한 호흡이 있어서 이의 죽음같이 저도 죽으니 사람이 짐승보다 뛰어남이 없음은 모든 것이 헛됨이로다."

살과 뼈가 있고 신진대사 작용을 통해 생명을 연장시킨다는 면에서는 짐승이나 사람이 다를 것이 없다. 개도 사람처럼 감기를 앓고 암에도 걸리고 늙으면 관절염이 생겨 잘 걷지 못하게 된다. 개뿐만 아니라 모든 짐승이 다 살과 뼈가 있고 신진대사 작용을 통해 생명을 유지하고 살다가 늙으면 죽는다는 면에서 사람이나 짐승이나 다를 바가 없다.

3:20 "다 흙으로 말미암았으므로 다 흙으로 돌아가나니 다 한 곳으로 가거니와 인생의 혼은 위로 올라가고 짐승의 혼은 아래 곧 땅으로 내려가는 줄을 누가 알랴"

인간의 혼(רוּחַ בְּנֵי הָאָדָם)- 호흡 - 위로
짐승의 혼(רוּחַ הַבְּהֵמָה)- 호흡 - 아래로

여기에 "혼"(רוּחַ)이라고 번역된 단어는 호흡을 말한다. 인간들의 호흡은 위로 올라가고 짐승의 호흡은 아래로 내려간다고 했는데 유대인 구약 학자들이 이것을 구분할 때 인생의 호흡이 위로 올라간다는 뜻은 하나님께서 흙으로 사람을 빚으시고 코에다 입김을 훅 하고 불어넣으니까 생령이 됐다고 했으므로 인간들에게 있어서는 호흡하는 기능이 하나님의 입김으로 말미암아 주어졌기 때문에 사람이 죽으면 사람의 호흡(영혼을 말하는 것이 아니다)은 위로 올라가고 짐승의 생명은 흙에서 창조했으므로 죽으면 그 호흡이 땅으로 내려간다고 설명함으로 사람과 짐승의 생명의 근원에 차이가 있음을 말한다. 그러나 죽어서 호흡이 떠난다는 면에서는 똑 같다고 지적했다.

## III. 인생의 유한성에 기인한 교훈(3:22)

3:22 "그러므로 내 소견에는 사람이 자기 일에 즐거워하는 것보다 나은 것이 없나니 이는 그의 분복이라 그 신후사를 보게 하려고 저를 도로 데리고 올 자가 누구이랴"

전도서 기자가 "그러므로 내 소견에는"이라고 자기 소견을 말하고 있다. 이미 서론에서 지적한 대로 전도서는 물론 욥기, 잠언, 혹은 시편 같은 지혜문서의 저자들은 선지자나 제사장들이 아니라 평신도 출신들이다. 그렇기 때문에 "내가 하나님의 계시를 받았다", 혹은 "여호와의 말씀이 내게 와서 입을 열어 가라사대…"라는 등의 권위 있는 말을 하는 것이 아니라 "내가 경험을 해 보았더니"라고 자신의 경험을 정리해서 교훈하고 있다.

엄격하게 따지면 사람들은 자기의 직업도 자기 원하는 대로 골라서 선택하는 일은 드물다. 많은 사람들이 자기 마음에 꼭 드는 직업이 아니지만 부모의 권유나 사회적인 여건이나 개인적인 사정에 의해 직업을 구하게 된다. 지금은 쾌락주의 사상이 만연된 시대이다. 특히 X세대(X Generation)라고 불리는 젊은 세대들이 힘든 노동은 하지 않고 무엇이든지 흥미 있는 일만 하려는 경향이 생겼다. 그래서 우리 나라의 젊은 세대의 30%가 식당이나 관광업 등 흥행업계에 종사하고 있고 노동을 회피하기 때문에 노동 인구를 확보하는 방법으로 제 3국에서 노동 인구를 수입해 들여오는 상황이 되었다. 현대 쾌락주의 사상이 직업의 귀천 혹은 일의 등급을 먹이는 불행스러운 사회문제를 가져왔다. 그러나 성경에 의하면 아담이 범죄한 이후 모든 인간은 종신토록 얼굴에 땀을 흘리면서 노동을 해야 식물을 먹겠다고 했다.

전도서 기자는 "사람이 자기일(his work)에 즐거워하는 것보다 나은 것이 없나니 이는 그의 분복(חֵלֶק)이라"고 했다. 분복이라는 것은 주어진 운명이어서 피할 수 없는 길이라는 뜻으로 인간이 살아 있기 위해서는 놀고 먹을 수는 없고 무엇인가 해야 된다는 뜻이다. 그러므로 무슨 직업이 되었던지 어차피 해야 할 일이면 즐겁고 기쁜 마음으로 열심히 하면 무슨 일이든지 다 할 수 있을 뿐만 아니라 이러한 태도로 자기에게 주어진 일을 성취하면 자기도 기쁘고 주변 사람들도 기쁘게 할 수 있음으로 그보다 더 나은 일이 없다고 인생을 사는 최선의 방법을 제시하고 있다.

"신후사를 보게 하려고 저를 도로 데리고 올 자가 누구이랴"고 했는데 이것은 죽은 후에 다시 데려다가 자기가 한 일을 보게 할 방법이 없다. 즉 한번 죽으면 그만이라는 뜻이다. 지금은 그리스도께서 십자가에 달려 돌아가셔서 속죄의 제물이 되셨기 때문에 죽었던 인간들도 장차 부활하게 된다는 것을 신학적으로 설명해 주고 있다. 그러나 구약시대에는 이렇게 정확한 부활의 개념이 없었기 때문에 한번 죽으면 그만인데 이왕 주어진 일의 분복을 기쁘고 즐거운 마음으로 하는 것이 가장 지혜롭게 사는 것이라고 가르치고 있다. 흙으로 빚음을 받은 모든 인간들은 이 악한 세상에 사는 동안 여러 가지 역경에 부딪칠 수밖에 없고 또 결과적으로 영원히 멸망을 받을 수밖에 없는 존재들이다. 그러나 하나님께서 우리를 사랑하시어 독생자 예수 그리스도를 이 땅에 보내시고 저를 믿는 믿음을 통해 하나님의 자녀가 될 수 있는 고귀한 은총과 특권을 주셨으므로 아무리 악하고 괴로운 이 세상을 살더라도 감사하고 즐거운 마음으로 살면서 주어진 일에 충성을 다하는 것이 최선의 삶이다.

죽은 후에는 모든 일의 총결산을 내리고 하나님 앞에 나가서 상급을 받을 희망이 있으므로 살아 있는 동안 자기에게 주어진 일을 즐거운 마음으로 해야 할 것이다.

# 제10장 학대와 경쟁 문제

본문 : 전도서 4:1-8

## I. 학대와 인생의 비극(4:1-8)

전도서 4장 전체는 지상에서 사는 것이 모두 헛되다는 지상생활의 무모성을 말하고 있다.

> 4:1-3 "내가 돌이켜 해 아래서 행하는 모든 학대를 보았도다 오호라 학대받는 자가 눈물을 흘리되 저희에게 위로자가 없도다 저희를 학대하는 자의 손에는 권세가 있으나 저희에게는 위로자가 없도다 그러므로 나는 살아있는 산 자보다 죽은 지 오랜 죽은 자를 복되다 하였으며 이 둘보다도 출생하지 아니하여 해 아래서 행하는 악을 보지 못한 자가 더욱 낫다 하였노라"

여기에서 학대(עֲשֻׁקִים)라고 번역된 단어의 뜻은 불공평한 대우, 즉 가난한 자나 약한 자가 구박받고 약탈당함을 말한다. 말라기 3:5절에는 인건비를 인색하게 주는 것도 학대하는 행위라고 했다. 자본주의 사회에서는 학식이나 인격에 의해 대우를 받는 것이 아니라 돈이 얼마나 있느냐 혹은 얼마나 권력이 좋은가에 의해 사람들의 인격이 측정되고 있다. 돈이 없고 권력이 없는 사람은 아무리 성실하고 정직해도 어디를 가나 구박과 천대를 받는 사회가 되었다. 역사적으로 부패할 대로 부패했었던 이조시대만 해도 굶기를 밥먹듯 가난하게 살던 선비들은 어디를 가나 존경을 받았다.

그러나 요즘은 인격이 물질과 권세에 의해 측정되고 있는 세대가 되었다. 그런데 이런 상황은 옛날 2-3천년 전 이스라엘에도 있었던 사건이었던 것 같다. 여기에서 "학대받는다"는 것은 반드시 누군가가 때리고 구박하는 것을 말하는 것이 아니라 정당한 대우를 받지 못하는 상태를 말한다. 한국도 사람의 인격을 돈으로 측정해서 돈 많고 허장성세하는 사람에게는 극진한 대우를 하고 온유 겸손하고 순진한 사람은 병신 취급을 하는 학대가 심한 사회로 변했다. 이러한 것을 보고 솔로몬이 "내가 돌이켜 해 아래서 행하는 모든 학대를 보았도다"라고 했다.

> 4:1b "오호라 학대받는 자가 눈물을 흘리되 저희에게 위로자가 없도다 저희를 학대하는 자의 손에는 권세가 있으나 저희에게는 위로가 없도다"

유대인에게 있어서 다른 사람을 위로하는 것은 종교적인 의무였다. 한국에서도 옛날에 이웃에 초상이 나거나 불행이 닥치면 만사를 제쳐놓고 그 이웃을 방문하고 위로하는 것이 기본적인 예의였다. 다윗은 40년간 통치를 했는데 다윗이 통치할 때는 전쟁터에서 잔뼈가 굵은 사람들이 사회의 주축을 이루고 있었기 때문에 사람들이 사치하거나 게으름을 부리지 않고 정직하고 부지런하게 일하면서 살던 사회였던 것 같다. 솔로몬이 통치자가 되어 40년을 통치했는데 초창기에는 다윗 밑에서 사회생활을 했던 사람들이 있었으므로 하나님을 믿는 신앙생활을 하면서 정직하고 근검한 것이 지속됐겠지만 솔로몬의 통치 말기에는 사람들이 점점 사치해지고 게을러지면서 부조리가 계속됨으로 정직하고 근면한 사람들을 찾아보기 힘들 정도의 사회로 변했던 것 같다. 그래서 솔로몬의 통치 말년에는 가난한 이웃을 돕는 일이 없어지고 오히려 가난하고 힘없는 자의 재산을 약탈해 가는 부조리한 사회가 되었던 것 같다. 그런 사회상을 솔로몬 자신이 목격하면서 "오호라 학대받는 자가 눈물을 흘리되 저희에게 위로자가 없도다"라고 스스로 한탄하고 있는 것이다.

>4:2-3 "그러므로 나는 살아 있는 산 자보다 죽은 지 오랜 죽은 자를 복되다 하였으며 출생하지 아니하여 해 아래서 행하는 악을 보지 못한 자가 더욱 낫다 하였노라."

솔로몬은 아마도 자기 아버지 다윗 때 많은 사람들이 민족과 국가를 위해 전쟁에 나가서 용감하게 싸우다가 죽은 사람들의 시체가 돌아올 때 온 국민이 그들을 영웅으로 경의를 표해 장사를 잘 지내주는 것을 눈으로 본 기억을 되살려 차라리 건전한 사회에서 살다가 죽은 사람이 훨씬 낫다고 말하는 것 같다. 또 나라가 점점 부패해지는 것을 보고 이런 악한 사회에는 차라리 태어나지 않는 것이 더 좋겠다는 생각으로 "출생하지 아니하여 해 아래서 행하는 악을 보지 못한 자가 더욱 낫다"고 말한 것 같다.

학대받는 현상이나 사회의 부조리 때문에 피해자가 되는 것은 언제나 있는 현상이다.

미국의 불런디(Blonde) 만화의 주인공들 중에 불런디의 남편 대그우드(Dagwood)는 계약체결을 하는 업무를 맡은 회사원인데 번번이 실수하거나 아니면 늦잠을 자서 계약에 실패한다. 그럴 때마다 디터스(Dithers)라는 사장이 궁둥이를 발길로 차서 나가떨어지게 하는 등 학대가 심하다. 반면에 디터스 사장이 집에 가면 자기 부인에게 구박을 받고 무서워서 절절매는 우스꽝스런 모습으로 나타난다. 그런가하면 사장의 부인은 밖에 나가서 사람들에게 속고 사기를 당하는 장면이 나오는데 학대받는 사람이나 학대하는 사람이 따로 있는 것이 아니라 엄격하게 분석하면 누구든지 다 학대를 모면하는 방법이 없고 항상 학대받는 상태에서 사는 수밖에 없다고 본다. 노태우 전 대통령이나 전두환 대통령을 형무소에 집어넣는 것을 보면 지나간 과거에 학대하던 사람이 오늘은 학대받는 사람으로 변했고 또 오늘 학대받는 사람이 내일 학대하는 사람으로 변할 수도 있는 것이다. 인생 사는 동안 사회의 부조리가 없어질 수 없음을 보고 전도서 기자가 차라리 이 땅에 태어나지 않는 것이 낫겠다는 말을 하고 있는 것이다.

## II. 영생과 인생의 비극(4:4-6)

> 4:4-6 "내가 또 본즉 사람이 모든 수고와 여러 가지 교묘한 일로 인하여 이웃에게 시기를 받으니 이것도 헛되어 바람을 잡으려는 것이로다. 우매자는 손을 거두고 자기 살을 먹느니라 한 손에만 가득하고 평온함이 두 손에 가득하고 수고하며 바람을 잡으려는 것보다 나으니라"

만일 어떤 사람이 피땀 흘려 부지런히 일하고 노력해서 그 대가로 재산을 모으고 편히 살면 이런 것은 모든 사람들에게 본이 되는 일이므로 칭찬을 해야 된다. 그러나 오히려 시기 질투심을 내는 경우가 많다.

미국에서는 공산주의가 실패했다. 원래 공산주의를 법적으로 막았기 때문에 공산주의가 침투하지 못한 것이 아니다. 사회학자들의 분석에 의하면 미국은 자본주의 사회이지만 공개 사회이고 기독교 정신에 근거해서 사회가 형성됐기 때문에 비교적 공정하고 법질서가 잘 유지되어 누구든지 자기만 똑똑해서 정직하고 부지런히 노력하면 자기 당대에 백만장자가 되고 크게 출세하는 것이 얼마든지 가능하기 때문에 미국에서는 공산주의가 성공하지 못했다는 것이다. 실제로 짧은 미국 역사에는 수많은 사람들이 맨주먹으로 시작해서 30-40대에 이미 백만장자가 되는 사람들이 많았다. 그래서 누구나 다 "나도 노력만 하면 백만장자가 될 수 있다"는 희망을 가지고 살 수 있기 때문에 부자들은 선망의 대상이 될지언정 시기 질투심이나 불만이 별로 없는 사회이다.

사회제도상 함정이 많아서 아무리 정직하게 노력해도 백만장자가 되는 것이 전혀 불가능한 사회라면 사람들이 실망하고 노력조차 하지 않는 것이 사실이다. 한국에서는 정직하게 노력해서 부자가 되는 경우가 극히 드물기 때문에 갑자기 부자가 된 사람을 보면 으레 부정을 해서 돈을 벌었거니 하고 오히려 잘사는 사람에 대한 증오심이 대단하다.

한두 사람의 천문학적인 액수의 축재는 규모가 작은 한국경제에서 그 많은 돈을 추려냄으로 한국경제를 흔들어놓아 민족 전체가 피해자가 될 수밖에 없다. 이런 피해를 방지하는 방법이 있는데 그것은 부정축재자를 비평하기 전에 먼저 내 개인 생활에서 부정 부패를 정리해 나가는 작업이다. 그래서 내가 정직하게 살고 우리 가족들이 정직하게 살고 우리 교회가 부지런하고 정직하게 삶으로 사회가 조금씩 조금씩 건전하게 변화되어야 한다.

솔로몬은 자기 아버지 다윗 때 건전한 사회를 건설해 놨었는데 자신의 정치 말년에 너무 사치한 풍조가 유행해서 모두 게을러졌고 또 사치한 생활을 함으로 부정 부패가 심했던 것 같다. 그래서 부자가 된 사람을 보면 저 사람은 어디 가서 무슨 짓을 해서 저렇게 부자가 되었나? 또 업적을 이루고 권력을 잡은 사람을 보면 저 사람은 얼마나 뇌물을 먹여서 권력을 잡았나? 라는 시기질투의 대상이 되었던 것 같다. 이렇게 서로 시기 질투심을 가지고 보는 사회가 바로 부패된 사회이다.

4:5 "우매자는 손을 거두고 자기 살을 먹느니라"

열심히 일을 해도 시기질투의 대상이 되고 잘살아도 시기질투의 대상이 되는 것을 보고 그럴 바에는 차라리 없이 사는 것이 낫겠다고 손을 거두고 뒷짐지고 다니면서 있는 것을 다 까먹는다는 표현이다. 한편 사회가 부패해서 정당한 노력의 대가를 받을 수 없는 사회가 되면 젊은 사람들이 낙담하고 실망해서 열심히 일하기보다는 도박장을 찾아다닌다든지 환락가를 찾아가는 잘못된 길로 들어감으로 자기 파멸(자기 살을 먹느니라)을 가져오는 것이다.

4:6 "한 손에만 가득하고 평온함이 두 손에 가득하고 수고하며 바람을 잡으려는 것보다 나으니라"

절제하여 한 손에 물건이 가득한 것으로 만족할 줄 알면 편한 마음 가지고 살 수 있음을 말한다. 그러나 욕심이 많아 두 손에 가득하고도 만족하지 못해서 끝까지 노력하는 사람들이 많이 있다. 밤잠을 안 자고 노력해 축재를 해 보았자 그것이 끝까지 오래 가는 것이 아니라 어떤 단계에 자기가 모아놓은 재산이 다 없어지거나 아니면 모아 논 재산을 써 보지도 못하고 허무하게 일찍 죽는 경우가 생기는데도 그것을 모르고 계속 수고해서 더 많이 벌려고 하는 것은 마치 바람을 잡으려는 것처럼 무모한 짓을 하고 있는 사람들이라고 지적했다.

## III. 수전노의 허망함(4:7-8)

4:7-8 "내가 또 돌이켜 해 아래서 헛된 것을 보았도다 어떤 사람은 아

들도 없고 형제도 없으니 아무도 없이 홀로 있으나 수고하기를 마지아니하며 부를 눈에 족하게 여기지 아니하면서도 이르기를 내가 누구를 위하여 수고하고 내 심령으로 낙을 누리지 못하게 하는고 하나니 이것도 헛되어 무익한 노고로다."

자식도 없고 형제도 없는 사람이 평생 쓰고도 남을 만큼 돈을 많이 모아 놓고도 돈이라면 정신이 없어서 죽도록 일을 하는 사람이 결국은 "내가 누구를 위하여 수고하고 내 심령으로 낙을 누리지 못하게 하는고" 하고 불평까지 하는 것이다. 전도서 기자는 수입이 적고 많은 것에 상관없이 무슨 일이 됐던 자신이 하는 일을 기쁘게 하는 것이 가장 좋은 일이라고 지적하고 있다.

옛날보다 훨씬 살기 좋은 세상을 만들었다고는 하지만 20세기에는 자기 직업에 만족하지 못하고 자기 가정에 불만이 있고 자기 교회에 대해 불평과 불만이 있는 사람들이 많이 늘어났다. 세탁기계도 없었고 냉장고나 자가용이 없어서 모든 일을 자기 손으로 해야 하던 시대에는 상담학이란 개념조차 없었다. 전에는 사람들이 자기 문제는 자기가 해결할 수 있는 기능이 있었는데 기계가 모든 일을 해주고 물질적으로 풍부하고 부유한 시대가 되니까 오히려 불평과 불만만 늘어나서 자기 문제를 해결하지 못하고 남에게 가서 자기 부끄러운 문제를 들추어내어 상담을 받아야 하는 시대가 된 것이다. 더군다나 기독교인들이 자기 문제를 해결하지 못하고 스스로 자신을 정신병자를 만들어 누구에겐가 가서 돈을 주고 상담을 받고 있는 것은 부끄럽기 짝이 없는 현상이다. 이것은 영적 빈곤에서 오는 것인데 예수를 믿어서 좋은 신앙을 가졌으면 그것으로서 자신의 인생문제는 해결이 되고 신앙문제, 사회에 참여하는 문제 등에는 완전히 위치가 확보되어 다른 사람들에게 본이 되어야 하는 입장에 있는 사람들이다.

"아무도 없이 홀로 있으나 수고하기를 마지아니하며 부를 눈에 족하게 여기지 아니한다"고 한 것은 인생의 목표를 잘못 설정했기 때문에 일하는 기계가 되어 버려 먹고 살만큼 있어도 그것으로 만족하지 못하고 계속해서 스스로 일을 하면서 불평을 토하는 것을 말한다. 주님을 영접하여 하나님의 자녀가 된 기독교인들은 헛되고 썩어질 것으로 가득찬 이 세상을 바라보지 말고 하나님의 우편에 영화롭게 좌정해 계신 그리스도를 바라보며 바르고 참된 신앙생활을 해야 한다.

# 제11장 인생의 사회성과 비극

(영화나 능력이 지속되지 않는다)
본문 : 전도서 4:9-16

## I. 사회의 필연성(4:9-12)

전도서 4:9-16은 사회생활의 허무성을 말하고 있다. 혼자 사는 것보다 둘이나 혹은 여럿이 함께 모여서 사회생활을 하면 편리한 점이 있는 것은 사실이지만 그것도 결국은 허무하다고 사회생활의 허무성을 말하고 있다. 그래서 4장 전체는 지상생활의 허무함, 인생의 허무함에 대해 언급하고 있다.

민주주의 진영과 공산주의 진영의 대립으로 민주진영에서는 민주주의만 옳고 사회주의 공산주의는 악한 것으로 인식되어 왔다. 반면에 사회주의 공산주의 진영에서는 그들대로 공산주의만 진리이고 민주주의나 자본주의는 악한 것으로 비평해 왔다. 대개의 경우 기독교는 민주진영에 속했었기 때문에 일반적으로 민주주의나 자본주의만이 진리이고 사회주의나 공산주의는 사탄의 역사인 것처럼 강조해 왔고 그렇기 때문에 기독교인들이 사회성을 옳게 이해하지 못하게 됐다. 성경은 사회성을(사회주의적인 사고방식)강조하고 있다. 하나님께서 모든 만물을 창조하신 후 그 피조물의 세계를 보시면서 "좋았더라……"

"보시기에 심히 좋았더라"고 말씀하셨는데 유독히 아담을 창조하신 후에는 "사람이 독처하는 것이 좋지 못하니 내가 그를 위하여 돕는 배필을 지으리라"고 하시면서 사람이 혼자 있는 상태 즉 개인주의는 본질적으로 좋은 것이 아니라고 하셨다. 아담에게 하와를 지어 주시면서 사람은 필연적으로 사회를 형성하고 살지 않으면 안 되는 사실을 가르치셨다.

하나님께서는 이스라엘을 부르셔서 한 개의 정치기구를 형성하셨다. 이렇게 하나의 정치기구를 형성하신 후에는 항상 이스라엘 전체에게 연대책임을 물으셨다.

한 사람이 잘못 했을 때 그 사람만 처벌하고 한 사람이 잘했을 때 그 사람만 축복하신 것이 아니라 선민으로 한 개의 사회 단위로 처리해서 다 함께 처벌하고 다 함께 축복하셨다.

예를 들어 이스라엘의 젊은이들이 모압 여자들과 간음죄를 짓고 범죄했을 때 하나님께서 온역을 내려 하루에 수천 명씩 죽이기 시작하셨다. 그 때에 비느하스가 분노해서 하나님의 처벌 이전에 내가 다 죽인다고 창을 들고 나가서 여러 사람을 찔러 죽였다. 하나님께서는 비느하스의 의분을 보시고 기특하게 여겨서 이스라엘에 내리셨던 온역의 형벌을 중지시키셨다. 한 사람의 열성, 한 사람의 신앙으로 이스라엘이 처벌을 면했던 사건이다.

가나안 땅으로 들어갈 때 노략질한 물건을 하나도 갖지 말고 전부 불태워 없애라 명했음에도 아간이 욕심이 나서 털외투와 금은을 몰래 땅 속에 감추었다. 아간이 범죄했으니 아간 한 사람만 처벌하면 될 것 같은데 아이성을 침략할 때 형편없이 패전해서 3000여 명이나 한꺼번에 죽었다. 하나님 이게 웬일입니까 하고 물었을 때 너희중에 죄악이 있다고 하셨다. 나중에 심지를 뽑아서 아간을 제거한 후에야 이스라엘이 다시 승전할 수 있었다. 이렇게 한 사람이 잘못했을 때 그 사람만 처벌하고 한 사람이 잘했을 때 그 사람만 축복하신 것이 아니라 선민으로 한 개의 단위로 처리해서 다 함께 처벌하고 다 함께 축복하셨다.

영적인 유기체인 교회를 형성하셔서 모이기를 힘쓰라 하신 것 또한 인간은 혼자 사는 것이 옳지 않고 교회라는 공동체 안에서 살아야 하는 사회성을 가르치고 있는 것이다. 따라서 기독교권에서 지나치게 민주주의나 개인주의를 강조한 나머지 인간들의 사회성, 공통성 등을 너무 소홀히 하는 것은 성경의 원리원칙에서 탈선된 길로 가는 것이라고 볼 수 있다.

### A. 사회의 필요(두 사람이 한 사람보다 낫다)

4:9 "두 사람이 한 사람보다 나음은 저희가 수고함으로 좋은 상을 얻을 것임이라"

"좋은 상"이라고 번역된 단어는 "좋은 결과"를 말한다. 반드시 누구에게 상을 받는다는 것이 아니라 밭을 갈 때 혼자 하는 것보다 둘이 협력하면 훨씬 더 효과적으로 일을 할 수 있고 그 결과가 나을 것은 말할 것도 없다. 혼자서 들어올릴 수 없는 것이라도 둘이 들어 움직일 수 있는 것처럼 동료가 있어서 함께 노력하면 그 결과가 훨씬 좋기 때문에 한 사람 이상 두세 사람이 협력체제를 형성하고 사는 사회제도는 반드시 필요함을 말하고 있다.

### B. 사회의 기능 - 협력

4:10 "혹시 저희가 넘어지면 하나가 그 동무를 붙들어 일으키려니와 홀로 넘어지고 붙들어 일으킬 자가 없는 자에게는 화가 있으리라."

어떤 사람이 넘어졌을 때 별로 다치지 않았으면 혼자 일어날 수 있지만 만일 다리가 부러지든지 머리를 다치거나 심장마비를 일으켰을 경우에는 누가 옆에서 일으켜 주고 신속히 싸매 주거나 병원으로 데리고 가서 치료를 해주어야 살려내는 것이 가능하다. 그러나 만일 혼자 있을 때 심장마비를 일으켜서 쓰러졌을 때 아무도 없으면 그 자리에서 죽을 수밖에 없다. 그래서 사회는 반드시 필요한 것이다.

### C. 사회가 주는 혜택 - 육체적인 안일, 적으로부터의 보호

#### 1. 육체적인 안일

4:11 "두 사람이 함께 누우면 따뜻하거니와 한 사람이면 어찌 따뜻하랴"

이것은 부부관계를 말하는 것이 아니라 이 당시 중동지방의 목동들의 생활을 묘사하는 것이다. 옛날 난방 시설이 없었던 알래스카에서는 사람이 별로 없으니까 개를 데리고 개의 체온에 의지해 추운 겨울밤을 지냈다고 한다. 그래서 겨울 추위의 측정을 「개 한 마리 추위」, 「두 마리 추위」 혹은 「개 세 마리 추위」라고 했는데 추운 겨울에 개 한 마리를 잠자리에 데리고 자느냐 두 마리를 데리고 자느냐 아니면 정 추워서 세 마리를 자리 속에 데리고 자느냐에 따라 그 겨울의 추위를 말하는 것이었다.

이 당시 중동지방의 목동들도 양떼를 몰고 다니다가 밤에는 엉성한 천막을 쳐놓고 야숙을 하는데 아열대성 기후이기 때문에 낮에는 기온이 찌는 듯이 덥다가 밤에는 갑자기 기온이 내려가 몹시 추워진다. 그래서 고비사막이나 사하라 사막 같은 데서 낮에 뜨겁게 달았다가 밤이 되어 저온이 되면서 온도가 갑작스레 차지니까 바위들이 쩡쩡 울리는 소리를 내면서 터지는 소리가 들린다고 한다. 이렇게 갑작스럽게 기온이 떨어진 추운 밤에 목동이 혼자서 자면 추워서 잠을 이루기 힘들지만 목동이 둘이라면 등을 맞대고 잘 수 있기 때문에 따뜻한 체온을 서로 나눔으로 잠을 이룰 수가 있는 것이다. 그런 사실에 근거해서 "두 사람이 함께 누우면 따뜻하거니와 한 사람이면 어찌 따뜻하랴"라고 말한 것이다.

### 2. 적으로부터의 보호

4:12 "한 사람이면 패하겠거니와 두 사람이면 능히 당하나니 삼겹 줄은 쉽게 끊어지지 아니하느니라"

이 당시 중동 지방에서의 도적은 양 몇 마리 훔쳐 가는 정도가 아니라 아예 목동을 죽여버리고 20마리든 50마리든 몽땅 몰고 흔적도 남기지 않고 유유하게 사라져 버렸다. 그러므로 혼자는 위험하고 여러 사람이 같이 있으면 힘을 합해 방어할 수 있기 때문에 생명을 보호하기 위해서라도 혼자보다는 두세 사람이 낫다는 비유로 사회가 주는 혜택을 "삼겹 줄은 쉽게 끊어지지 않는다"고 표현했다.

## II. 사회적 성공과 인생의 비극(4:13-16)

### A. 요셉의 예

사회적으로 비록 성공을 했다 하더라도 역시 그것으로 인해서 인생의 비극을 극복할 수는 없다는 사실을 지적하는 방법으로 이름을 들어 지적하지 않았지만 요셉의 예를 들어 설명하고 있다. 다시 말해서 두 사람 세 사람이 모이는 것이 다 좋기는 좋지만 이것이 결과적으로 인생의 비극을 극복할 수는 없다고 말하고 있다.

### 1. 가난해도 지혜로운 소년

> 4:13 "가난하여도 지혜로운 소년은 늙고 둔하여 간함을 받을 줄 모르는 왕보다 나으니 저는 그 나라에서 나면서 가난한 자로서 옥에서 나와서 왕이 되었음이니라."

이 가난한 소년은 요셉을 말하는 것 같은데 요셉은 노예로 팔려갔으나 아직 젊었고 지혜로웠던 사람이다. 보디발의 집안에서 사역할 때 보디발은 늙고 둔한 사람이었고 주변 사람들의 지혜로운 조언을 들을 줄 모르는 사람이었다. 그래서 "가난하여도 지혜로운 소년은 늙고 둔하여 간함을 받을 줄 모르는 왕보다 나으니라" 고 했는데 여기서 반드시 왕이라기보다는 권력을 잡은 토호 혹은 귀족, 세도가를 말하는 것이다.

### 2. 가난해도 젊고 지혜로운 소년

젊고 지혜로운 소년 요셉은 가난한 정도가 아니라 노예 상태로 억울하게 옥중에 감금된 상태에 있었지만 나중에 옥에서 나와 통치자가 되어 애굽을 통치했고 후에 자기 모든 형제들을 구출하는 결정적인 역할을 했다.

늙고 둔하여 간함을 모르는 왕이라는 표현은 마치 아주 무능한 폐인처럼 인식되지만 왕은 왕이다. 그래서 늙기까지 왕으로 통치를 했고 부귀 영화를 누리면서 주변에 많은 부하들이 진을 치고 보호하고 있어 늙기까지 편하게 잘산 사람이다. 그런데 여기에 전도서 기자가 말하는 것은 사회성이 있어서 주변에 친구와 동지가 있는 것은 좋지만 그것이 결과적으로 하나님의 총애를 받는 젊고 지혜로운 소년만 못한데 그 이유는 왕은 이미 늙었지만 젊은 사람은 나중에 감옥에서 풀려 나와 통치자가 될 수 있기 때문이라고 했다.

### B. 대를 잇는 것이 불가능하다

> 4:15 "내가 본즉 해 아래서 다니는 인생들이 왕의 버금으로 대신하여 일어난 소년과 함께 있으매 저의 치리를 받는 백성들이 무수하였을찌라도 후에 오는 자들은 저를 기뻐하지 아니하리니 이것도 헛되어 바람을 잡으려는 것이로다."

왕이 영원토록 왕 노릇을 할 수 있는 것이 아니라 어느 날 죽음 앞에서 할 수 없이 포기하는 수밖에 없고 후계자가 나타나 그 왕위를 차지할 것이니 아무리 자기가 평생 동안 노력을 해서 좋은 정치를 하고 추종자들을 많이 만들었을찌라도 다음 세대에 나타난 젊은 이들이 계속해서 자기를 좋아하지 않을 것이다. 다시 말하면 인기를 유지하는 것이 불가능한 것이니 역시 모든 것이 다 헛된 것이다.

한국 속어에 3대 가는 부자 없다는 말이 있는데 재산이나 명예나 권세가 대를 잇는 경우가 극히 드물다. 그런데 성경에도 재산이나 명예나 권세를 유지하지 못한 사실을 여러 번 언급했다.

(1) 엘리(사무엘 상 2:12-)
마지막 사사 엘리의 두 아들 홉니와 비느하스는 불량자들이었다.(사무엘 상 2:12)

불량자들을 엘리의 후계자로 쓸 수 없었기 때문에 하나님께서 어린 사무엘을 부르셔서 새 세대의 지도자로 세우셨었다.

(2) 사무엘(사무엘 상 8:3 -)
사무엘이 엘리를 받들어 그 밑에서 일하면서 엘리의 아들들이 하는 일을 눈으로 보았고 불량자인 엘리의 아들들을 제쳐놓고 하나님께서 자기를 불러 지도자로 세우신 체험을 했으면 사무엘 자신은 자녀들을 기를 때 조심스럽게 기르려고 노력했을 만하다. 사무엘이 늙은 후에 그 아들들을 이스라엘의 사사를 삼았는데 그 장자의 이름은 요엘이었고 차자의 이름은 아비야였다. 사무엘상 8:3절 이하에 보면 이스라엘 백성들이 사무엘에게 와서 우리에게 왕을 세우시오라는 요청을 하면서 그 요청하는 이유가
(1) 당신의 아들들은 아비의 행위를 따르지 아니하고
(2) 일을 따라 뇌물을 취했고
(3) 판결을 옳게 하지 않았다.
그러므로 당신의 아들들을 믿을 수 없으니 우리에게 왕을 하나 세워 주시오라고 요청했던 것이다. 사무엘과 같은 훌륭한 선지자도 결과적으로 올바로 아들들을 교육하는 일에 실패했기 때문에 그의 권세와 명예가 당대에 끝나고 마는 결과를 가져왔다

(3) 다 윗
다윗은 가나안 7족을 다 쳐서 복종시키고 제국을 건설해서 주변 나라에서 조공을 받는 등 훌륭한 장수요 영웅이요 왕으로 대우를 받은 사람인데 아들들이 6-7명이 있었어도 다 망나니들이었다. 그래서 남매간에 강간 사건으로 복수하는 일, 아들 압살롬이 자기 아버지를 몰아내고 자기가 왕이 되겠다고 반란을 일으키는 일, 나중

에는 아도니아가 아버지를 몰아내고 자기가 왕이 되려고 반란을 일으켰다. 아들 솔로몬은 자기 어머니의 간청으로 왕이 되기는 했으나 말년에는 망나니가 되어 이방 여자들의 우상들을 받아들여 예루살렘성에서 우상숭배가 자행됐고 솔로몬의 말년에는 이스라엘이 거의 망하게 되다시피 하고 결과적으로 솔로몬의 아들 르호보암 때 국가가 남북으로 갈라지는 결과를 가져왔다.

아무리 노력을 해서 부하를 많이 모으고 인기를 모아 왕으로 추대되고 존경을 받는다 할찌라도 그 명망이나 권세가 대를 이어 지속되지 못하고 새로운 세대가 나왔을 때 언제 어떻게 백성들이 배척할지 모르기 때문에 역시 헛되어 바람을 잡으려는 것에 불과하다. 이것은 반드시 왕과 백성들과의 문제만이 아니라 친구들 사이에서도 친분 관계가 항상 지속되는 것이 아니고 배신당할 수 있고 사소한 일로 인해서 옛날의 친분 관계가 원수로 변하는 일이 얼마든지 있다. 그래서 전도서 기자가 말하는 것은 역시 하나님을 떠나 인간의 수준에서 인간 관계를 맺고 여러 사람을 모아서 사회를 구축하고 동지를 규합하고 국가를 이룩해서 권력과 부귀를 누린다 할지라도 그것이 다 바람을 잡으려는 헛수고에 불과한 것이다.

오직 하나님 안에서만 참된 인생의 의미를 발견할 수 있고 또 인간 관계의 참된 의미도 하나님 안에서만 발견할 수 있다. 그러므로 하나님을 믿는 신앙을 가지고 이웃과 원만한 관계를 형성하고 특별히 독생자 예수 그리스도의 피로 거듭난 형제들이 신앙 공동체를 형성하여 함께 살아나가는 것이 필요하다.

# 제12장 신앙생활중의 어리석음

본문 전도서 5:1-7

## I. 의식 절차상 자제하라(5:1)

말씀을 듣는 것이 제사 드리는 것보다 낫다

> 5:1 "너는 하나님의 전에 들어갈 때에 네 발을 삼갈찌어다 가까이 하여 말씀을 듣는 것이 우매자의 제사 드리는 것보다 나으니 저희는 악을 행하면서도 깨닫지 못함이니라."

### A. 말씀을 청종하라

1. 발을 삼가라 - 성전에 드나드는 것들의 행위를 삼가라
2. 가까이 하여 말씀을 들으라
   신명기 6:(명령, 규례, 법도를 지키라)
   사무엘상 15:22-23

### B. 말씀을 들음으로 우매함을 깨달을 수 있다

솔로몬이 전도서를 기록했을 때는 회당 제도는 없었고 12세 이상된 남자들은 의무적으로 절기를 따라 일년에 세 번씩 성전에 와서 예배에 참석하도록 되어 있었다. 그 이외로 죄를 지어 속죄죄를

드릴 필요가 있든지 혹은 여자들인 경우 아이를 난 후 결례를 행하기 위해 제물을 가지고 예루살렘 성전에 가서 예배를 드려야 했다. 이때는 예루살렘 성전에 한번 가려면 큰마음을 먹고 가야 했고 성전에 가서도 이방인이나 여자나 아이들은 안뜰에도 들어가지 못하고 12세 이상된 남자들만 성전에 들어가는 것이 가능했었다. 이렇게 어려운 성전 출입이었지만 이년, 삼년, 혹은 십년이 넘도록 성전출입을 하고 나면 나중에는 하나님을 뵈러 간다는 경건하고 진실된 마음으로 성전에 가는 것이 아니라 으레 의식적으로 습관적으로 성전 출입을 하게 되는 일이 많았다. 그런 의미에서 "너는 하나님의 전에 들어갈 때에 네 발을 삼갈찌어다"라고 한 것이다. 다시 말해서 너는 하나님의 전에 들어갈 때 온유 겸손한 마음으로 예배드리는 태도로 성전에 들어가지 않고 의식적으로 형식적으로 함부로 들어가면 오히려 죄를 범하는 것이라고 교훈하고 있다.

"가까이 하여 말씀을 듣는 것이 우매자의 제사 드리는 것보다 나으니"라고 말씀 듣는 것과 제사 드리는 것과를 비교했다. 전도서가 기록되던 주전 1000여년 경에는 말씀을 들을 기회가 별로 없었다. 유월절, 오순절, 장막절 같은 절기에 성전에 가서 짐승을 잡아 제사를 드리고 바로 집으로 돌아가는 것이 아니라 일주일 동안 머물어 절기를 지켰는데 이 절기에 제사장이 필요한 성구를 백성들에게 읽어주는 것이 유일한 말씀을 듣는 기회였다. 구약시대에는 짐승을 잡아 각을 뜨고 번제단에 태우는 절차가 예배의 절정이었다고 오해하는 경우가 많은데 이 성구에 의하면 하나님께서는 제사를 강조하시는 것이 아니라 "가까이 하여 말씀을 듣는 것이 우매자의 제사 드리는 것보다 나으니라"고 함으로 제사장이 말씀을 읽어줄 때 말씀을 청종하는 것을 더 중요하게·여겼다. 그럴 뿐만 아니라 일종의 호기심을 가지고 짐승을 잡아 제사 드리는 것에만 정신을 뺏기는 것은 "악을 행하면서도 깨닫지 못함이라"고 경고했다.

이스라엘 백성들이 바벨론 포로에서 돌아온 후에는 회당제도가 생겨서 성전까지 가지 않고 곳곳에 세워진 회당에서 안식일을 지키면서 말씀을 들었는데 이 전통이 초대교회에서도 지켜졌다. 그래서 초대교회 교인들은 안식일은 안식일대로 지키면서 주일날은 예수 님의 부활을 기념하는 날로 모여 주님께서 세상에 계실 때 남기신 말씀을 듣는 것이 전통이 되었다.

지나간 4-500여 년간 개신교에서는 성경말씀의 중요성을 강조했기 때문에 대부분의 개신교에서는 설교로 말씀을 전하고 그 말씀을 듣는 것이 예배의 중심이 되어 왔다. 그런데 순복음이나 오순절 계통에서는 말씀 중심이라기보다는 찬양, 신앙간증 중심 또는 사역시간(Ministry time)이라고 해서 성령 받기 원하는 사람, 병 고침 받기 원하는 사람들에게 안수기도를 해주고 신앙 상담을 하는 형식으로 예배절차가 바꿔지고 있다. 그러나 "말씀을 듣는 것이 우매자의 제사 드리는 것보다 나으니…"라고 했다. 전도서뿐만 아니라 성경은 항상 말씀 청종할 것을 강조했다.

사무엘이 사사로 있고 사울이 왕일 때 사울이 전쟁터에 나갔다. 전쟁을 시작하기 전에 희생의 제사를 드리기를 원했는데 사무엘이 나타나지 않았다. 그러니까 사울이 기다리다 지쳐서 자기가 짐승을 잡아 제사를 드렸다. 곧 뒤에 사무엘이 와서 사울을 책망하는 말이 사무엘 상 15장 22-23절에 기록되어 있는데 그 내용을 간단히 요약하면 다음과 같다.

1. 하나님은 그의 목소리에 순종하는 것 즉 말씀에 순종하는 것을 좋아하신다.
2. 하나님의 말씀에 순종하는 것이 제사보다 낫다.
3. 말씀을 듣는 것이 수양의 기름보다 낫다.(이 당시 유대인들에 있

어서 수양의 기름은 맛있는 부분에 속한 매우 귀중한 것이었다)
4. 거역하는 것(하나님의 말씀을 듣고 순종하지 않고 들은 척 만 척 잊어버리는 것을 말함)은 사술(무당)의 죄와 같다.
5. 완고한 것(완고하고 고집이 세어 하나님 말씀을 듣고 잘못 했음을 깨달았음에도 돌이키지 않음)은 사신의 우상에 절하는 것이다.

사무엘이 사울을 책망하는 말씀 가운데도 제사를 드리는 것보다 말씀을 듣고 그 말씀에 순종하는 것이 더 중요한 일임을 분명히 밝히고 있다.

## II. 말을 조심하라(기도 및 예배에 조심하라)(5: 2-3)

### A. 하나님과의 관계

> 5:2 "너는 하나님 앞에서 함부로 입을 열지 말며 예배를 드릴 때 조심하고 급한 마음으로 말을 내지 말라 하나님은 하늘에 계시고 너는 땅에 있음이니라 그런즉 마땅히 말을 적게 할 것이라."

신앙이 좋다고 자부하는 기독교인일수록 무엇이든지 하나님의 뜻으로 돌리는 실수를 한다. 자기의 행동을 정당화하기 위해 기도를 해서 하나님의 응답을 받았다는 등 하나님의 뜻이라는 등 하나님께 핑계를 대는 사람들이 많다. 하나님 앞에서 함부로 입을 열지 말라는 것은 교회 생활을 할 때 자기의 뜻을 주장하고 관철하기 위해서 급한 마음으로 꿈을 꾸었다는 등 혹은 임기 응변으로 자기는 하나님께 계시를 받았고 상대방은 사단이나 악령에 사로잡혔다는 등 무서운 말을 함부로 하지 말라는 것이다.

"너는 하나님 앞에서 함부로 입을 열지 말며 예배를 드릴 때 조심하고 급한 마음으로 말을 내지 말라 하나님은 하늘에 계시고 너는 땅에 있음이니라"고 한 것은 제한된 땅에 붙어 있는 인간들이 모든 것을 감찰하시며 사람들의 마음속까지 관찰하시는 하늘에 계신 하나님을 속일 수 있으리라고 생각해서 급한 마음으로 함부로 말을 해서는 안되는데 이것이 바로 십계명에서 말하는 하나님의 이름을 망령되이 하지 말라는 것이다.

기독교인들 중에 3분, 5분, 10분 혹은 철야기도를 할 때 아무렇게나 시간을 메우기 위해 되는 말 안 되는 말로 횡설수설하고 나서 자기가 무슨 내용의 기도를 했는지도 모르는 경우가 많이 있다. 일개 장관에게 가서 청원서를 내고 나오는 사람에게 "당신 무슨 청원서를 냈습니까?" 하고 물을 때 "내가 무슨 청원서를 냈는지 잘 모르겠는데요"라고 대답하는 사람은 없다. 대통령이나 장관은 고사하고 자기 아버지나 어머니를 만나고 나오는 사람에게 당신 부모님께 지금 무슨 말을 하고 나왔습니까 하고 물을 때 말을 너무 많이 해서 무슨 말을 했는지 모르겠다고 대답하면 그것은 정신병자이다. 하나님과 우리의 관계도 마찬가지이다. 우리가 정신을 가다듬어서 꼭 해야 할 말을 잘 정리해서 조심스럽게 아뢰고 나서 거기에 대한 응답을 겸손하게 기다려야 한다. 함부로 입을 열어 되는 말 안되는 말을 급한 마음으로 지껄이면 이런 것은 전혀 무의미할 뿐만 아니라 오히려 하나님 앞에서 불경죄를 짓는 것이므로 삼가야 한다.

### B. 세상과의 관계

5:3a "일이 많으면 꿈이 생기고 말이 많으면 우매자의 소리가 나타나느니라"

일이 많으면 꿈이 생긴다는 것은 차원 높은 꿈 즉 원대한 소망이 생긴다는 것이 아니라 헛꿈 혹은 악몽을 꾸게 되어 잠을 잘 못 잔다는 뜻이다. 여기에 일이 많다는 것은 생활전선에서 열심히 일을 하는 것을 말하는 것이 아니고 쓸데없는 일을 자꾸 만들고 다니는 사람을 말한다. 그래서 이렇게 일을 저지르고 나면 다른 사람들의 비평의 대상이 되고 힐책을 당하게 되고 구설수에 오르게 되므로 분해서 잠을 못 자는 것을 말한다.

5:3b "말이 많으면 우매자의 소리가 나타나느니라"

여기에 우매자라는 말은 히브리어로 크시림(כְּסִילִים)이다. 세상적으로 우매한 자라는 것이 아니라 신앙문제와 연관된 우매한 자 즉 불경한 태도를 말한다. 세상적으로 미련한 자는 날 때부터 모자라게 태어났기 때문에 탓할 수 없으나 상당히 지식이 많고 똑똑한 사람이면서도 신앙문제에 있어서 탈선하는 어리석은 사람들이 많은데 아무리 똑똑한 사람이라도 말이 많으면 신앙적인 차원에서 실수해서 우매자의 소리가 날 가능성이 있으므로 말조심을 하라는 경고이다.

## III. 서원에 조심하라(5:4-6)

### A. 서원했으면 반드시 갚으라

### B. 서원하지 말라(신명기 23:22, 23:22)

서원은 예배중에 요구되지 않은 것이다

5:4-6 "네가 하나님께 서원하였거든 갚기를 더디게 말라 하나님은 우매자를 기뻐하지 아니 하시나니 서원한 것을 갚으라 서원하고 갚지 아니하는 것보다 서원하지 아니하는 것이 나으니 네 입으로

제12장 신앙생활중의 어리석음  143

> 네 육체를 범죄케 말라 사자 앞에서 내가 서원한 것이 실수라고 말하지 말라 어찌 하나님으로 네 말소리를 진노하사 네 손으로 한 것을 멸하시게 하랴."

구약시대 이스라엘 백성들에게 율법적으로 서원이 요구됐던 것은 아니다.

신명기 22장 과 23장 등에 보면 제사 드리는 것은 의무적으로 드려야 하는 요구조건이었다. 그러나 서원은 해도 좋고 안해도 좋은 완전히 자유 의사에 맡겨졌던 것이다. 그런데 어떤 사람들이 열심이 나서 내가 지금부터 40일 금식기도를 하겠다든지 혹은 한 달 수입 전부를 헌금하겠다는 등 여러 가지 면에서 서원할 수 있다. 물론 교회에서 부흥사들이 서원을 시키는 수도 있는 것이 사실이다. 그러나 이런 것은 전혀 잘못된 것이며 그런 압력에 넘어갈 필요는 전혀 없다. 평생 동안 한 번도 서원을 하지 않았기 때문에 죄인이라는 이론은 성립되지 않는다. 따라서 전도서 5:4절의 말씀은 구태여 서원을 할 필요가 없으니까 안 하면 좋은데 만일 서원을 했으면 서원한 것은 반드시 빨리 갚으라고 하셨다.

사사기 11장에 길르앗 사람 큰 용사 입다라는 사사의 행적이 기록되어 있다. 원래 입다는 기생의 아들이어서 본부인에게서 난 아들들에게 천대와 멸시를 받고 쫓겨나 돕 땅에 거하며 잡류와 거래하며 살고 있었다. 마침 암몬 사람들이 이스라엘을 치려 할 때 아무도 당할 사람이 없는 고로 이스라엘 장로들이 입다에게 와서 자기들이 과거에 입다를 쫓아냈던 것을 사과하면서 이스라엘의 사사가 되어 전쟁에 나가 이스라엘을 구원해줄 것을 요청했다.

처음에 입다는 이런 요청에 거절했으나 하도 간절히 요청하니까 허락했다. 그러나 입다는 전혀 준비가 없는 이스라엘 백성들을 이끌고 전쟁에 나가는 것에 자신이 없었던 것 같다. 그래서 "주께서 과연 암몬 자손을 내 손에 붙이시면 내가 암몬 자손에게서 평안히 돌아올 때에 누구든지 내 집 문에서 나와서 나를 영접하는 그를 여호와께 돌릴 것이니 내가 그를 번제로 드리겠나이다"라고 서원했다. 입다가 전쟁에서 승리하고 자기 집 가까이 왔을 때 그의 무남독녀 외동딸이 소고를 잡고 춤을 추면서 제일 먼저 나와서 자기 아버지를 영접했다. 이것을 본 입다가 자기 옷을 찢으며 하는 말이 "슬프다 내 딸이여 너는 나로 참담케 하는 자요 너는 나를 괴롭게 하는 자 중의 하나이로다 내가 여호와를 향하여 입을 열었으니 능히 돌이키지 못하리라"고 외쳤다. 그의 딸이 아버지에게 말하기를 "나의 아버지여 아버지께서 여호와를 향하여 입을 여셨으니 아버지 입에서 낸 말씀대로 내게 행하소서 이는 여호와께서 아버지를 위하여 아버지의 대적 암몬 자손에게 원수를 갚으셨음이니이다"라고 말했다. 입다의 딸은 친구들과 더불어 산에 올라가 두 달 동안 처녀로 죽음을 애곡하고 돌아오기를 청한 후에 두 달만에 돌아오니 그 아버지 입다가 자기가 서원한 대로 이 딸을 잡아 번제로 드렸다.

 그러므로 우리는 하나님 앞에서 기도할 때 조심해야 한다. 가끔 어떤 사람들의 기도를 들어보면 만일 하나님께서 그 사람의 기도를 다 들어주시면 큰일 날 기도를 하고 있는 것을 발견하게 된다. 기독교인들에게는 서원을 하라는 명령이나 의무가 주어지지 않았으므로 하나님 앞에 서원을 안 하면 좋다. 만약에 서원을 했으면 실수로 서원한 것이니까 괜찮겠지, 하나님께서 봐주시겠지 하는 생각을 하지 말고 반드시 서원한 사실은 실천해야 한다.

 정상적인 인격자는 부모에게 약속한 일은 반드시 이행하려고 노력한다. 아버지니까 속여도 좋고 어머니이니까 약속 이행을 안 해도 되는 것이 아니다. 내가 인격자로 대우받기를 원하면 필연적으로 한번 약속한 것은 반드시 지켜야 하는 것이다. 거짓말을 밥먹듯

하는 사람은 사람 취급을 하지 않고 아예 제쳐놓게 된다. 하나님 앞에서 혹은 교회에서 열성이 나서 서원을 하고서 그것을 이행하지 않으면 "하나님께서 네 말소리를 진노하사 네 손으로 한 것을 멸하신다"고 하셨다. 한 가지 다행인 것은 누가 무어라 했든 성경에서는 축복 받기 위해 약속을 하거나 서원하라고 요구하지 않은 사실이다. 그러므로 복을 받기 위해서는 매일 매일의 신앙생활을 충실하게 하면 된다.

### IV. 모든 생활에 자제하라(5:7)

5:7 "꿈이 많으면 헛된 것이 많고 말이 많아도 그러하니 오직 너는 하나님을 경외할찌니라"

쓸데없는 잡념을 너무 많이 가지고 있으면 그로 인해 헛된 것이 많아지고 말을 많이 하면 역시 헛된 것이 많아지기 때문에 쓸데없는 잡념을 가지고 시간을 허비한다든지 쓸데없는 말을 하고 다니면서 하나님에게 범죄하지 말고 오직 하나님을 경외하라고 했다. 경외하라는 것은 두려워한다는 뜻인데 이것은 덮어놓고 공포심에 떤다는 뜻이 아니라 피조물인 아담의 자손으로 태어난 우리는 창조자이신 하나님 앞에서 그의 존엄하심에 두려워하는 태도를 가져야함을 말하는 것이다.

신앙생활에도 절제가 필요하다. 일반적으로 세상 사람들이 기독교인들을 비평할 때 말이 많은 사람들이라고 한다. 어려서부터 설교말씀을 많이 들었고 기도하는 생활에 젖어 있었기 때문에 말을 잘하고 이론이 밝다. 그런 반면 실수도 많다. 따라서 함부로 기도함으로 하나님 앞에 범죄하지 말고 우리의 말도 조심스럽게 해서 절제 있는 신앙생활을 해야 한다.

# 제13장 경제생활중의 어리석음

본문 : 전도서 5:8-17

## I. 물욕의 무모성(8-12)

### A. 물질 소유의 원리에 대한 교훈

5:8 "너는 어느 도에서든지 빈민을 학대하는 것과 공의를 박멸하는 것을 볼찌라도 그것을 이상히 여기지 말라"

빈민을 학대한다는 것은 지방 장관이 자기의 치부를 위해 권력을 남용해서 부당한 세금을 징수함으로 힘이 없는 백성은 많은 세금을 내야 하는 것을 의미한다.

레위기 19:9-33, 출애굽기 22:211, 23:9 등등 성경에서는 과부와 고아 그리고 가난한 사람을 천대하는 것을 철저하게 금지하고 있다. 기독교가 잃어버린 미덕중의 하나는 이렇게 가난한 사람들도 하나님의 자녀인 까닭에 똑같은 인격자로 대우하고 재산의 유무 혹은 권력의 유무에 의해 차별대우를 하지 말라고 가르친 교훈을 내버린 것이다.

"공의를 박멸하는 것을 볼찌라도 그것을 이상히 여기지 말라" 공의를 어떻게 박멸하는가? 그것은 뇌물을 받고 부당한 처리를 하는 사람이라는 뜻이다. 좋은 예가 공사 청부를 맡을 때 정직하게 입찰

한 사람에게 낙찰되는 것이 아니라 책상 밑으로 돈을 주는 사람에게 청부를 맡기는 일 같은 것이 공의를 박멸하는 행위이다.

한국 정부에서 새로 개발한 성능이 좋은 F18전투기를 사려고 흥정을 하다가 성능상 이미 폐물이 된 F16을 사들여온 것이 문제가 됐다. 중요한 국방문제이기 때문에 최신형 F18 전투기를 사들이기로 국회에서 국방비 지출을 인준했음에도 불구하고 폐물이 된 고물을 비싼 값에 사들이고 남은 돈을 착복하는 것은 역모행위이다. 그런 것을 가리켜서 전도서에서 공의를 박멸하는 자라고 했다.

> 5:8b "그것을 이상히 여기지 말라 높은 자보다 더 높은 자가 감찰하고 그들보다 더 높은 자들이 있음이니라."

"그것을 이상히 여기지 말라"는 말은 "이런 것이 흔히 있는 일이지만 그런 일로 인해 실망하지 말라"고 탈굼(Targum)이나 랍비들이 해석했다. 왜냐하면 그것은 "높은 자보다 더 높은 자가 감찰하고 그들보다 더 높은 자들이 있음이라" 즉 하나님이 지존하신 분이시어서 인간 사회에서 이루어지는 모든 악한 일들을 다 기억하시고 기록해 두셨다가 필경은 하나님께서 악한 자는 처벌하시고 올바른 자는 상을 주시는 공의를 성취하심으로 실망하거나 낙담하지 말라고 했다.

지나간 100여 년 동안의 한국 역사의 부조리를 보면서 자란 젊은이들이 나는 정직하고 부지런하게 노력해서 사람답게 살아야 되겠다는 생각을 하지 않게 되었다. 지금 한국사회에서 부지런하고 정직하게 노력해서 성공할 수 있느냐? 라는 질문을 하면 불가능하다는 대답이 98% 정도 될 것이다. 부정한 방법으로 표를 사서 요직을 차지하는 이외 다른 방법이 없다는 것 정도는 일반 상식이 되었다. 과거의 비극적인 역사는 오늘날 얼마든지 노력만 하면 사회의 훌륭한 일꾼이 될 젊은이들의 가치관을 잘못된 방향으로 돌려놓음으로 그들의 재능을 악한 일에 사용하는 비극을 낳았다. 이것은 나라가 망하는 출발점이다.

교회 안에서 자라는 젊은이들만이라도 정직하고 부지런하고 성실하게 사는 것을 가르쳐야 하는데 오늘날 교회는 더 앞장서서 부패해 가고 있는 것이 또 다른 비극이다.

하나님의 심판대 앞에 섰을 때 "너희가 지나간 과거에 빈민들을 학대하지 않았느냐?" "권력을 이용해서 부당한 세금을 징수하지 않았느냐?" "부당한 방법으로 공의를 박멸하고 뇌물을 받고 사회정의를 파괴하는 일을 하지 않았느냐?" 고 책망하시는 하나님을 두려워해야 한다. 그러므로 빈민을 학대하는 사람들이나 공의를 박멸하는 사람들을 볼 때 전혀 걱정하지 말아라 "높은 자보다 더 높은 자가 감찰하고", 즉 하나님께서 모든 사람들의 행위를 정확하게 관찰하고 계셔서 필연적으로 악한 자는 처벌하시고 올바른 사람은 복을 주실 것이라고 교훈하고 있다.

### B. 자연의 원리(5:9)

#### 1. 땅 - 만인의 공유이다

파레스틴 성약 : 신명기 28:-30:
안식년 제도 - 땅에도 적용 - 하나님의 소유

#### 2. 땅의 열매

자연소산(Fructus Naturales)- 선취특권
노동의 소산(Fructus Laboran)- 최초로 지배권을 행사한 사람
"왕도 밭의 소산을 받느니라" - 자연의 한계나 원리를 초월할 수 없다

5:9 "땅의 이익은 뭇 사람을 위하여 있나니 왕도 밭의 소산을 받느니라"

지구 표면 즉 땅을 사유 재산화한 것은 잘못이라는 뜻이다. 우주 만물은 하나님의 소유이고 인간들은 이 땅을 임시 빌려서 쓰다가 가는 청지기에 불과하다.

여기에 말하는 땅의 이익은 법적인 술어로는 선취득권(Fructuous Naturales)으로 자연의 산물은 누구든지 선취득권이 있어서 채취하는 사람이 임자이다. 아무도 심지 않았는데 자연스럽게 밤나무에 밤이 열렸다던가 감나무에 감이 열렸으면 그것은 모든 사람의 공유이어서 누구든지 먼저 와서 따먹는 사람이 주인이다.

그러나 최초로 지배권을 행사한 사람(Fructuous Laboran) 즉 이것은 내 것이다라고 주장할 수 있는 것은 자신이 노동을 해서 배추나 무 혹은 사과나 배나무를 심어서 길렀으면 자연적으로 났던 것이 아니라 인위적으로 심어서 노동을 통해 거둔 것이므로 그 심고 기른 사람만이 소유권을 행사할 수 있는 것이다. 이 사람의 노동의 대가는 아무도 침해하지 못한다. 여기에서 "왕도 밭의 소산을 받느니라"고 한 것은 자기가 노력한 것에 대한 대가는 받을 수 있지만 남의 것은 침해할 수 없고 더군다나 자연적으로 난 소산물은 만인이 공유하는 것이어서 누구든지 먼저 가서 채취하면 되는 것이지 왕이 소유권을 행사할 수 없는 것을 말한다.

C. 소유욕의 무모성(5:10-12)

1. 물욕은 만족되지 않는다
2. 재물의 무용성
   재물이 많으면 소비도 많다
   보는 이외에 자랑할 것이 없다

3. 재물 사용의 원리
   노동자 - 많이 먹으면 잠을 잘 잔다
   부자 - 많이 먹으면 병이 생긴다

   5:10 "은을 사랑하는 자는 은으로 만족함이 없고 풍부를 사랑하는 자는 소득으로 만족함이 없나니 이것도 헛되도다."

물욕에는 한이 없어서 가져도 가져도 끝이 없고 만족하지 못하는 것이 물욕이라는 병이다.

   5:11 "재산이 더하면 먹는 자도 더하나니 그 소유주가 눈으로 보는 외에 무엇이 유익하랴"

재산이 많으면 관리를 해야 되므로 사람들을 많이 고용해야 되고 결국은 많은 관리인들을 먹여 살려야 하기 때문에 고달픈 일일뿐이지 재산이 많이 있다고 해서 그것을 눈으로 볼 수 있는 외에는 아무런 즐거움을 줄 수 없으니 유익한 것이 하나도 없다.

   5:12 "노동자는 먹을 것이 많든지 적든지 잠을 달게 자거니와 부자는 배부름으로 자지 못하느니라"

노동을 많이 하는 노동자는 음식을 많이 먹어도 노동으로 에너지를 소비하기 때문에 달게 잠을 잘 수 있고 또 잠을 잘 자고 나면 그것이 건강에 도움이 되어 다음 날 다시 부지런히 일할 수 있다. 그러나 일을 할 필요가 없는 부자는 가만히 앉아서 많이 먹으면 너무 잘 먹어서 생기는 여러 가지 병이 드는데 콜레스토롤이 많아지고 고혈압에 비만증이 생겨 심장에 기름이 끼는 등 여러 가지 병에 시달려 잠을 못 자게 된다.

20세기 문명은 무엇이든지 너무 많은 것이 문제가 되고 있다. 옛날에는 음식 먹은 찌꺼기는 개나 돼지들을 먹였고, 종이 같은 것은 불을 때는데 보태서 썼고 옷도 몇 벌 안되니 기워서 입다가 다 떨어져야 버렸기 때문에 일년 내내 모아도 버리는 것이 거의 없었다. 그런데 오늘날은 무엇이든지 너무 많아 결과적으로 지구 표면 전체가 이 쓰레기 문제로 골치를 앓고 있다. 너무 부유한 것이 좋은 것이 아니라 오히려 사람들에게 피해가 된다는 사실을 3500년 전에 이미 솔로몬이 말해주고 있다.

## II. 저축의 무모성(5:13-17)

### A. 재물의 유독성

폐가 되도록 지킨다

> 5:13 "내가 해 아래서 큰 폐단되는 것을 보았나니 곧 소유주가 재물을 자기에게 해되도록 지키는 것이라"

재산을 너무 많이 모아놓으면 제대로 쓰지도 못하고 지키기 위해 애쓸 뿐만 아니라 오히려 재산으로 인해 피해를 입을 수 있음을 말해주고 있다. 최근 한국에서는 전직 두 대통령이 너무 많은 재산을 탐했기 때문에 감옥에까지 들어갔었는데 솔로몬이 이런 비참한 상황을 눈으로 보고 있는 듯이 "내가 해 아래서 큰 폐단 되는 것을 보았나니 곧 소유주가 재물을 자기에게 해가 되도록 지키는 것이라"고 말하고 있다.

### B. 재물의 시한성

5:14 "그 재물이 재난을 인하여 패하나니 비록 아들은 낳았으나 그 손에 아무 것도 없느니라."

아무리 많은 재산을 모아 놔도 예측하지 못한 재난으로 그 모든 재산이 하루아침에 없어질 수 있다. 전쟁이 나서 고성능 폭탄 하나만 떨어지면 순식간에 도시 전체가 잿더미로 변해서 모아둔 재산이 다 없어질 수 있고 자기 몸에 병이 들면 치료비로 전재산을 다 없앨 수도 있고 아니면 가끔 인플레가 되어 화폐 가치가 전락하면 저금해 두었던 재산이 하루아침에 물거품으로 변할 수 도 있다. 땅을 사두면 안전하다고 하지만 그것도 법제도가 변해서 토지 개혁법이 실시되면 재산이 하루아침에 없어질 수 있는 것이다. 따라서 재물을 가지고 있는 것은 어느 때든지 재난으로 인해 패할 수 있어서 아들을 낳았으나 그 아들에게 물려줄 유산이 남지 않게 됨을 말한다.

## C. 재물의 한계성

5:15-17 "저가 모태에서 벌거벗고 나왔은즉 그 돌아가고 수고하여 얻은 것을 아무 것도 손에 가지고 가지 못하리니 이것도 폐단이라 어떻게 왔든지 그대로 가리니 바람을 잡으려는 수고가 저에게 무엇이 유익하랴 일평생을 어두운 데서 먹으며 번뇌와 병과 분노가 저에게 있느니라."

재산은 있으면 좋지만 없어도 그리 큰 문제가 되는 것이 아니고 이런 것이 다 폐단이고 바람을 잡으려는 것이다.

"일평생을 어두운 데서 먹으며 번뇌와 병과 분노가 저에게 있느니라"

여기에서 말하는 번뇌(כַּעַס)는 영어로는 frustration 을 말하는 것으로 재물 관리에 수반되는 심리적인 불안과 좌절감을 말한다.

또 병(חֳלִי)은 마음의 병이 아니라 육신의 질병을 말하고 분노(קֶצֶף)는 anger, 성냄을 말한다.

일평생을 어두운 데서 먹는다는 말이 주전 1000년경 유목민들에게 있어서는 불행스러운 사람을 나타내는 뜻이라고 한다. 지금도 아랍 사람들이 어두운 방에서 잔다는 것은 불행스러운 사람을 표현하는 말이라고 한다. 너무 일이 많아서 정신없이 돌아다니다가 해가 다 진 뒤에 집에 와서 음식에 무엇이 붙었는지 곰팡이가 났는지도 보지 못하고 배가 고프니까 허겁지겁 급하게 먹는다는 뜻이다. 그러므로 돈을 벌기 위해서 너무 열심히 일을 하다 보면 음식 한 번도 제 끼에 찾아 먹지 못하는 수가 얼마든지 있고 또 사업에 무슨 지장이 있을까봐 번뇌를 하게 되고 계속해서 번뇌를 하다 보니 육체적인 병이 생기고 육체적으로 병이 드니까 짜증만 나서 모든 일에 분노만 일으키게 되는 것이다. 너무 지나치게 물욕에 급급해서 쫓아다니다 보면 결과적으로 불행스러운 여생을 보낼 수밖에 없을 뿐만 아니라 자기 수명대로도 살 수 없고 일찍 죽을 수밖에 없음을 말하고 있다.

물론 마음 편히 살기 위해 게으름을 부려 모든 것 다 집어치우고 거지가 되어 길거리에 나서라는 것은 아니다. 지나치게 물질의 욕심을 내지 말고 물질을 저축하지 말라는 것은 솔로몬이 하는 말이다. 솔로몬은 지금 이스라엘 전체를 다 소유하다시피 하고 창고에 금은보화를 가득히 쌓아놓고서 말하고 있는 것이다. 그렇게 많은 재산을 모아놓고도 편하게 살아지는 것이 아니라 그 많은 재산이 오히려 고통만 주고 번뇌만 불러오고 병과 분노만 쌓이는 결과를 가져오게 됨을 말하고 있다. 그러나 현실적으로 집을 한 채 장만한다든지 노후에 살 것을 준비하는 것등 부지런히 일해서 규모 있게 살아야 하는 것은 누구나 당연히 해야 될 일들이다.

# 제14장 은혜의 선물

본문 : 전도서 5:18 - 20

## I. 낙을 누리는 것은 자연스러운 상황이다(18)

### A. 수고하고 낙을 누리는 것

5:18 "사람이 하나님의 주신 바 그 일평생에 먹고 마시며 해 아래서 수고하는 모든 수고 중에서 낙을 누리는 것이 선하고 아름다움을 내가 보았나니 이것이 그의 분복이로다"

4장 이하 5장 17절까지는 이 세상에서 돈을 모으려고 애쓰는 것이 모두 헛되다는 사실을 강조해 왔는데 갑자기 5장 18-20 에서는 일평생에 먹고 마시며 해 아래서 수고하는 모든 수고 중에서 낙을 누리는 것이 선하고 아름다운 것이라고 말함으로 허무주의 혹은 염세주의와는 정반대 되는 쾌락주의, 낙관주의적인 사고방식을 전개하고 있음을 발견할 수 있다.

그뿐만 아니라 "이것이 그의 분복이로다"라고 즐거운 마음으로 자기 직업을 성실하게 감당하는 가운데서 '낙을 누리는 것' 은 자기 몫으로 주어진 자연스러운 상황이라고 했다.

1. 수고하고 낙을 누리는 것은 선하다(טוב)좋은 일이다, 혹은 인간에게 있어서 자연스러운 상태이다.

2. 아름답다(נאה)합당하다(proper)는 뜻으로 일하는 소의 입에 멍에를 씌우지 말라는 말씀과 동일하다.
3. 분복이다(חלקו)주어진 몫으로 하나님의 섭리가운데 주시기로 결정되어 주어진 몫이라는 뜻이다.

일을 하는 동안 낙을 누리고 즐기는 것은 선하고 아름다운 것이고 그에게 주어진 몫이라고 했다. 헬라철학자들은 우주의 궁극적인 실체는 진(眞), 선(善), 미(美)라고 했다. 이 진선미 아래 말씀이라는 개념이 있는데 이것은 우주의 원리에 해당하는 로고스(λoγos)이고 그 밑에 수백 수천의 신들이 있어서 신들이라도 진선미의 원리에는 지배를 받아야 된다는 주장을 했다. 그러나 전도서에서 말하는 선하고 아름답다는 것은 헬라철학에서 말하는 진, 선, 미 가 아니다.

하나님께서 아담과 하와를 창조하신 후 생육하고 번성하라고 축복하셨다. 따라서 생육하고 번성하는 것은 하나님의 뜻을 실현하는 것이기 때문에 본질적으로 인간들에게 있어서는 기쁜 일이다. 물론 아담이 타락한 이후에 인간들이 저주를 받았고 우주 만물이 저주를 받아 자연과 인간들이 서로 조화를 이루고 사는 것이 불가능해진 것은 사실이다.

완전히 타락했다는 것은 타락한 인간들은 자기 스스로를 구원할 능력을 잃어버렸기 때문에 하나님에게 의존할 수밖에 없다는 뜻이지 타락했기 때문에 인생을 즐거워할 수 없다는 뜻은 아니다.

일평생에 먹고 마시며 해 아래서 수고하는 모든 수고 중에서 낙을 누리는 것이 선한 것이다. 즉 전혀 나무랄 것이 없는 것이라고 했다. 그럴 뿐만 아니라 아름다운 것이라고 했는데 히브리어로는 아름답다(טוב)는 말은 합당하다, 또는 당연하다는 뜻이다. 계속해서 이것이 그의 분복(חלקו)이라고 했는데 이것은 차례 온 몫이라는 뜻이다. 자기에게 주어진 몫이라고 한 것은 자기에게 해당하는 분량만의 즐거움을 누려야 한다는 뜻이다. 다시 말하면 자기가 편하다고 해서 다른 사람에게 피해를 입힌다든지 자기가 즐겁다고 해서 다른 사람들에게 방해가 되도록 즐기면 안 되는 것이다. 더 나아가서 모든 사람들에게 제공되는 자연의 축복 같은 것을 자기에게 해당하는 것은 얼마든지 쓸 수 있고 즐길 수 있지만 그 이상 자기에게 해당되지 않는 것까지 욕심껏 취해서는 안되는 것이다. 이러한 의미에서 다량 생산과 수익성만 생각하는 기업가들이 만들어 내는 오염과 공해문제가 인류에 대한 범죄 행위라는 이론이 형성되는 것이다.

또 다른 현실적인 예는 만일 전직 대통령들이 대통령으로서의 월급을 받고 은퇴한 후 퇴직금만 받아 살 생각을 했다면 한국의 민주화를 실시한 역사에 남을 영웅이 되었을 것이다. 분복을 지키지 못하고 받지 말아야 할 것을 받았고 욕심 내지 말아야 할 것을 지나치게 욕심을 내서 돈을 모아도 너무 많이 모았는데 그런 것이 바로 분복을 지키지 못한 것이다. 전도서에서는 철저하게 일생 동안 노력을 해서 평생 먹고 마시며 해 아래서 수고하는 모든 수고 중에서 낙을 누리는 것은 선하고 아름다운 것이지만 이것은 하나님께서 주신 분복이기 때문에 자기에게 해당하는 그 몫만, 자기 노력에 해당되는 그 대가만을 가지고 살아야지 그 이상의 것을 욕심내면 안된다는 교훈을 하고 있다.

## II. 낙을 누리는 것은 하나님께서 주시는 선물이다(5:19)

5:19 "어떤 사람에게든지 하나님이 재물과 부요를 주사 능히 누리게 하시며 분복을 받아 수고함으로 즐거워하게 하신 것은 하나님의 선물이라"

사람이 평생 노력하면 작은 부자는 될 수 있으나 큰 부자는 하나님이 내신다는 말이 있다. 그것이 어느 정도는 진리이다. 젊어서부터 열심히 노력을 해서 조금 재산을 모아 살 만해지니까 병이 들어 죽는다든지 피할 수 없는 재난을 당해 망하는 사람들이 얼마든지 있다. 어떤 때 하나님께서 일반 상식으로는 전혀 돈 벌 전망이 안 보이는 나이 많은 사람에게도 지혜와 힘을 주셔서 갑작스럽게 큰 부자가 되게 하신다. 그 좋은 예가 캔터키 후라이드치킨을 개발한 커늘 샌덜스이다. 샌덜스라는 노인은 73세의 나이에 닭을 부드럽고 맛있게 튀기는 기술을 개발해서 전세계 사람을 먹일 뿐만 아니라 큰 부자가 되었다. 역시 작은 부자는 자신의 노력으로 가능하지만 참으로 큰 부자는 하나님이 축복하셔야 되는 것 같다.

따라서 부자가 되어 많은 재산을 가지고 있을 때 자기가 잘나서 부자가 됐다고 생각하는 것은 착각이고 그 돈을 자기 혼자만 쓰려고 생각하는 것은 죄이고 필요할 때 내놓지 못하는 것은 더 큰 죄이다. "…하나님이 재물과 부요를 주실 뿐만 아니라 재산을 능히 누리게 하시며…"라고 재산을 지킬 수 있게 하는 것도 역시 하나님이시라고 말했다. 다시 말해서 재산을 아무리 가져도 그 재산을 누리지 못하고 다 허비하게 만드시는 것도 하나님이시다. 따라서 하나님께서 주시는 선물은 자기만 위해 주신 재물이라고 생각하면 안되고 하나님께서 필요하시다고 생각할 때는 기쁘고 즐거운 마음으로 쓸 수 있어야 한다.

### III. 낙을 누리는 중 하나님을 잊어버린다(5:20)

5:20 "저는 그 생명의 날을 깊이 관념치 아니하리니 이는 하나님이 저의 마음의 기뻐하는 것으로 응하심이니라"

20절은 의미가 불분명하게 번역된 문장인데 현대어의 번역에는 "하나님이 그 마음에 기쁨을 채워 주셨음으로 인생의 짧은 것을 그리 심각하게 생각지 않도다"라고 되어 있다. 이 말은 하나님께서 축복하셔서 부자가 되고 낙을 누리며 선하고 아름답게 분복을 따라 살게 해주셨을 때 기쁨에 도취해서 창조자이신 하나님께서 생명을 연장시켜 주신 사실을 잊어버린다는 뜻이다. 이 세상에서 성공하고 부자가 되고 하나님께서 채워주신 마음의 기쁨을 가지고 살고 있으면 이 모든 것을 축복해 주신 분이 하나님이신 까닭에 더욱더 하나님을 찾아야 되고 하나님께 감사하는 생활을 해야 한다. 마음의 기쁨으로 인해 하나님을 잊어버리는 것은 하나님에 대한 배신 행위일 뿐만 아니라 바람을 잡는 것처럼 헛된 것이 되고 말 것이다.

# 제15장 기쁨을 주지 못하는 재물

본문 : 전도서 6:1-9

## I. 부유를 누리지 못하는 폐단(6:1-2)

A. 부유와 존귀는 하나님께서 주신다

B. 부유와 존귀를 누리는 것을 받지 못했다

> 6:1-2 "내가 해 아래서 한 가지 폐단 있는 것을 보았나니 이는 사람에게 중한 것이라. 어떤 사람은 그 심령의 모든 소원에 부족함이 없어 재물과 부요와 존귀를 하나님께 받았으나 능히 누리게 하심을 얻지 못하였으므로 다른 사람이 누리나니 이것도 헛되어 악한 병이로다."

재물이나 부요나 존귀를 주시는 것도 하나님이시고 받은 사람이 쓸 수 있는 능력을 주시는 것도 하나님이신데 그것이 반드시 일치되는 것이 아니고 어떤 사람에게는 부요나 재물이나 존귀를 많이 받도록 역사하시지만 누리지는 못하게 하시고 어떤 사람들에게는 부요나 재물이나 존귀함을 주시지는 않지만 다른 사람들의 그늘 밑에서 남이 모아놓은 재산을 마음대로 쓰면서 즐길 수 있게도 하셨다. 그러므로 재산이나 부귀 공명을 모으는 것과 재산이나 부귀 공명을 사용하는 것은 각기 다른데 이 두 가지를 다 하나님께서 우리에게 주셔야만 이루어지는 사건이다.

"어떤 사람은 그 심령의 모든 소원에 부족함이 없어 재물과 부요와 존귀를 하나님께 받았으나" 여기에 '받았으나'(נתן)라고 번역된 단어는 현재형동사인데 히브리어에는 시상이 없다. 문장에 과거, 현재, 미래와 같은 시간 개념이 없이 끝난 행위이면 완전동사이고 계속되는 행위이면 불완전 동사이다.

그래서 계속해서 마음에 흡족하도록 재물도 주시고 부유함도 주시고 존귀를 주시고 계신다. 그러므로 과거에 모아놓은 것을 지키려고 노력하는 것이 아니라 계속해서 하나님께서 주심으로 주체할 수 없을 정도로 많이 받아서 어쩔 줄을 몰라 하면서 받기만 했고 전혀 쓰지 못하는 불쌍한 상태를 '누리게 하심을 얻지 못하였음으로'라고 표현했다.

1. 재물:(יוֹשֶׁר)이라고 번역된 단어는 요셀이라는 단어인데 우리가 생각하는 돈 즉 은행에 저금한 돈 같은 것을 말하는 것이 아니라 완전하다, 곧바르다는 뜻의 단어이다. 예를 들면 한 해에 농사를 짓는데 비가 와야 할 때 비가 오고 비가 와서는 안 되는 추수할 시기에는 비가 안 오는 등 모든 것이 제 때에 착착 들어맞아 완전하게 진행되어 많은 수확을 얻을 수 있게 되는 것을 말한다. 목축을 할 때도 정상적으로 때가 되면 암놈은 새끼를 낳고 젖을 짜서 우유가 풍부해서 남는 것으로 치즈 같은 것을 만들고 제 때 털을 깎아서 많은 수입을 얻을 수 있는 등 모든 것이 정확하게 계획대로 착착 진행되는 것을 가리켜서 재물이라고 번역했던 것이다.

특별히 여기 '재물'을 하나님께 받았다는 것은 아무 것도 안하고 나무 그늘 밑에서 낮잠만 잤는데 저절로 들어온 소득을 말하는 것이 아니라 농사를 짓든지 목축을 하든지 과실나무를 심고 가꾸는 등 열심히 일할 때 일년 사시절 적당한 시기에 적당한 분량의 비를 주셔서 정상적으로 한 해가 지난 후에 많은 수확을 거두어들여 곳간에 모아들인 상태를 계속해서 '재물'을 주시는 상태로 말한다. 따라서 자신이 정직하게 노력해서 정당한 대가를 받은 상황을 '재물'이라고 말하는 것이지 일하지 않고 먹는다든지 노력하지 않고 부자가 되려고 생각하거나 자기가 피땀 흘려 벌지 않은 남의 재산을 강탈을 해서 자기 것을 만드는 것을 재물이라고 하는 것이 아니다.

2. 부요: (בִּיֹּשֶׁר)라는 말은 부모들에게 물려받은 재산이나 집이나 금은보화 등 쌓아둔 재산을 말한다. 여기에서 '부요'를 하나님께 받았다는 것은 거저 준다는 것이 아니라 부모에게서 물려받은 재산을 도적 맞거나 강도 당하지 않게 지켜 주신다는 뜻이다. 옛날 우리나라에서는 광에 들어와 쌀을 몇 말 훔쳐 가는 좀도둑 정도는 있었지만 무기를 들고 들어와서 사람들을 죽이고 도적질하는 예는 극히 드물었다. 그러나 중동지방의 유목 민족들은 상황이 달랐다. 양떼를 끌고 목초를 따라 여기저기 옮겨 다니면서 풀이 있는 곳을 발견하면 거기 임시 천막을 쳐놓고 사는데 그런 때 여나 문명의 무장을 갖춘 강도 떼들이 말을 타고 달려와 사람을 전부 죽여버리고 양떼들을 다 몰고 흔적도 없이 사라져 버리면 아무도 없는 광야에서는 그것이 끝이었다. 이렇게 살인 강도가 심했기 때문에 부모들에게 물려받은 유산을 대대로 유지하고 산다는 것은 극히 힘든 일이었다. 그래서 시편에 보면 예루살렘성 안에 정착해서 사는 사람들을 행복한 사람들로 서술했고 이들을 부자로 취급했던 것이다. 따라서 여기서도 횡재를 약속하신 것이 아니라 하나님께서 초자연적인 능력으로 도적이나 강도들로부터 보호해 주셔서 피땀 흘려 모은 재산을 남에게 뺏기지 않고 잘 유지하면서 살 수 있게 해 준다는 뜻이

다.

3. 존귀:(כבוד) 명예, 영광, 존중함을 주신다고 했다.

이스라엘 유목민들의 생활과 몽고 민족의 유목민 생활은 비슷한 점이 많이 있는데 징기스칸이 처음에 자기 마을의 추장으로 있을 때 매우 용감해서 싸움을 잘하기 때문에 그 밑에 들어가면 좀도둑이나 강도들에게서 보호를 받을 수 있었다. 그래서 많은 사람들이 그의 보호권 밑에 모여들기 시작했는데 그렇게 모여들기 시작한 것이 나중에는 대 몽고제국을 건설하는 기반이 되었던 것이다. 반드시 유목민들의 생활에서만이 아니라 사람들에게 존경을 받는 사람이 가끔 있다. 그런 사람들이 존경을 강요하기 때문에 존경을 받는 것이 아니라 정상적이고 안정된 생활을 하기 때문에 인격자로 존경을 받게 되는데 이것도 하나님께서 존경을 받도록 계속해서 인격을 유지해 주시기 때문이다.

"능히 누리게 하심을 얻지 못하였으므로"라는 말 중에 「누린다」(ישליט)는 뜻은 쓴다, 지배한다, 통치한다는 뜻인데 5: 18절에도 "낙을 누리는 것이 선하고 아름다움을 내가 보았나니…"라고 자기가 쓴다, 혹은 자기를 위해서 이용한다는 단어이다.

재물과 부요와 존귀를 주시는 것이 하나님이신데 주신 까닭에 반드시 이 모든 것을 누릴 수 있는 것은 아니고 부유와 존귀를 누리는 것은 별개의 것으로 주시는 것이다. 돈을 열심히 모으는 것도 하나님께서 허락하시니까 가능하고 돈을 효과적으로 쓰는 것도 역시 하나님께서 허락하시는 경우에만 가능한 것이다. 자기가 노력해서 번 돈이라고 자기가 쓸 수 있는 것이 아니라 남을 위해서 쓰도록 하나님께서 허용하시는 경우에만 쓰는 것도 가능해진다. 그러므로 많이 주었다고 해서 반드시 기뻐할 것도 아니고 또 많이 썼다고 해서 하나님께서 쓰면 쓸수록 축복해주시는 것이 아니라 결과적으로 빈털

터리를 만드시는 것도 하나님의 역사이다.

솔로몬은 온 세계의 부귀 영화를 다 모았다. 그런데 자신은 늙어 죽을 날이 얼마 안 남았는데 자기가 모아 논 모든 재산을 죽기 전에 다 먹지도 못하고 쓰지도 못하고 죽을 수밖에 없음을 알았다. 모아 놓기는 했는데 누가 어떻게 써버릴 것이냐를 생각해 보니 기가 막힌 것이다. 하나밖에 없는 자기 아들 르호보암이 다 차지하겠지만 그나마 별로 똑똑치 못해 그 모든 재산을 보전할 것 같지 않고 더구나 그 당시 이스라엘은 주변에 블레셋, 암몬, 그리고 모압 사람들이 서너 시간만 걸어서 오면 요단강을 건너 예루살렘 문턱에 도달하는 것이 가능해서 이들의 침략을 받으면 하루만에 자기가 평생 모아놓은 모든 재산이 다 물거품처럼 사라질 가능성을 보고 자기가 쓸데없는 헛수고를 했다고 깨달았던 것 같다.

그래서 "어떤 사람은 그 심령의 모든 소원에 부족함이 없어 재물과 부요와 존귀를 하나님께 받았으나 능히 누리게 하심을 얻지 못하였으므로 다른 사람이 누리나니 이것도 헛되어 악한 병이로다."고 했다. 헛되다(meaningless)는 것은 아무런 의미가 없음을 뜻하며 악한 병(grieveous evil)이라고 한 것은 감당할 수 없는 불합리한 일이라고 말할 수 있다.

## II. 낙을 누리지 못하는 폐단(6:3-6)

A. 자녀들로 인해 낙을 누리지 못한다

B. 장수함으로 심령에 낙을 누리지 못한다

C. 낙태된 자만 못하다

6:3-6 "사람이 비록 일백 자녀를 낳고 또 장수하여 사는 날이 많을찌라도 그 심령에 낙이 족하지 못하고 또 그 몸이 매장되지 못하면 나는 이르기를 낙태된 자가 저보다 낫다 하노니 낙태된 자는 헛되이 왔다가 어두운 중에 가매 그 이름이 어두움에 덮이니 햇빛을 보지 못하고 알지 못하나 이가 저보다 평안함이라."

옛날에는 일부다처제가 허락됐었기 때문에 일백 자녀를 낳는다는 말이 가능했다. 그래서 자녀들을 많이 두었고 장수하여 사는 날이 많을찌라도(6절에 천년의 갑절 즉 이천 년을 산다고 했다) 그것으로 인해 낙을 누리지 못할 뿐만 아니라 그 몸이 매장되지 못하면…. 이라고 했는데 이것은 솔로몬이 재산을 많이 모아 놓으니까 이 재산을 탐내는 적군의 침략을 받을 가능성이 많은데 적군이 침략해서 재산만 가져가면 괜찮지만 자기를 죽여서 길거리에 내팽개쳐 버리면 정식으로 매장되지도 못한 채 자기 시체가 짐승의 밥이 되어버리면 오히려 낙태해서 묻어준 어린애만도 못하다고 말하는 것이다.

낙태된 어린아이들이 어떻게 되는가? 낙태된 어린아이들이 영혼이 있느냐 하는 문제에 관한 성경의 유일한 기록이 욥기 3장 11-19절에 있다. 성경을 액면 그대로 받아들이면 임신하는 즉시 그 생명은 벌써 인격을 가지고 영혼을 가진 생명으로 취급한다.

"어찌하여 내가 태에서 죽어 나오지 아니하였었던가 어찌하여 내 어미가 낳을 때에 내가 숨지지 아니하였던가 어찌하여 무릎이 나를 받았던가 어찌하여 유방이 나로 빨게 하였던가 그렇지 아니하였던들 이제는 내가 평안히 누워서 자고 쉬었을 것이니 자기를 위하여 거친 터를 수축한 세상 임금들과 의사들과 함께 있었을 것이요 혹시 금을 가지며 은으로 집에 채운 목백들과 함께 있었을 것이며 또 부지중에 낙태한 아이 같아서 세상에 있지 않았겠고 빛을 보지 못한 아이들 같았을 것이라 거기서는 악한 자가 소요를 그치며 거기서는 곤비한 자가 평강을 얻으며 거기서는 갇힌 자가 다 함께 평안히 있어 감독자의 소리를 듣지 아니하며 거기서는 작은 자나 큰 자나 일반으로 있고 종이 상전에게서 놓이느니라."(욥기 3:11-19)

위에 인용한 성구에 의하면 낙태한 어린아이들이 가는 곳은 편히 쉬는 곳, 악한 자의 소요가 그치고 곤비한 자가 평강을 얻고 갇힌 자가 다 놓이고 감독자의 소리를 듣지 않고 남에게 지배를 받지 않고 편하게 살 수 있는 평화의 지역이라고 설명함으로 낙원을 암시하는데 성경에서는 낙태한 어린아이 즉 아직 출생하지 않은 어린아이들의 영혼이 낙원에 간다는 사실을 설명하고 있다.

전도서 6장 3절에도 "… 또 그 몸이 매장되지 못하면 나는 이르기를 낙태된 자가 저보다 낫다 하노니 낙태된 자는 헛되이 왔다가 어두운 중에 가매 그 이름이 어두움에 덮이니 햇빛을 보지 못하고 알지 못하나 이가 저보다 평안함이라."고 했다.

낙태된 자는 헛되이 왔다가 어두운 중에 가매 라고 한 것은 영혼의 문제를 설명하는 것이 아니고 현실적인 육신 문제를 취급하고 있는 것이다. 아무도 알지 못하는 사이에 낙태되어서 없어졌기 때문에 어둠에 덮이고 햇빛을 보지 못한 상태를 말한다. 일백 자녀를 낳고 장수했으나 심령이 편치 못하고 매장되지 못한 자보다는 이 낙태된 자가 나은데 그것은 이 낙태된 자는 낙원에 가서 편안히 있기 때문이라고 했다. 이 역시 낙태된 자가 낙원에 가서 편히 쉬는 사실을 암시해 주고 있다. 따라서 부자는 편히 쉬지 못하고 횡사했다면 아무리 재산을 많이 모았고 이백 명이나 되는 자녀들을 낳았다 할지라도 또 장수해서 2천 년을 산다 할지라도 죽는 날을 아름답게 장식해서 하나님께로 돌아갈 수 없으면 차라리 세상의 걱정 근심 고통을 알지 못하고 또 남들에게 알려지지 않은 상태에 유산되어 편히 쉬는 곳으로 간 어린아이만도 못하다.

### III. 인생의 욕구를 만족시킬 수 없는 폐단(6:7-9)

## A. 인생 수고의 목표

## B. 인생 수고의 모순

> 6:7-9 "사람의 수고는 다 그 입을 위함이나 그 식욕은 차지 아니하느니라 지혜자가 우매자보다 나은 것이 무엇이뇨 인생 앞에서 행할 줄을 아는 가난한 자는 무엇이 유익한고 눈으로 보는 것이 심령의 공상보다 나으나 이것도 헛되어 바람을 잡으려는 것이로다."

입을 위함이란 말은 먹고살기 위해서 평생 동안 노력함을 말한다. "식욕은 차지 아니하느니라"고 식욕을 비유해서 한 끼 먹었다고 해서 그것으로 만족하는 것이 아니라 몇 시간 후면 또 먹어야 하고 일생 동안 계속 먹어야 하는 것처럼 인생의 욕망에는 한과 끝이 없기 때문에 만족이 없음을 말한다. 사람의 본능 중에 욕심이라는 것은 마치 먹어도 먹어도 차지 않는 식욕처럼 1억을 벌면 2억을 더 벌고 싶고 2억을 벌고 나면 10억을 벌고 싶고 많으면 많을수록 더 많이 갖고 싶은 것이 인간의 욕심이다. 이 욕심 때문에 평생을 수고하는 것이 인생 수고의 모순이다.

"지혜자가 우매자보다 나은 것이 무엇이뇨 인생 앞에서 행할 줄을 아는 가난한 자는 무엇이 유익한고"(8) 지혜를 많이 가져 봤자 그것도 별로 덕이 되는 것이 없다. 아마도 솔로몬은 자기 자신을 비유해서 말하는 것 같다. 솔로몬 자신은 말년에 1000명이나 되는 처첩들 사이에 싸움이 잦아도 말릴 기운이 없고 궁중 안에서 우상 숭배가 자행되어도 그 문제를 처리하지 못하는 등 늙어가면서 통솔이나 통치하는 것이 어려워진 자신의 말년을 생각하면서 한탄했던 것이다. 도대체 내가 세상에서 제일 지혜로운 사람이라고 평생 동안 많은 사람들에게 선망의 대상이 되어 왔지만 그래서 그것이 내게 덕이 된 것이 무엇이냐? 라는 회의가 생겼던 것이다. 한편 인생 앞에서 행할 줄을 아는 가난한 자는 무엇이 유익한고 라고 하면서 가난하기는 하나 현명하다고 해서 그 사람 역시 조금도 나을 것이 없다고 말하고 있다.

"눈으로 보는 것이 심령의 공상보다 나으나 이것도 헛되어 바람을 잡으려는 것이로다"

심령의 공상(מֵהֲלָךְ־נָפֶשׁ)은 인생의 편력이라고 번역할 수 있다. 이것저것 맛보고 싶어하거나 무엇을 해보고 싶어하는 마음 혹은 상상과 추측이라고 할 수 있다. 솔로몬은 평생에 인생의 편력을 다 즐긴 사람이다. 그래서 '눈으로 보는 것이 심령의 공상보다 나으나 이것도 헛되어 바람을 잡으려는 것이로다'고 함으로 눈으로 보았던지 심령에 공상만 했던 지간에 모든 것이 헛되어 바람을 잡으려는 것이라고 탄식했다.

전도서 6장 1절에 "해 아래서" 이루어지는 사건이라는 개념은 하나님을 계산 속에 넣지 않고 인간들만의 상황에서 이루어지는 경우 재산을 모은 것이나 자녀들을 많이 둔 것이나 장수하는 것이 다 소용없고 하나님과 우리들과의 관계가 원만하게 형성되지 않은 상태에서는 인생들이 하는 모든 노력이 다 바람을 잡으려는 헛수고임을 말하고 있다.

사람은 과거지사를 쉽게 잊어버릴 줄 아는 묘한 동물이다. 만일 과거에 괴로웠던 일을 모두 기억한다면 머리가 터지고 미쳐 버릴 것이다. 그래서 사람들은 기분 좋은 일은 기억하고 기분 나쁜 일들은 빨리 잊어버리는 것이다. 그런데 과거뿐만 아니라 현실도 마찬가지다. 현실적으로도 있는 것 전부를 보는 것이 아니라 편견을 가지고 자기가 보고 싶은 것만 선택해서 보면서 보고 싶지 않은 현실을 기피하는 것이다. 그렇기 때문에 과거나 현재에 근거해서 미래를 계획할 때 역시 편견에 의해서 자기 미래의 계획을 한다. 물론 그런 편견적인 계획이 올바른 계획이 될 수 없다.

하나님을 믿는 사람들은 과거 문제에 대해서 내가 죄를 지었구나, 게으름을 부렸구나, 내가 지나친 욕심을 부렸구나 하고 하나님의 말씀에 비추어서 자기가 탈선된 길로 가고 있는 사실을 발견하고 회개하고 새로운 길로 다시 돌아와 자기 자신을 바로잡을 수 있다.

과거뿐만 아니라 현실 생활도 매일매일 하나님의 말씀에 비추어 보면서 만일 내가 내 원하는 대로, 내 욕심과 욕망에만 급급해서 잘못된 길로 가는 것을 발견하면 즉시 바로잡을 수 있다. 따라서 하나님과의 올바른 관계를 형성한다는 것은 우리 자신을 발견하는 행위이다. 그러한 의미에서 전도서 기자가 계속해서 "해 아래서 이루어지는 사건" 하나님과의 관계를 계산 속에 집어넣지 않고 인생문제를 생각할 때 모든 것이 다 헛되고 헛되어 마치 바람을 잡는 것같이 무의미한 것이라고 지적했다.

# 제16장 인생의 노력의 무모성

본문 : 전도서 6:10-12

전도서 3:9-15절에 이미 인간들의 모든 수고가 결과적으로 무모하다는 사실을 말했는데 전도서 6 :10-12절도에서도 비슷한 내용을 말하고 있다. 그 배후에 존재하는 신학적인 사상은 하나님께서 인간들을 창조하실 때 유한한 존재로 창조하셨기 때문에 아무리 노력해도 자신이 원하는 것을 성취할 수 없음으로 인생은 결과적으로 헛된 것이라는 이론을 전개하는 것이다. 하나님 편에서 인간들이 처한 상태를 정확하게 관찰하고 계신 것이다.

## I. 역사의 실존성 6:10a

"이미 있는 무엇이든지 오래 전부터 그 이름이 칭한 바 되었으며 사람이 무엇인지도 이미 안 바 되었나니 자기보다 강한 자와 능히 다툴 수 없느니라"

"이미 있는 것: - 오래 전부터 그 이름이 칭한 바 됐다"는 것은 이상주의와 자연주의에 대한 대안을 제시하고 있는 것이라고 볼 수 있다. 동양철학에도 유명주의(唯名主義)라는 철학사상이 있는데 이것은 형이상학적 개념으로 이름만 있고 실체는 없다는 이론이며 중세 기독교에서도 같은 철학사상이 전해졌었다. 이 개념을 간단히 설명하면 우리가 하나님이라고 부르는 하나님이 정말 있느냐? 하는 의문에 대해 하나님은 우리 눈으로 볼 수 있는 나무나 돌이나 집처럼 실제로 존재하는 것이 아니고 하나님이라는 이름만 있다. 즉 사람들이 "하나님"이란 이름을 붙여준 것에 불과하지 실제로 존재하지 않는다는 이론이다.

이것은 고대 이상주의(理想主義 - Idealism-Nominalism)가 중세기에 와서 이름만 있다는 사상(唯名論, 名目論)으로 변질됐었는데 최근에 독일의 한스 베잉거(Hans Vaihinger)라는 철학자가(Philosophy of 'as if') 하나님은 사실은 존재하는지 존재하지 않는지 알 수 없지만 마치 있는 것처럼('as if') 생각하면 편하다. 사람이 고깃덩어리여서 영혼이 있는 것은 아니지만 영혼이 있는 것처럼('as if') 생각하고 살면 편하다. 뚜렷하게 도덕적인 원리가 있는 것은 아니지만 마치 도덕성이 있는 것처럼 생각하고 살면 편하다('as if')는 등 현대 유명주의(唯名主義)의 대표적인 철학사상을 전개하고 있다. 이 이론은 본질적으로 하나님의 존재도 부인하고 영혼의 존재도 부인하는 것이다.

그러나 여기 전도서가 말하는 것은 "이미 있는 무엇이든지 오래 전부터 그 이름이 칭한 바 되었으며"라고 이름을 붙여서 있는 것은 으레 있는 것이라고 말하고 있다. 꿈은 끄집어내서 물질화할 수 없지만 사람이 잠을 잘 때 분명히 꿈을 꾸니까 꿈이라는 단어가 있다. 물 한 방울 없는 사막에서 너무 목이 말라 시원한 냉수 한 사발만 꿀꺽꿀꺽 마시고 싶어하는 사람이 자기 앞에 물이 없지만 그래도 분명히 어느 옹달샘에서 시원한 물이 콸콸 솟아나고 있는 사실을 알고 있으니까 그 물을 간절히 사모하고 있는 것이다.

실제로 하나님이 계시니까 하나님이라는 이름이 생긴 것이고 영혼이 실제로 있으니까 영혼이라는 단어가 생긴 것이지 아무것도 없는데 하나님이라는 이름을 사람들이 만들어낼 수 없었고 사람이 영혼이 없는 고깃덩어리뿐이라면 영혼이라는 단어를 만들어냈을 가능성이 전혀 없다. 그래서 전도서 기자가 "이미 있는 무엇이든지 오래 전부터 그 이름이 칭한 바 되었다"고 했다. 따라서 이상주의나 유명주의는 잘못된 개념이고 실제로 있으니까 이름이 붙여진 것이다. 따라서 이상주의와 실제주의(實際主義 - Realism - naturalism)를 종합한 개념으로 있는 것은 이름이 있고 없는 것은 이름이 없다고 설명함으로 하나님도 살아 계시고 영혼도 실제로 존재한다는 철학적인 개념을 "이미 있는 것"이란 간단한 말로 표시했던 솔로몬은 실상주의자(實像主義 - 이미 있는 것 - 부인할 수 없이 존재하는 것)라고 말할 수 있겠다.

## II. 역사의 인증성(人證性)(10b)

6:10b "사람이 무엇인지도 이미 안 바 되었나니…."

지나간 6000년 동안 세상의 모든 종교와 또 2500년 동안 철학이 던졌던 질문은 인생이 무엇인가? 인생의 목표가 무엇인가? 인생이 어디로 와서 어디로 가는 것이냐? 하는 질문이었다. 철학이 아직도 이 질문에 대한 답변을 못하고 있고 세상의 모든 종교가 지나간 6000년 동안 작업을 했어도 아직도 시원스런 답을 하지 못하고 있다.

그러나 성경에서는 대담하게 "사람이 무엇인지도 이미 안 바 되었나니"라고 해답을 주고 있다. 사실 모든 기독교인들은 항상 성경을 읽고 생활했기 때문에 이 한 마디 정확한 대답이 세상 어디에서나 발견되는 것으로 착각하고 있다.

진화론자들이 과학적으로 인류의 근원을 설명하는 이론은 태초에 물과 공기에 태양광선이 비쳤을 때 산과 단백질 같은 것이 합성되어 아메바가 발생했고 그 아메바가 계속 성장 발전해서 동물이 되고 동물에서 유원인으로 유원인에서 사람으로 발전했다고 한다.

만일 인간이 진화론적인 과정으로 발전된 존재라면 영혼이 있을 수 없고 죽은 후에 영혼이 천국에 혹은 지옥에 간다는 개념도 형성되지 않는다. 현대문명은 자연과학이 지배적인 학문이기 때문에 육체와 별개의 것으로 영혼이 있다는 사실을 믿지 못하고 영혼은 단순히 뇌 세포의 기능에 불과하다고 주장하게 됐다. 사람이 죽으면 뇌 세포의 기능도 죽으므로 완전히 없어져 자연으로 돌아가 그것으로 끝이라는 결론이 나온다. 과학적으로 말하면 모든 사람은 개처럼 살다가 돼지처럼 죽는 비참한 존재들이다.

진화론자들은 사람이 하나님의 형상으로 창조됨으로 영혼이 있는 것을 믿을 수 없고 그리스도를 영접하여 중생한 사람의 영혼은 천사들에게 옹위되어 천국에 가고 구원받지 못한 사람은 지옥에 간다는 사실을 믿을 수 없는 것이다. 그러므로 전도서 기자가 "사람이 무엇인지도 이미 안 바 되었다"고 말하는 것은 이들에게는 일종의 폭탄선언과 같은 대단한 주장이다.

창세기에서 하나님의 형상대로 사람을 창조하셨다고 분명히 밝힘으로 사람의 근원이 하나님이심을 알 수 있다(창세기 1:-3). 또 창세기 2:7절에 보면 "여호와 하나님이 흙으로 사람을 지으시고 생기를 그 코에 불어넣으시니 사람이 생령이 된지라"고 육체는 자연의 일부에 해당하는 것이고 하나님께서 그 코에 즉 인간의 육체 속에 생기를 불어넣어 생령이 됐다고 함으로 하나님의 역사에 의해 영혼이 인간에게 주어진 것을 알 수 있다. 따라서 기독교인들에게 있어서는 인생이 어디서 왔느냐? 인생이 무엇이냐? 인생이 어디로 갈 것이냐? 하는 것등이 문제가 되지 않는다.

"사람이 무엇인지도 이미 안 바 되었나니"(Nifal-being known) 누구에게 누가 안 바 되었는가? 히브리어로 수동형 동사를 사용하고 있다. 아는 사람이 따로 있고 알려진 사람이 따로 있다는 개념이다.

다시 말해서 사람이 무엇인지 이미 알려진 바 되었다. 수동형으로 누군가가 인간의 본질을 알고 있다는 뜻이다. 그 누군가는 하나님을 뜻하는 것이다. 따라서 인간의 본질을 아는 존재는 하나님이시다. 하나님께서 주시는 계시를 통해서만 인간들도 인간의 본질이 무엇인지 알 수 있지 사람들 스스로의 노력으로는 인간의 본질이 무엇인지를 전혀 알 수 없다.

모든 학문의 종착역은 어느 때든지 사람의 본질이 무엇이냐? 하는 것이다. 그래서 인간의 본질이 무엇인지를 이해함에 따라서 학문의 방향이 달라진다.

기독교 안에서도 성악설(완전타락설)에 근거해서 구원을 필수적으로 강조하는 교단과 인간은 본질상 선하다는 성선설에 근거해서 도덕적으로 범죄하지 않고 선량하게 살기만 하면 그것으로 충분하다고 믿는 이론이 있다. 똑같은 원리로 정치, 철학, 경제 등 무슨 이론이든지 인간의 본질이 무엇이냐 하는 질문에 대한 답이 학문의 출발점이 되어 있다. 인간의 본질이 악하다는 칼빈주의적인 학설을 토마스 합스(Thomas Hobbs)[6]가 받아들여 왕이 철저한 독재를 해서 악한 인간들을 다스려 통치해야 한다고 왕정 체제를 주장했다. 반면에 존 락(John Locke)[7]은 사람은 본질적으로 선량하기 때문에 내버려두면 서로서로 조화를 이루고 행복한 사회를 건설할 수 있고 정부가 하는 일은 단순히 심판관처럼 개인과 개인 사이에 충돌이 생길 때 중재하는 역할만 해야 한다고 주장했다. 지나간 과거 인류 역사의 6,000여년 동안을 통해 모든 학자 모든 성현들이 이 인간의 본질 문제로 논쟁을 계속해 왔으나 결론을 내리지 못했다.

---

6) Thomas Hobbes, Leviathan. Macpherson, C.B., ed.(English Library)Penguin, 1982.
7) John Locke, An Essay Concerning Human Understanding. Biblio Dist. 1976.

그러나 성경은 인간의 본질은 타락한 존재요 타락했기 때문에 자기 자신의 노력을 통해서는 전혀 구원받을 수 없다는 사실을 명확히 제시하고 있다. 인간이 타락한 존재라고 해서 하나님의 형상도 잃어버렸다는 것은 아니다. 창세기 9:6-7 노아 홍수 직후에 이제는 "사람의 피를 흘리면 사람이 그 피를 흘릴 것이니 이는 하나님이 자기 형상대로 사람을 지었음이니라"고 사람을 죽이면 그 사람의 피의 대가를 받겠다, 즉 사형에 처하겠다고 하셨는데 그 이유는 단순히 사람 하나를 죽인 것이 아니라 하나님의 형상을 범한 까닭에 하나님께서 처벌하시겠다고 하셨다. 이것은 타락한 이후에도 인간이 하나님의 형상을 보유하고 있음을 선언하신 것이다.

모든 인간은 품성적인 존재라는 의미에서 하나님의 형상을 가지고 있다. 그렇기 때문에 예수를 믿는 사람이나 믿지 않는 사람이나 혹은 기독교 국가에서 살고 있는 사람이나 이슬람교의 영역권에서 살고 있는 사람이나 백인이나 동양인이나 피부가 검은 흑인이거나를 상관하지 말고 모든 인간들을 인격적으로 대우해야 할 의무가 있다. 이것이 바로 만인 형제론을 가능케 하는 이론이다. 물론 만인 형제론을 인정해서 모든 인간을 인격적으로 대우한다고 해서 그들의 영혼의 문제도 자동적으로 해결되는 것은 아니다. 타락했기 때문에 악하다는 개념은 자기 스스로의 노력으로는 전혀 구원받을 수 없음을 의미한다.

인간들이 타락했다고 해서 전혀 도덕적인 생활을 할 수 없다는 말은 아니다. 아무리 타락한 상태에 있고 그리스도의 복음을 한번도 들어본 적이 없는 사람이라도 사회의 질서와 법을 지키고 도덕적인 생활을 할 수 있는 것은 인간은 하나님의 형상을 입고 태어났기 때문이다.

## III. 역사의 질서 6:10c

6:10c "자기보다 강한 자와 능히 다툴 수 없느니라"

자기보다 강한 것이 무엇인가? 하는 문제는 몇 가지로 나누어 지적할 수 있다.

### 1. 인간의 운명은 인간을 지배하는 힘이다

하나님께서 섭리로 한 사람의 운명을 결정하셨을 때 그 사람의 신앙 생활을 통해서 어느 정도 효과적으로 하나님의 섭리를 실현해 나갈 수 있다. 그러나 하나님의 섭리를 완전히 무시하고 자기가 원하는 대로 자기 자신을 변화시킬 수는 없다. 아이들이 슈퍼맨의 영화를 보고 자기가 슈퍼맨이 된 것으로 착각하고 보자기를 어깨에 묶고 창문에서 뛰어내리는 경우가 가끔 있다. 이렇게 보자기를 어깨에 묶어 매고 창문에서 뛰어내리면 슈퍼맨처럼 날아가는 것이 아니라 땅바닥에 떨어져서 목이 부러지거나 다리가 부러지는 사고가 생긴다. 인간은 인간이기 때문에 자신의 한계선을 벗어날 수 없다. 아무리 열심히 기도하고 노력해도 사람의 등에 날개가 나서 날아다닐 수 없고 허파가 변해서 아가미가 되고 지느러미가 나서 바닷속을 물고기처럼 헤엄쳐 다닐 수 없다. 인간은 인간의 한계성을 전혀 벗어나지 못하고 인간으로 남아 있을 수밖에 없다. 하나님께서 모든 인간들을 위한 계획을 이미 설정하셨다는 사실을 이해해야 성경을 옳게 이해한 것이다.

### 2. 자연법을 무시할 수 없다

자연법은 나보다 강하다. 다시 말해서 자연의 질서와 다툴 수 없다. 중세 카톨릭 교회의 염세주의가 한국 기독교에도 들어와서 금식 기도를 강조하고 입산 기도나 새벽 기도를 강조하여 이런 의식 절차를 실행해야만 좋은 신앙인으로 생각하는 경향이 생겼다. 육체를 가진 인간인 까닭에 건강 관리를 잘 하고 하루 세 끼 음식을 제대로 먹지 않으면 건강이 나빠지는 것은 자연 현상이다. 사람은 피곤하면 쉬고 배고프면 먹고 목마르면 물을 마시고 눕고 싶으면 누으면서 비교적 편하게 살아야지 무리하게 금식 기도나 새벽 기도를 강조하는 등 자연법을 어기면서까지 외식하는 신앙생활을 하는 것은 잘못이다. 자연법을 어기면 반드시 그 대가를 지불하게 된다. 다시 말해서 몸을 무리하게 쓰면 반드시 그 대가를 지불하는 수밖에 없다. 자연법은 하나님께서 자연을 통치하시는 법으로 설정하신 법칙이기 때문에 하나님의 법칙이고 내가 아무리 노력을 해도 자연법을 무시하고 극복한다는 것은 전혀 불가능한 일이다. 그런 까닭에 "자기보다 강한 자와 능히 다툴 수 없느니라"고 한 것이다.

### 3. 참으로 강하신 분은 하나님이시다

하나님께서는 섭리와 관여하시는 역사를 통해서 우주 만물과 인간을 통치하고 계시는 참으로 강하신 분이다. 이렇게 강하신 하나님의 섭리와 관여하심에 도전할 수 없다. 자기보다 강한 자와 능히 다툴 수 없음으로 하나님의 섭리와 그의 법도를 지키면서 사는 것이 가장 좋은 신앙이다.

## IV. 역사의 복합성 6:11-12

6:11 "헛된 것을 더하게 하는 많은 일이 있나니 사람에게 무엇이 유익하랴"

## 1. 헛된 일이 많다

옛날에는 사람들이 각자 농사를 지어 자급 자족하는 생활을 했다. 산업화라는 것은 별것이 아니고 각자가 집안에서 해 먹고 자급 자족할 수 있는 것을 공장을 세워 사람들을 집안에서 끌어내어 남녀간에 하루 종일 공장에 나가 일을 해서 번 돈으로 공장에서 만든 것을 다시 사먹게 만든 것으로 결과적으로 사람들의 위치를 집안에서 밖으로 끌어낸 것에 불과하다.

산업화됨으로 한 사람이 할 수 있는 일을 열 사람이 달라붙어 하다 보니 결과적으로 "헛된 것을 더하게 하는 많은 일"이 되어 버렸다. 쓸데없이 생활만 복잡해져서 오히려

1) 직장생활에서의 불안감,
2) 월급을 더 많이 받아야 하고 진급을 해야 되는 등의 불필요한 욕심이 발생하고 결과적으로는
3) 모든 사람이 모든 사람에 대한 경쟁대상이 되어 화목한 관계를 형성하는 것이 불가능하고
4) 자신에 대한 소외감(alienation)이 발생했다.

따라서 20세기 문명이 반드시 좋은 것은 아니다. 후로이드가 말한 대로 모든 사람은 모든 사람에게 대한 늑대로 변한 상태가 된 것이다.

## 2. 낙의 원리가 불분명해졌다 6:12

6:12 "헛된 생명의 모든 날을 그림자같이 보내는 일평생에 사람에게 무엇이 낙인지 누가 알며 그 신후에 해 아래서 무슨 일이 있을 것을 누가 능히 그에게 고하리요"

"헛된 생명의 모든 날을 그림자같이 보내는 일평생…."이라고 한 것은 사람이 사는 것을 마치 나무 그늘 밑에 숨어서 살든지 혹은 기생충처럼 무엇엔가 붙어서 혹은 무엇엔가 보호를 받으면서 살아야 되는 인생이어서 떳떳하게 자기 나름대로 자신의 운명을 개척해 나갈 수 없는 존재임을 말하고 있다. 실제로 현대인들은 이렇게 그림자처럼 의존해서 살던 직장에서 쫓겨나면 참으로 딱한 정상에 빠져 버리는 것이다.

낙(ᴢᴉ◌)이라고 번역된 히브리어의 원래의 뜻은 선의 원리 또는 미의 원리라는 뜻이다. 이 토브라는 단어는 여자들에게 형용사로 사용되는 경우에는 아름답다는 말이고 남자들에게 형용사로 사용되는 경우는 선하다는 말이 된다. 또 만일 꽃에 사용되면 아름답다는 뜻이 되고 짐승들에게 사용될 때는 날씬하다는 표현이 된다. 그러므로 "낙"이라는 것은 가치관이라고 설명하는 것이 더 적당하다. 따라서 "일평생에 사람에게 무엇이 낙인지 누가 알며…"라고 한 것은 도대체 인간들의 본질적인 가치관(낙)이 무엇이냐? 라고 묻는 질문에 해당한다.

"신후(죽은 후에)에 해 아래 무슨 일이 있을 것을 누가 능히 그에게 고하리요"

이미 우리가 그렇게 살다가 죽어 의식이 없을 때는 이 세상에서 벌어지고 있는 일을 죽은 시체에게 말해 줄 수도 없는 일이니 죽으면 모든 일이 완전히 끝나고 더 이상 세상 문제에 대해서 관여할 바가 못된다. 어차피 내 생명을 내 마음대로 연장할 수 없는 존재라면 일찍감치 창조자이신 하나님, 즉 인간을 통찰하시는 하나님과 원만한 관계를 맺고 하나님의 뜻을 따라 살도록 결정하는 것이 참된 인생의 의미를 발견하는 지혜로운 처사이다.

# 제17장 지혜롭게 사는 생활

본문 : 전도서 7:1-10

## I. 인생의 지혜는 슬픔과 죽음 가운데서 발견된다 7:1-4

7:1-4 "아름다운 이름이 보배로운 기름보다 낫고 죽는 날이 출생하는 날보다 나으며 초상집에 가는 것이 잔칫집에 가는 것보다 나으니 모든 사람의 결국이 이와 같이 됨이라 산 자가 이것에 유심하리로다 슬픔이 웃음보다 나음은 얼굴에 근심함으로 마음이 좋게 됨이니라 지혜자의 마음은 초상집에 있으되 우매자의 마음은 연락하는 집에 있느니라"

7장 1절에서 12절까지의 주제는 "더 낫다"이다. 히브리어로는 토브(טוב)인데 토브는 좋다 혹은 아름답다는 뜻이 있는 단어이다. "아름다운 이름이 보배로운 기름보다 낫고 죽는 날이 출생하는 날보다 나으며 초상집에 가는 것이 잔칫집에 가는 것보다 나으니" 등등 '낫다'는 것을 주제로 격언들을 모아 비교해서 시형식으로 나열했는데 이것은 영혼이 주님을 영접하기 이전 세상에서 인생의 체험을 하면서 느낀 사실들을 그대로 설명하는 것이다.

지혜와 지식은 다른 것이다. 지식이 많아도 우둔한 사람이 있고 무식해도 지혜로운 사람이 있다. 지혜는 실제 생활에 적응해 나가는 재간이라고 볼 수 있다.

"아름다운 이름이 보배로운 기름보다 낫고"

한국 사람들의 생활에서는 이 보배로운 기름에 대한 관념이 음식을 해 먹는 식용유 정도로만 생각하게 되는데 여기서 말하는 보배로운 기름은 향기로운 기름 혹은 향수라고 번역해야 옳은 단어이다.

중동지방은 아열대성 기후여서 항상 덥기 때문에 땀을 많이 흘리는데 이 전도서가 기록되던 때는 물이 귀해서 목욕을 자주 할 수 없었다. 그런데다 먹는 것이 우유, 치즈, 버터 등 기름기를 많이 먹으니까 몸에서 냄새가 많이 났다. 창세기에 보면 이삭이 나이 많아 눈이 어두워졌을 때 자기의 쌍둥이 아들 에서와 야곱을 그들의 체취로 구분할 수 있었다고 했는데 만일 이 두 쌍둥이가 지금처럼 목욕 시설이 잘 되어 있어 매일 비누로 목욕을 했다면 체취로 아들들을 구별하는 것은 불가능했을 것이다.

이렇게 목욕을 자주 할 수 없었던 중동 지방에서는 몸에서 나는 고약한 체취를 없애는 방법으로 향료를 몸에 뿌렸는데 이 때는 향료가 대단히 비싸기 때문에 보통 평민들은 감히 살 엄두를 못내는 귀한 것이었다. 값비싼 향료를 사서 몸에 뿌려 체취를 없앨 수 있으면 그것은 부자이고 귀인이 된 증거였다. 그래서 마리아가 예수님의 발에 향료를 붓고 자기 머리로 닦아 드렸을 때 가룟 유다가 이 향유를 어찌하여 삼백 데나리온에 팔아 가난한 자들에게 주지 아니 하였느냐고 힐난했던 사건을 요한복음 12장 3절 이하에서 볼 수 있다. 이 당시 여자들에게 제일 귀중한 보화가 있다면 그것은 지극히 비싼 한 병의 향유였던 것이다.

전도서 기자는 그렇게 귀중한 향유보다 더 좋은 것은 아름다운 이름 즉 남들이 좋은 평을 하는 것이라고 말했다. 지금은 정치인들이 선거 유세나 선거 연설 혹은 조작된 뉴스 메디아의 정보를 통해 인기를 얻어 국회의원이나 대통령에도 당선될 수 있는 시대이지만

3000여 년전 전도서 기자가 이 글을 쓸 때는 조작된 정보에 의해서 남들을 평할 수 있는 때가 아니었다. 뉴스메디아를 통해서 하루아침에 훌륭한 사람이라고 존경을 받을 수 있었던 것이 아니라 오랫동안 성실한 생활을 한 결과로 사람들의 존경을 받게 됐기 때문에 한 번 훌륭하다고 소문이 나면 누가 무슨 말을 해도 쉽게 흔들리지 않고 모든 사람들의 존경을 받는 때였다. 그러므로 "아름다운 이름" 즉 좋은 평판을 받는 것은 매우 귀하고 중요한 사건이었다.

"죽는 날이 출생하는 날보다 나으며"

남에게 비평을 받지 않고 일평생 깨끗하게 살던 사람이 죽음이 자기 눈앞에 다가올 때 두려워하지 않는 것은 그 영혼이 천국에 간다는 확신을 가졌기 때문이다. 그뿐만 아니라 그 사람은 훌륭한 사람이었다 혹은 존경할 만한 사람이었다는 인생의 좋은 결산이 나오게 되기까지 어렵고 곤고했던 일생을 마치고 최후 결론을 내리는 행위이기 때문에 어떤 의미에서는 죽는 날이 반갑고 즐거운 일이라고 볼 수 있다.

그러나 낳는 것은 사실 앞으로 무슨 병에 시달리게 될지 몇 년을 살는지 아니면 어떤 역경과 고통을 당할는지 아무것도 모르는 상태에 있는 것이다. 그럼에도 하나님께서 여자들에게 무서운 모성애를 주셨기 때문에 어린아이를 낳아 즐거운 마음으로 기른다. 그러나 숨막히게 각박해진 요즘 세상은 아이들을 기르는 것이 반드시 즐겁기만 한 것은 아니다.

기저귀나 갈아주고 우유나 먹여 건강하게 기르는 정도는 아무것도 아니다. 걸음을 걷기 시작하고 말을 배웠다 하면 벌써 각가지 과외로부터 시작해서 대학 입시 지옥의 문턱까지 아이들과 함께 전쟁에 참여하는 고통을 치러야 하는 것이다. 그런 의미에서 죽는 날이 출생하는 날보다 낫다는 말은 잔인한 말 같지만 오늘날에도 만고의 진리이다.

    7:2 "초상집에 가는 것이 잔칫집에 가는 것보다 나으니·모든 사람의 결국이 이와 같이 됨이라…"

모든 사람의 결국은 죽어서 이 세상을 하직할 수밖에 없는 상황이기 때문에 초상집에 갔을 때는 인생의 참된 의미를 생각하게 되고 인생의 당면한 현실을 직시하고 자기 자신을 돌아볼 수 있는 좋은 기회가 된다. 그러나 잔칫집에 가면 으레 술을 마시고 춤추고 정신없이 웃고 떠들고 술에 취해서 술주정을 하는 등 결과적으로 잠시 먹고 마시고 즐긴 것이 인생의 어리석음을 드러낸 결과밖에 안 된다. 그런 의미에서 초상집에 가는 것이 잔칫집에 가는 것보다 낫다고 한 것이다.

    7:2c "…. 산 자가 이것에 유심하리로다."

살아 있을 때 나도 어느 때인가는 반드시 죽어야 된다는 사실을 상기하면서 살아야 된다는 뜻이다. 즉 살아 있을 때 인생의 의미를 바로 파악하고 죽음에 대비할 수 있는 기회가 있지 죽은 후에는 이미 늦은 것이다. 묘한 것은 누구나 자기도 죽어야 될 것을 알고 있으면서도 사는 동안에 자기는 절대로 죽지 않을 사람처럼 별별 계획을 다 세우고 끝없는 욕심을 부린다. 그러나 전도서 기자는 "산 자가 이것에(장차 자기가 죽는다는 사실) 유심하리로다"라고 말함으로 나는 피조물의 한계를 초월할 수 없는 존재라는 사실을 느끼면서 살면 그것이 참으로 지혜로운 사람이 되는 비결이라고 가르친다.

    7:3 "슬픔이 웃음보다 나음은 얼굴에 근심함으로 마음이 좋게 됨이니

라"

얼굴에 근심함으로 마음이 좋게 됨이라는 것은 고민 속에 빠져 얼굴에 근심이 가득한 것을 의미하는 것이 아니라 하나님의 뜻에 합당한 마음을 가짐으로 인생을 옳게 이해하면서 성실하고 진지한 태도를 갖는 것을 말한다.

> 7: 4 "지혜자의 마음은 초상집에 있으되 우매자의 마음은 연락하는 집에 있느니라"

여기에 초상집이라고 번역된 단어는 곡하는 집이라고 번역해야 더 정확한 번역이다.

유대인들의 전통에는 장사를 지내고 난 후에 7일 동안 곡을 하도록 되었었다. 한국에서도 장사를 지내고 난 후 3년상이 날 때까지 대개 신위를 모시고 곡을 하는 전통이 있었는데 이스라엘 백성들의 경우는 3년은 아니고 7일 동안 마치 아직도 죽은 시체를 모신 것처럼 곡하는 기간이 있었다. 이 기간 동안 초상집에 방문하여 그 가족을 위로하면서 죽음과 슬픔 앞에서 인생의 참된 의미를 의식하고 죽음에 대한 대비를 할 수 있는 기회가 되었다. 그러므로 죽음을 옳게 이해했으면 그런 사람들은 인생의 참된 의미를 발견한 지혜로운 사람이다.

## II. 인생의 지혜는 부패할 수 있다 7:5-9

> 7:5 "사람이 지혜자의 책망을 듣는 것이 우매자의 노래를 듣는 것보다 나으니라"

사람들은 아무리 옳은 말이라도 나무라는 말은 듣기 싫어한다.

그러므로 교회에서 설교를 할 때 축복이 쏟아진다는 기분 좋은 설교만 하고 이런 설교를 들으면 기분이 좋은 것은 사실이다. 그러나 실제 인생은 이렇게 좋은 것만은 아니고 병들어 고통을 당할 수도 있고 형제 자매간에 불화해서 싸울 수도 있고 교회 안에서도 불미스러운 일이 생겨 화합하지 못하는 등 별별 해결 못할 일들이 많이 있다. 본질적으로 모든 인간들이 아담의 혈통을 타고난 까닭에 죄의 성품을 가지고 있고 죄의 성품을 가지고 있는 한 죄 문제를 해결하지 않고는 하나님에게 접근하는 것이 불가능하다. 모든 것을 다 긍정적으로 좋게만 말하는 사람은 심하게 곪아 들어가는 상처를 살짝 덮어놓고 괜찮다 괜찮다라고 노래 부르는 어리석은 자와 마찬가지다. 지혜자의 책망은 곪은 상처를 수술해 주는 것처럼 책망을 들을 때는 아프겠지만 오히려 고마워해야 한다. 따라서 지혜자의 책망을 어리석은 자의 노래를 듣는 것보다 훨씬 기쁘게 들을 수 있어야 한다.

7:6 "우매자의 웃음소리는 솥 밑에서 가시나무의 타는 소리 같으니 이것도 헛되니라"

가시나무는 탈 때 조용히 타는 것이 아니라 가시나무 가지 하나 하나가 탁 탁 탁 탁 터지면서 별별 요란스런 소리를 내면서 탄다. 요란한 소리에 비해 불기는 오래 가지 않아 계속 나무를 아궁에 집어넣어야 함으로 실속이 없는 나무이다. 따라서 우매한 자의 실속 없는 헛웃음소리를 솥 밑에서 가시나무가 타면서 내는 요란한 소리처럼 전혀 무의미하다고 지적하고 있다.

7:7 "탐학이 지혜자를 우매하게 하고 뇌물이 사람의 명철을 망케 하느니라"

탐학(פשׁח)이라고 번역된 단어는 영어로 oppression인데 이 oppression이란 말은 가난한 자를 학대하여 얼마 없는 소유물을 강제로 탈취하는 행위 혹은 어리석은 자를 속여서 재물을 뺏는 행위를 말한다. 어떤 의미에서는 목회자들도 탐학하는 경우가 있는데 교인들이 능력 이상으로 헌금을 하도록 강요하는 경우 같은 것이 종교를 빙자한 탐학하는 행위라고 볼 수 있다. 이미 지혜로웠던 사람이라도 그가 만일 탐학하면 그 지혜를 빼앗아 버려 어리석은 자를 만든다고 했는데 미국의 유명한 짐 베이커 같은 사람이 이렇게 교인들의 돈을 무더기로 긁어모아 호화판으로 살 때는 많은 사람들이 짐 베이커는 참으로 재간 있는 사람이라고 부러워했을 것이다. 그러나 불순한 방법으로 가난한 사람들을 탐학(사기하고 노략질 함)하니까 하나님께서 오히려 그를 우매하게 만들어서 결국은 형무소로 갈 수밖에 없는 전과자를 만들어 버리신 것이다.

"뇌물이 사람의 명철을 망케 하느니라" 구약성경에서는 뇌물을 철저히 금지하고 있다. 아마도 가난한 유대인들의 생활 가운데도 뇌물을 주는 예가 많이 있었던 것 같다.

뇌물이 사람의 명철을 망케 한다는 것은 사람의 심장(마음)을 썩게 한다는 말로 해석할 수 있는데 인간은 간사한 동물이어서 뇌물을 받으면 아무리 지혜로웠던 사람이라도 판단이 흐려져 어리석은 결정을 하게 되는 것이다.

### III. 인생의 지혜는 유용하다 7:8-10

7:8 "일의 끝이 시작보다 낫고 참는 마음이 교만한 마음보다 나으니 급한 마음으로 노를 발하지 말라 노는 우매자의 품에 머무름이니라."

1905년에 일본 사람들이 을사보호조약을 맺고 한국을 식민지로

점령한 후 와서 보니 양반들이 소나기가 퍼붓는데도 뛸 생각을 않
고 점잔을 빼고 천천히 걸어가는 것을 보고 기가 막혀 웃었다는 일
화가 있다. 이조시대에는 유교사상에 의해 몸을 빨리 놀리는 사람
들은 방정맞은 상놈 취급을 했던 것이다. 제 2차 세계 대전을 치르
고 6.25를 겪고 난 한국 사람들은 이런 유교사상에 의한 풍습이 완
전히 없어지고 이제는 세계에서 제일 성급하고 조급한 사람들이 되
어 버렸다. 평생을 살기 위해 집을 장만하는 것이 아니라 몇 년 살
다가 집값이 오르면 팔고 더 큰집으로 옮겨야 하고 사업도 하면 2
- 3년 내에 큰 부자가 돼야 직성이 풀리는 것이다. 동남아에서 식
당을 경영하는 사람들은 한국 손님을 제일 좋아한다고 한다. 왜냐
하면 식당에 들어와서 앉자마자 빨리 가져오라고 음식을 재촉해서
음식이 나오면 5분 내지 10분이면 훌떡 먹어치우고 나가서 자리를
비워주기 때문이라고 한다. 이렇게 조급하고 성급한 사람들로 변한
한국 사람들은 무엇이든지 즉석에서 해결하지 않으면 안되는 급한
마음을 갖게 됨으로 노를 발해서 실수도 많이 한다. "급한 마음으
로 노를 발하지 말라 노는 우매자의 품에 머무름이니라"는 말씀이
바로 오늘 우리에게 하시는 말씀이다.

7:10 "옛날이 오늘보다 나은 것이 어찜이냐 하지 말라 이렇게 묻는 것
이 지혜가 아니니라"

항상 옛날 것이 좋다고 옛날 것만 사모하다 보면 현실적으로 눈
앞에 닥친 사건도 제대로 처리할 수 없어 발전하는 시대에 적응하
지 못할 뿐만 아니라 오히려 뒤떨어져 역사에 역행하는 결과를 낳
게 된다. 따라서 시간적으로는 발전을 무시하고 역행하는 행위이요
심리적으로는 탯줄을 끊지 못한 상태이다. 따라서 보수주의적인 사
고 방식만을 고수할 것이 아니라 변하는 시대, 변하는 역사에 적응

해서 어느 정도 진취적인 생각을 갖는 것도 필요하다. 죠지 바나 (George Barnar)는 체코슬로바키아 사람으로 본래 통계학자이다. 통계학자이면서 특별히 기독교 개신교회의 상황을 통계적으로 많이 연구해서 책을 써서 유명해진 사람인데 옛것을 좋아해서 변하는 상황에 적응하지 못하는 현대 보수주의적인 개신교회를 "주전자 안에 들은 개구리"라고 표현했다. 뜨거운 물이 있는 주전자에 개구리를 집어넣으면 뜨거우니까 펄쩍 뛰어 나가 약간 데일 수는 있어도 죽지 않고 살아날 수 있다. 그러나 찬물이 든 주전자에 개구리를 집어넣고 서서히 열을 가하면 처음에는 물이 따뜻해지니까 냉혈동물인 개구리가 얼마 전까지만 해도 물이 찼었는데 왜 물이 따뜻해지나 하고 뛰어 나갈까 하다가 도로 차지겠지 하고 참고 견딘다는 것이다. 그런데 조금 더 따뜻해져도 훌쩍 뛰어 나갈 생각을 안하고 도로 차지겠지 하고 참고 기다리고 기다리다가 결국은 주전자 속에서 데어 죽을 수밖에 없는데 그것이 바로 현 개신교 보수진영의 신앙 상태라고 했다. 예배 순서도 구태의연하게 똑같이 진행을 해야지 조금만 달라져도 큰일이나 난 것처럼 떠들고 찬송가도 50년 60년 100년 전 것을 그대로 불러야 하는 등 모든 면에 있어서 옛날 것 옛날 전통을 그대로 지켜야 한다는 보수주의적인 사고방식을 고수하다가 주전자 안에 든 개구리처럼 된다는 것이다.

이미 유럽에서는 개신교가 전부 죽은 상태이다. 그래서 이삼 천 명씩 모이던 큰 교회들이 지금은 고적 관광지로 변해 버렸다. 유럽만이 아니라 미국의 동북부도 시대의 변화를 따라 교회의 갱신작업을 못함으로 많은 교회가 텅텅 비어 가는 상황이 벌어지고 있다. 이것은 점차적으로 미국 전역을 휩쓸 뿐만 아니라 장차 태평양을 건너서 한국까지도 진출할 가능성이 얼마든지 있는 상황이다.

"옛날이 오늘보다 나은 것이 어찜이냐 하지 말라. 즉 옛날은 이

것보다는 나았었는데 옛날에는 이렇지는 않았는데, 옛날에는 걱정 없이 잘 살 수 있었는데, 옛날에는 화목하게 지냈는데, 왜 이렇게 시대가 악해지느냐는 등으로 과거에 대한 향수만 가치고 현실에 대한 불평을 하는 것으로는 문제 해결이 되지 않는다. 지혜를 가지고 현실을 정확하게 분석할 수 있을 뿐만 아니라 미래의 가능성에 대한 설계를 지혜롭게 해 나가야 한다고 교훈해 주고 있다.

# 제18장 지혜롭게 사는 생활

본문 : 전도서 7:11-22

## I. 인생의 지혜는 유용하다 7:11-12

7장 11절 이하에서는 지혜는 부패할 수 있는 것이기는 하지만 유용한 것이라고 말하면서 첫째로 지혜는 아름다운 것이고 둘째로 지혜는 유익하여 생명을 보호하는 기능이 있다고 지적하고 있다.

7:11 "지혜는 유업같이 아름답고 햇빛을 보는 자에게 유익하도다."

"지혜는 유업같이 아름답다"고 한 번역은 잘못된 번역이다. 유대인의 구약성경을 주석한 미드라쉬에 보면 지혜를 유산으로 받았으면 복이 있다고 설명한 반면에 다른 학자들은 지혜를 유업과 함께 물려받았으면, 즉 돈도 물려받았고 지혜도 유산으로 물려받았으면 그것이 아름답다고 해석했다. 일반적으로 지혜도 있고 유업도 있으면 좋다는 뜻이라고 학자들 사이에 알려졌다. 그러므로 반드시 유업이 아름다운 것은 아니다. 많은 유업을 받은 사람이면 편하게 사는 것은 사실이지만 오히려 많은 유업은 재산 상속 때문에 형제간에 싸움을 불러일으키고 상속 문제로 부모 자식간에도 말못할 비극이 일어나는 것이 사실이다. 돈만 있고 지혜가 없으면 그 재산으로 인해 망할 가능성이 얼마든지 있기 때문에 전도서 기자는 지혜와 유업을 함께 물려받았으면 그것은 아름답다고 해석하는 것이다.

"햇빛을 보는 자"라는 것은 살아서 움직이는 자라는 뜻이다. 따라서 건강한 육체를 가지고 살아서 움직이는 자에게 지혜와 유업은 아름답고 유익한 것이다. 유대인들이 흔히 사용하는 말 가운데 율법을 공부하는 것은 훌륭한 일이지만 일을 하면서 율법을 공부하라(Excellence is the Torah together with worldly occupation)는 말이 있다. 옛날 한국의 선비들은 과거를 보기 위해서 일이 년 정도가 아니라 10년씩 부모들에게 얹혀서 공부하는 사람들이 있었다. 이렇게 누군가가 돈을 대어 먹여주고 시험 공부하는 사람은 앉아서 공부만 하는 것은 유대인들의 관념으로는 전혀 잘못된 것이고 율법을 공부하는 것은 좋지만 직업을 가지고 일을 하면서 율법을 공부하라고 교훈한 것이다. 사도 바울도 바리새인으로 가말리엘의 문하생으로 공부를 많이 했어도 천막 짜는 직업을 겸해서 가지고 있었다. 대개 낮에 너댓 시간은 천막 짜는 일을 했을 것이고 나머지 네댓 시간은 공부를 했을 것으로 짐작이 된다.

> 7:12 "지혜도 보호하는 것이 되고 돈도 보호하는 것이 되나 지식이 더욱 아름다움은 지혜는 지혜 얻은 자의 생명을 보존함이니라."

지혜도 보호하는 것이 되고 돈도 보호하는 것이 된다고 했는데 여기에서 보호(בְּצֵל)한다고 번역된 것은 그림자 혹은 그늘(shade)이라는 뜻이다. 위험으로부터 보호한다(이사야 32:2, 시편 17:8)는 뜻이다.

아열대성 기후인 중동지방에서 한낮의 뜨거운 햇빛이 내리 쪼일 때 근처에 있는 야자나무나 큰 나무 그늘로 들어가면 보호를 받을 수 있는 것이다. 물론 가만히 앉아 있는데 나무가 자기에게 걸어와서 그늘을 만들어 주는 것이 아니라 자기가 직접 나무 밑으로 찾아 들어가야 나무 그늘의 혜택을 받을 수 있는 것이다. 마찬가지로 지혜가 있으면 무조건 도움이 되는 것이 아니라 지혜를 잘 쓰면 생명을 보호하는 도구가 되는 것이고 아무리 돈이 많아도 그 돈을 유용하게 잘 써야 생명을 보호하는 귀중한 도구가 될 수 있는 것이다.

## II. 인생의 지혜는 하나님의 섭리에 순복하는 것이다 7:13-18

인생의 지혜는 궁극적으로 하나님의 섭리에 순복하는 것이다. 아무리 지혜가 있다 해도 제멋대로 해서는 안되고 어느 때든지 하나님의 섭리에 순복해야 된다.

> 7:13a "하나님의 행하시는 일을 보라 하나"

"하나님의 행하시는 일을 보라"고 담대하게 선언할 수 있는 것은 성경뿐이다.

지나간 과거에 많은 종교가 그들의 신상을 만들어 놓고 막연하게 비를 주시겠지…. 복을 주시겠지…. 하면서 예배를 드리고 제물을 드렸다. 그 어느 종교도 "우리 하나님께서 돌아다니시면서 활동하시는 것을 보라!"고 외칠 수 있었던 종교는 없었다. 성경만이 "하나님의 행하시는 일을 보라!"고 외쳤다.

이스라엘 백성들의 경우 하나님께서 아브라함을 불러내셨고, 아브라함을 보호하셨고, 팔려갔던 요셉을 보호하셔서 일국의 총리대신이 되게 하셨고, 노예 민족으로 수난을 당하는 이스라엘 백성들을 애굽에서 이끌어내어 아무것도 없는 시내 광야에서 이삼 백만이나 되는 이스라엘을 낮에는 구름기둥으로 밤에는 불기둥으로 인도하시면서 사십 년 동안 만나와 메추라기로 먹여 살리시다가 자기들보다 몇 배 강한 가나안 7족을 쳐서 물리치고 국가를 건설하게 하셨던 사건 등등 유대인들은 실제로 하나님의 움직이시는 모습을 눈으로 볼 수 있었던 민족이다.

7:13b "하나님이 굽게 하신 것을 누가 능히 곧게 하겠느냐"

하나님의 섭리는 역동적이나 대개의 경우 사람이 변경시킬 수 없다. 하나님의 섭리는 우주 만물을 통치하시는 하나님의 법칙이다. 이 섭리에는 절대적인 섭리의 영역이 있고 또 허용적인 섭리의 영역이 있다. 허용적인 섭리의 영역은 의식을 가진 인간들인 경우 하나님과 의미 있는 관계에서 진실한 신앙생활을 함으로 기쁘게 살 수 있는 반면에 하나님과 밀접한 관계를 유지하지 못하고 예수를 믿기는 하나 나태해서 구원받은 사람으로서의 기쁨을 누리지 못하고 살 수도 있다.

그러나 절대적인 섭리의 영역권은 그 누구도 변화시킬 수 없는 사실을 13절에서 "하나님이 굽게 하신 것을 누가 능히 곧게 하겠느냐"고 말하고 있다.

7:14 "형통한 날에는 기뻐하고 곤고한 날에는 생각하라 하나님이 이 두 가지를 병행하게 하사 사람으로 그 장래 일을 능히 헤아려 알지 못하게 하셨느니라."

14절 말씀은 인생 철학을 이 한 절에 다 담은 것이라고 볼 수 있는데 하나님께서 형통한 날과 곤고한 날을 서로 얼버무려 병행하게 하셨기 때문에 인간들이 자연 가운데 살고 있는 동안 형통해서 모든 일이 잘 풀려나가는 때도 있고 반면에 곤고한 일이 닥칠 때도 있는 것이다. 욥기서의 중요한 교훈 중 하나는 아무리 의롭고 착한 사람이라도 병이 날 수 있고 고난도 받을 수 있다는 사실이다. 의인들이 반드시 죄가 있기 때문에 처벌을 받는 것이 아니라 자연에 있는 식물을 잘 구별하지 못하고 채취해 먹었으면 식중독에 걸리는 것이고 과로하면 병이 들게 마련인데 이런 것은 다 저주받은 자연 가운데 살고 있기 때문에 있을 수 있는 일들이다. 따라서 전도서 기자는 자연 가운데 살고 있는 동안 형통한 날에는 기뻐하고 하나님께 감사할 것이요 곤고한 사건이 일어나면 실망 낙담할 것이 아니라 왜 이런 곤고한 일이 일어나는가 하는 문제를 깊이 생각하고 낙심하지 말고 하나님께 의존해서 인내심을 가지고 살라고 교훈하는 것이다.

7:14b "….사람으로 그 장래 일을 능히 헤아려 알지 못하게 하셨느니라"

하나님께서 인간들이 신앙생활을 하는데 필요한 분량의 미래지사는 선지자들과 사도들을 통해서 계시해 주셨기 때문에 성경을 읽고 연구해서 어느 정도 알 수 있게 하셨다. 그러나 그 이외에 내일 어떻게 될지 다음 순간에 어떻게 될지는 전혀 알 수 없게 만드셨다. 그러므로 미래지사를 알겠다고 여기저기 점쟁이들을 찾아다닌다든가 성경을 자기 마음대로 곡해해서 미래 문제에 대해 이렇다 저렇다 예언하는 것은 점쟁이의 행위이지 신앙인의 태도는 아니다. 지나간 2000년 동안 기독교에 이단들이 많았는데 90% 이상의 이단이 종말에 관한 문제로 생겼었다. "…사람으로 그 장래 일을 능히 헤아려 알지 못하게 하셨느니라"고 하셨으므로 종말에 관한 문제는 매우 조심스럽게 다루어야 한다.

7:15-18 "내가 내 헛된 날에 이 모든 일을 본즉 자기의 의로운 중에서 멸망하는 의인이 있고 자기의 악행 중에서 장수하는 악인이 있으니 지나치게 의인이 되지 말며 지나치게 지혜자도 되지 말라 어찌하여 스스로 패망케 하겠느냐 지나치게 악인이 되지 말며 우매자도 되지 말라 어찌하여 기한 전에 죽으려느냐 너는 이것을 잡으며 저것을 놓지 마는 것이 좋으니 하나님을 경외하는 자는 이 모든 일에서 벗어날 것임이니라."

의로운 사람이 고통을 당하고 역경이 계속될 뿐만 아니라 제 수명대로 살지 못하고 죽는 경우가 있는 반면에 악인이 장수하고 부자도 되고 권력도 잡고 영화도 누리는 경우가 얼마든지 있다. 이같은 상황은 저주받은 자연 속에 사는 인생으로서는 피할 길이 없는 것이다. 더 나아가서는 아담이 범죄한 이후 사탄이 인간의 역사 가운데 침투해 들어와 활동하고 있기 때문에 세상에서 이루어지는 사건들은 공정한 것이 하나도 없다. 심지어 욥과 같은 의인도 그의 수난중에 불평조차 할 자격이 없었던 것이다. 전도서 기자가 "지나치게 의인이 되지 말며 지나치게 지혜자도 되지 말라 어찌하여 기한 전에 죽으려느냐"고 말한 것은 쉬운 말로 극단주의자가 되지 말고 중용지도(中庸之道)를 지키라는 뜻이다. 헬라철학자중 아리스토텔레스 같은 사람도 황금의 중용지도(Golden Mean)를 가르쳤다. 무슨 일에나 너무 극단적으로 치우치지 말고 적당히 균형을 맞춘 생활을 하라고 가르치는 것은 동양에서나 서양에서나 일치되는 교훈이다.
　신앙생활도 마찬가지이다. 중세 기독교인들 중 일부는 극단적인 신앙으로 세상과는 완전히 인연을 끊고 철두철미하게 하나님에게만 봉사하겠다는 욕망으로 수도원에 들어가서 살았다. 수도원에 들어가서 산 결과는 신앙의 자만심에 사로잡혀 일생을 보낸 것 외에 아무 유익이 없었다. 신앙의 열매는 맺지 못했던 것이다. 범죄가 들끓는 악하고 더러운 세상에서 살 마음이 나지 않는다 하더라도 그 속에서 겸손하게 조용히 봉사하는 생활을 함으로 모든 사람들이 나를 대할 때 편안한 마음을 갖도록 평범한 신앙생활을 해야 한다. 그럴 뿐만 아니라 극단주의자가 되면 빨리 죽는다고 했다. "… 어찌하여 기한 전에 죽으려 하느냐" 너무 결벽증에 사로잡혔던지, 너무 외고집으로 살면 빨리 죽을 수도 있는 것이다.

## III. 인생의 죄는 필연적이다 7:19-20

> 7:19-20 "지혜가 지혜자로 성읍 가운데 열 유사보다 능력이 있게 하느니라 선을 행하고 죄를 범치 아니 하는 의인은 세상에 아주 없느니라"

지혜는 힘보다 더 위력이 있다. 한 사람 지혜자를 도성에 있는 열 사람의 힘센 자들이 당하지 못한다는 뜻이다. 곧 이어서 인생이 죄를 피할 수 없는 존재임을 말했는데 로마서 3:23절에 "모든 사람이 죄를 범하였으매 하나님의 영광에 이르지 못하더니"라고 했다. 모든 사람이 죄를 범했다는 것은 어떤 의미에서는 지나친 정죄인 것 같다. 예를 들어 금방 태어난 어린아이가 죄를 지을 수 있었다는 말이냐 하고 반문할 사람이 많다. 그러나 성경에서 말하는 죄라는 개념은 사기를 치고 도적질을 하고 살인 강도를 하는 죄만을 죄라고 하지 않는다. 성경에서 말하는 죄는 표적에 도달하지 못했다는 뜻이다. 만일 고등고시에서 합격선이 60점이었다면 59.9점을 받았어도 낙제생인 것이다. 0.1점이 모자라면 열 번이라도 낙제할 수밖에 없다. 하나님께서 우리에게 설정하신 목표가 있다. 그것은 하나님처럼 거룩해지는 것이다. "너희는 스스로 깨끗케 하여 거룩할찌어다 나는 너희 하나님 여호와니라"(레위기 20:7) 하나님이 인간을 하나님의 형상대로 창조하셨다. 창세기 1장으로부터 3장까지 보면 아담이 창조함을 받은 지 얼마 안 되어서 바로 타락한 것 같다. 그런데 예를 들어 100년, 200년 또는 300년 동안 타락하지 않고 계속해서 영적으로 성장했다면 900살쯤 됐을 때는 얼마든지 하나님처럼 거룩해질 수 있었을 것이다. 그러나 초창기에 타락했고 계속해서 타락하는 상태로 퇴화됐을지언정 거룩해지지 못했기 때문에 그 자손들인 우리도 지금 이런 불완전한 상태로 남아 있는 것이다. 그러므로 선을 행하고 죄를 범치 않는 의인은 세상에 아주 없느니라고 한 것은 하나님의 창조 목표에 도달한 사람은 하나도 없고 모두가 다 죄인이라고 죄의 보편성을 말하고 있는 것이다.

## IV. 인생의 저주는 보편적이다 7:21-22

> 7:21-22 "무릇 사람의 말을 들으려고 마음을 두지 말라 염려컨대 네 종이 너를 저주하는 것을 들으리라 너도 가끔 사람을 저주한 것을 네 마음이 아느니라"

사람들은 남에게 비평 듣는 것처럼 기분 나빠하는 것이 없다. 더구나 자기의 종이 저주할 때 결코 기분이 좋을 수가 없다. 다른 사람이 자기에 대해 어떻게 생각하나 하고 염려해서 신경을 쓸 때는 제일 먼저 자기의 종이 비평하는 소리를 듣게 될 것이다. 종들은 으레 상전을 비평하는 법인데 이는 상전의 모든 개인 사생활을 가까이 잘 관찰하여 주인에 대해 너무나 잘 알기 때문이다. 지혜롭게 사는 방법중의 하나가 사람의 말을 들으려고 마음을 두지 말고 또 듣고도 탓하지 말고 못 들은 척하고 알고도 모르는 척하는 것이다.

그뿐 아니라 나도 남을 비평한 사실이 있는 것이 사실인데 남들이 나를 비평한다고 해서 그런 일에 신경을 쓸 필요가 없다. 나와 가장 가까운 사람들이 나를 비평하고 저주할 때 오히려 웃어 넘길 수 있는 아량을 가지고 또 저들에게 그리스도의 자비를 베풀 수 있어야 한다.

# 제19장 지혜나 선한 인재를 찾는 무모함

본문 : 전도서 7:23-29

## I. 인간의 노력으로 지혜를 발견하는 것은 불가능하다 7:23-25

7:23-24 "내가 이 모든 것을 지혜로 시험하며 스스로 이르기를 내가 지혜자가 되리라 하였으나 지혜가 나를 멀리하였도다. 무릇 된 것이 멀고 깊고 깊도다 누가 능히 통달하랴"

지혜를 찾으려고 평생 동안 노력했으나 지혜가 나를 멀리 했다. 왜 인간들이 지혜를 찾으려고 그렇게 진지한 노력을 해도 지혜를 찾지 못하는가?
 1. 출발점이 잘못 됐고,
 2. 지혜를 찾는 방법이 잘못 됐고,
 3. 지혜의 본질에 대한 이해가 잘못 됐기 때문이다.

지혜가 사람을 피해 도망간 것처럼 지혜를 찾을 수 없다고 했는데 이것은 하나님과 상관없이 해 아래서 즉 지상에서, 인간의 역사 안에서 지혜를 추구하기 때문이다. 성경에서는 참된 지혜는 여호와를 경외함으로 찾을 수 있다고 했다. 즉 해 아래서가 아니라 해 위로 올라가서 우주 밖에 존재하시는 하나님과 올바른 관계가 형성됐을 때만 올바른 지혜와 명철을 찾을 수 있는 것이다. 전도자는 지금 해 아래서 이 세상 우주 만물을 관찰하여 지혜를 찾으려고 노력하기 때문에 우선 출발점이 잘못된 것을 말하고 있다. 따라서 참된 지혜를 찾기 위해서는 우선 출발점이 바로 돼야 하는데 그 출발점은 여호와를 경외하는 올바른 신앙에 근거해서 즉 하나님께 의존하여 출발해야 한다.

또 두 번째는 지혜를 찾는 방법이 잘못 됐다. 구약에서는 항상 "여호와의 말씀"이(도성인신하시기 이전의 예수 그리스도) 품성화됐고 이 풍성화된 여호와의 말씀이 지혜와 총명을 총괄하시는 존재로 언급 되었다. 그러므로 올바른 지혜를 찾기 위해서는 구약에 예언된 메시아 즉 여호와의 말씀에 의존하지 않으면 안되는 것이다. 우리에게 주어진 하나님의 말씀이 진리를 추구하는 궁극적인 방법임을 여러 번, 여러 모양으로, 여러 사람에게 계시하셨다. 그럼에도 하나님의 계시는 무시해 버리고 인간들의 수단과 방법으로 지혜를 찾으려 할 때 지혜를 찾지 못하는 것이다.

세 번째로 지혜를 찾으려 해도 발견하지 못하는 이유는 지혜의 본질에 대한 이해가 잘못 되었기 때문이다.

간디는 "지혜는 가질 수 있는 것이 아니고 추구해야 되는 것이다"라는 말을 했는데 간디는 성경을 모르는 사람이기 때문에 지혜는 평생 찾아다녀야만 하는 것으로 생각했다. 이것은 고린도전서 1장 21절 이하에 있는 "유대인들은 표적을 구하고 헬라인은 지혜를 찾으나 우리는 십자가에 못 박힌 그리스도를 전하니…"라고 한 말씀을 그대로 증명한 것이다.

유대인들은 표적을 구한다고 한 것은 기적을 찾아다닌다는 뜻이다. 한국 사람들도 무척 기적을 좋아하는 사람들이다. 병 고치는 기적. 방언하는 기적의 소문만 나면 즉시 우 몰려가는데 그런 것은 살아 계신 하나님을 옳게 믿는 신앙이 아니라 기사와 이적만 구해서 다니는 잘못된 것이라고 지적했다. 세상 사람들(헬라인)이 자기 이성적인 기능을 통해서 지혜를 찾고 있다. 그것도 역시 출발점이 잘못 되어 올바른 지혜를 발견하는 것이 불가능하다. 지혜는 추구하는 것이지 가질 수 있는 것이 아니라고 말한 간디는 힌두교의 문제점을 스스로 고백한 것이다.

성경에서는 여호와를 경외하는 것이 지혜의 근본이라고 명확히 말씀해 주고 있다. 예수 그리스도가 모든 지혜와 명철의 근원이라고 설명해 줌으로 그리스도를 영접하고 그 그리스도를 올바로 인식했을 때 참된 지혜와 총명을 가진 것이다. 우주의 진리는 하나님께서 우주 만물과 인간을 창조하실 때 순서와 질서를 맞추어 창조하셨다. 그런데 이 하나님의 창조하신 질서를 떠나서 인간들이 자기들 마음대로 지혜를 찾겠다, 명철을 찾겠다, 진리를 찾겠다고 쫓아다녀도 찾을 수가 없는 것이다. 그래서 여기 전도서 기자가 "내가 이 모든 것을 지혜로 시험하며 스스로 이르기를 내가 지혜자가 되리라 하였으나 지혜가 나를 멀리 하였도다."라고 한 것처럼 인간들의 노력으로는 지혜자가 되는 것이 전혀 불가능하고 오히려 지혜가 우리를 피해 버리는 까닭에 여호와를 경외하는 신앙을 가지고 하나님께서 우리에게 계시하신 그리스도를 통해 하나님께 접근할 때 비로소 참된 진리를 발견할 수 있는 것이다.

7:24 "무릇 된 것이 멀고 깊고 깊도다 누가 능히 통달하랴"

24절은 이해하기 힘들게 번역됐는데 유대인 학자중에 "Far is that which has been and deep deep who can find it?" 이라고 번역했고 International 번역으로는 "Whatever wisdom may be it is far off and most profound"라고 변역됐다.

지혜가 무엇이든지간에 멀리 있고 너무 깊은 내용이어서 인간의 노력으로는 도저히 찾을 수 없다고 번역되면 더 이해하기 쉽다.

욥기 11:7절 이하에도 하나님에게 의지하는 참된 신앙을 가지지 않고 인간 스스로의 노력으로는 지혜를 찾는 것이 전혀 불가능하다고 했다.

> 7:25-26 "내가 돌이켜 전심으로 지혜와 명철을 살피고 궁구하여 악한 것이 어리석은 것이요 어리석은 것이 미친 것인 줄을 알고자 하였더니 내가 깨달은즉 마음이 올무와 그물 같고 손이 포승 같은 여인은 사망보다 독한 자라 하나님을 기뻐하는 자는 저를 피하려니와 죄인은 저에게 잡히리로다"

불란서의 수학자였고 철학자였던 파스칼은 그의 '명상'에서 하나님을 알지 못하고 알지도 못하면서 찾지도 않고 있는 사람은 천하에 어리석은 사람(전도서 기자의 말로는 미친 사람이다)이고 하나님을 찾고는 있으나 찾지 못한 사람은 지혜로운 사람이기는 하다. 그러나 하나님을 찾고 있고 하나님을 찾은 사람은 참으로 행복한 사람이라고 했다.

"어리석은 자는 그 마음에 이르기를 하나님이 없다 하도다…"라고 한 시편 14편 1절은 무신론자가 하나님이 없다고 말한 것으로 해석할 수 있는데 사실은 여기에서 어리석은 자가 "하나님이 없도다" 한 것은 하나님의 존재를 부인하는 무신론자를 말하는 것이 아니다. 어리석은 자는 하나님께서 진리를 제시하시려고 가까이 다가오실 때 '아니오', '나는 싫소' 하고 하나님을 거부하는 사람이라는 뜻이다. 그러므로 하나님을 찾지 못하고 있는 사람, 하나님이 찾아오셨을 때 거부해서 영접하지 않는 사람이 어리석은 사람인 것이다. 이 말은 다시 전도서 7:25절을 빌리면 어리석은 것은 미친 것이다. 즉 하나님의 존재를 믿지 않는 사람은 정신병자라는 결론이 나오는 것이다.

지혜와 명철을 찾으려고 노력하는 가운데서 발견한 것은 세상의 악한 것은 어리석은 것이고 어리석은 것은 미친 것인 줄을 발견했는데 그런 과정에서 깨달은 사실이 인생의 최악의 적은 악한 여자라고 결론을 내리고 있다.

"내가 깨달은즉 마음이 올무와 그물 같고 손이 포승 같은 여인은 사망보다 독한 자라 하나님을 기뻐하는 자는 저를 피하려니와 죄인은 저에게 잡히리로다"(26절)고 함으로 하나님께서 기뻐하는 자는 사망보다 독한 여자에게 걸려들 염려 없이 피할 수 있다고 했다. 반면에 하나님의 뜻을 준행하지 않는 죄인은 음란한 여인에게 사로잡혀서 꼼짝 못하고 멸망의 골짜기로 떨어질 수밖에 없다고 지적하고 있다.

이것은 여자들 전체에 대한 비평이 아니라 악한 여자에 관해서 말하는 것인데 이 악한 여자에 관한 내용을 먼저 관찰해 볼 필요가 있다. "내가 깨달은즉 마음이 올무와 그물 같고 손이 포승 같은 여인은 사망보다 독한 자라 하나님을 기뻐하는 자는 저를 피하려니와 죄인은 저에게 잡히리로다."(26) 마음이 올무와 그물 같고 손이 포승 같은 여인은 음란하고 악한 여자를 말한다. 그래서 남자들을 보면 인격적으로 대하는 것이 아니라 어떻게 하면 그 남자를 잡아 옭아매어 그의 모든 재산을 다 뺏을까 어떻게 하면 이 남자를 이용해서 내가 원하는 일을 할 수 있을까 하고 올무와 그물 같은 마음으로 남자들을 유혹하고 남자들이 한 번 걸리기만 하면 포승 같은 손으로 묶어서 빠져나가지 못하게 하는 권모 술수가 능하고 음란한 여자를 말하며 이런 여자가 사망보다 독한 여자라고 했다. 잠언 2:18절에도 음란한 여자에게 사로잡혔을 때 그 길은 지옥길로 향한 것이라고 했다. 또 잠언 7:25-27절에도 음란한 여자에 대한 경고를 하면서 그 집은 음부의 길이요 사망의 방이라고 했다. 계속해서 잠언 12:4절에는 어진 여인은 그 지아비의 면류관이나 욕을 끼치는 여인은 그 지아비로 뼈가 썩음 같게 하느니라는 무서운 말을 하고 있다.

 그러나 성경에서는 좋은 여자들에 관해서도 많이 언급되어 있는데 전도서 9장 9절에 귀하고 아름다운 여자에 관한 내용이 다음과 같이 서술되었다. "네 헛된 평생의 모든 날 곧 하나님이 해 아래서 네게 주신 모든 헛된 날에 사랑하는 아내와 함께 즐겁게 살지어다 이는 네가 일평생에 해 아래서 수고하고 얻은 분복이니라." 세상이 헛되고 평생 동안 여러 가지 고통이 많고 모든 것이 헛된 날의 연속이라 할지라도 사랑하는 아내와 함께 즐겁게 살라. 이렇게 즐겁게 살 수 있는 것은 하나님께서 주신 평생의 축복이라고 했다.

 그럴 뿐만 아니라 잠언 11:16절에는 유덕한 여인은 존경스럽고 영화로움을 얻는다고 했다.

 잠언 12:4에서는 어진 여인은 그 남편의 면류관이라 했고 잠언 18:22에는 좋은 아내를 얻는 자는 복을 얻고 여호와께 은총을 받은 자이다. 잠언 19:14에서는 슬기로운 아내는 여호와께로 말미암느니라 등등 착하고 덕이 있는 여인은 남편에게 면류관이 될 뿐만 아니라 이런 여자를 아내로 받는 것은 하나님께서 주시는 귀한 선물이라고 했다.

 착하고 덕이 있는 여자 혹은 악한 여자에 관한 교훈은 반드시 여자들에게만 해당되는 것이 아니라 남녀간에 똑같이 적용되는 말씀이다. 지혜로운 아내가 남자에게 있어서 복이 되는 것처럼 지혜롭고 덕이 있는 남편은 그 아내에게 있어서 복이 되고 영광이 되고 생활의 안정을 보장받는 좋은 하나님의 축복이지만 만일 남자가 무덕하고 계획 없이 허랑 방탕하게 사는 사람이면 여자의 일생을 망칠 뿐만 아니라 그 사이에서 태어나는 아이들까지 피해를 입는 비극적인 사건이다.

 성경에서는 여자들을 다 나쁘다고 가르치는 것이 아니다. 오히려 성경은 여자들의 인격을 매우 존중하고 있다. 라이리(Charles Rylie)라는 유명한 학자는 고대 3000년전 구약성경이 기록될 때까지 세상의 모든 종교는 남성 중심으로만 형성되었지 여자를 남자들과 대등한 관계에서 인격적으로 대우한 종교가 하나도 없었다고 지적하면서 유독 성경만이 남자나 여자나 똑같이 귀중한 인격자로 대우하고 있다고 주장했다. 그러므로 기독교는 하나님의 계시에 의해 형성된 특별한 종교라는 이론을 전개했다.

### III. 인생의 타락의 보편성 7:27-28

> 7:27-28 "전도자가 가로되 내가 낱낱이 살펴 그 이치를 궁구하여 이것을 깨달았노라 내 마음에 찾아도 아직 얻지 못한 것이 이것이라 일천 남자 중에서 하나를 얻었거니와 일천 여인 중에서는 하나도 얻지 못하였느니라"

남자 천명 중에 한 남자 정도 마음에 들어서 보조를 같이 할 사람을 찾을 수 있었지만 여자의 경우는 일천 여인 중에서 하나도 찾지 못했다고 번역되어 마치 남자를 더 선호한 것처럼 보이는데 27절 첫머리의 "전도자가 가로되"라고 한 전도자는 우리말 번역으로는 남자인지 여자인지 불분명하다.

그러나 히브리어 원어로는 모든 명사나 모든 동사에 성의 구별이 있다. 여기에 나오는 "전도자"(אָמְרָה)는 여성 동사와 여성 명사로 되어 있다. 따라서 7장 27절에 언급된 "전도자"는 여자이다. 이 경우는 솔로몬이 하는 말이 아니라 주제를 바꾸어 자기와 같은 입장에 있는 여자의 입을 빌어 하는 말이다. 이 여자 전도자가 자기 마음에 드는 상대를 일천 남자 중에 하나 정도는 찾을 수 있었다는 뜻이다. 물론 여자이니까 여자 중에서는 하나도 찾을 수 없는 것은 당연하다. 역설적으로 만일 이 전도자가 남자였더라면 일천 남자들 중에서는 하나도 마음에 드는 남자를 찾지 못했을 것이다. 그 대신 전도서 12장 8절과 9절에 보면 전도자가 가로되 헛되고 헛되도다 …전도자가 지혜로움으로 여전히 백성에게 지식을 가르쳤고 또 묵상하고 궁구하여 잠언을 많이 지었으며 라고 했는데 여기에 나오는 "전도자"(קֹהֶלֶת אָמַר)는 여성 명사에 남성 동사로 되어 있다. 그러므로 여자가 아니라 남자이다. 또 일천 명의 남자나 일천 명의 여자라는 표현은 상징적인 것이지 반드시 천명중에 하나밖에 쓸 사람이 없다는 뜻은 아니다.

    7:29 "나의 깨달은 것이 이것이라 곧 하나님이 사람을 정직하게 지으셨으나 사람은 많은 꾀를 낸 것이니라."

    하나님이 사람을 악하게 창조하신 것이 아니라 하나님은 정직하게 창조하셨는데 인간들이 잔꾀를 부려 타락했고 타락했기 때문에 하나님의 심판을 받을 수밖에 없는 것이다.
    사람의 타락 문제가 나오면 으레 나오는 질문이 전지 전능하신 하나님께서 아담이 선악과를 따먹을 것을 뻔히 아셨음에도 일부러 선악과를 에덴 동산 한가운데 세워 놓으신 것은 하나님의 책임이 아니냐는 것이다. 사람들은 어떻게 해서든지 모든 책임을 하나님에게 뒤집어 씌워 책임을 회피하려는 본능이 있다. 이것이 바로 아담의 성품중의 일부이다. 하나님께서는 인간을 창조하실 때 선량하고 착하고 정직하게 창조하셨으나 인간이 잔꾀를 내서 창조주처럼 되려는 욕망으로 선악과를 따먹고 타락한 까닭에 타락에 대한 책임은 아담에게 있다.
    아담이 타락한 즉시 자기의 죄를 하와에게 전가했고 하와는 뱀에게 책임 전가를 했다.

창세기 2장과 3장에 보면 선악과가 에덴 동산 중앙에 있었다. 그래서 에덴 동산 어디를 가든지 선악과나무가 눈에 띄었다. 이렇게 동산 중앙에 두어 언제나 눈에 뜨이게 한 것은 먹으라고 유혹한 것이 아니라 먹지 말라고 경고하시기 위해 눈에 뜨이게 중앙에 두셨던 것이다. "…. 먹지 말라 네가 먹는 날에는 정녕 죽으리라"고 하셨다. 그러므로 아담이 에덴 동산 어디에서든지 눈만 뜨면 선악과가 보이는데 이 선악과를 보면서 저것은 하나님께서 먹지 말라고 하셨다. 왜 먹지 말라고 하셨느냐? 자기는 피조물인 까닭에 창조주의 명령에 순종하면서 살아야 하는 존재임을 일깨워 명심케 하기 위해서라는 사실을 아담이 알고 있었다. 다시 말해 선악과가 동산 중앙에 있었던 것은 아담으로 하여금 계속해서 피조물성을 상기하여 창조자 앞에서 망령된 생각을 하지 못하게 하기 위해서였다. 그래서 선악과를 볼 때마다 겸손한 마음, 하나님에게 의존하는 마음을 가지고 자기는 피조물이어서 자기 마음대로 살 수 없고 창조자이신 하나님의 명령을 순종하면서 살아야 되는 존재임을 상기시키는 방법으로 하나님께서 선악과를 에덴 동산 중앙에 두셨던 것이다. 그런 의미에서 오히려 동산 중앙에 있었던 것은 하나님의 고맙고 감사한 배려였지 아담을 유혹하기 위함이 아니었다.

"사람은 많은 꾀를 낸 것이라" 아담 이래 모든 사람들은 많은 꾀를 내어 하나님의 말씀을 변질시키는 일을 계속해 왔다. 사탄의 유혹은 우선 하나님의 말씀을 변질시키는 것으로 시작됐다. 하나님께서는 선악과를 제외한 모든 동산 각종 나무의 실과는 다 마음대로 먹으라고 하셨다. 그런데 사탄의 유혹하는 말은 "하나님이 참으로 너희더러 동산 모든 나무의 실과를 먹지 말라 하시더냐"였다. 이 동산에 있는 모든 실과를 하나도 먹지 말라고 하시더냐? 그렇게 악한 하나님이시냐? 고 하나님을 비난하는 어법을 사용했던 것이다.

이러한 사탄의 술법에 넘어간 하와는 "동산 나무의 실과를 우리가 먹을 수 있으나 동산 중앙에 있는 나무의 실과는 하나님의 말씀에 너희는 먹지도 말고 만지지도 말라 너희가 죽을까 하노라 하셨느니라"고 "만지지도 말라"는 말을 덧붙였다. 하나님께서는 선악과를 먹는 날에는 반드시 죽으리라 하셨음에도 사탄은 하와에게 "너희가 결코 죽지 아니 하리라 너희가 그것을 먹는 날에는 너희 눈이 밝아 하나님과 같이 되어서 선악을 알 줄을 하나님이 아심이니라"고 하나님이 시기질투심으로 선악과를 먹지 말라고 한 것이지 죽지 않는다고 하나님의 말씀을 하와의 마음에 들도록 완전히 변질시켰다.

목회자들이나 신앙인들이 하나님의 말씀을 액면 그대로 받아들이고 그 말씀에 의존하기보다는 자신의 판단을 더 중하게 여겨 하나님의 말씀을 편리할 대로 해석하는 경우가 많다. 많은 설교자들이 몇 구절의 성경 말씀을 본문으로 읽기는 하지만 그 설교 내용은 본문과는 전혀 상관없이 자기 이론을 전개하기 위해서 혹은 헌금을 많이 내게 하기 위해서 성경을 종교적인 몽둥이로 사용하는 경우가 너무 많다. 이것이 바로 사단이 하나님의 말씀을 변질시켜서 하와를 유혹했던 작업과 똑같은 현상이다.

짐승들은 좋은 풀과 독초를 가려먹는 재간이 있다. 그러나 사람은 어리석어서 독초와 영양분이 있는 풀을 구별하지 못하고 무엇이든지 꿀떡꿀떡 삼킬 뿐만 아니라 자기를 병들고 죽이는 독초이면 독초일수록 더 좋아하는 경향이 있다. 우리의 영혼을 살찌게 하는 좋은 영양가 있는 영혼의 양식은 배척하고 엉터리없는 만담 같은 설교를 듣고서 그 설교가 좋았다 또는 은혜 받았다고 감격하는 사람들이 우리 주변에 너무 많다. 인간들의 잔꾀는 계속해서 독초를 먹이고 죽음의 길로 인도하고 있으나 타락한 인간들은 그것을 깨닫지 못하는 것이다.

# 제20장 지혜로운 자와 현실 생활

본문 : 전도서 8:1 - 9

## I. 지혜로운 자와 정권(8:1-5a)

### A. 지혜자와 개인

8:1 "지혜자와 같은 자 누구며 사리의 해석을 아는 자 누구냐 사람의 지혜는 그 사람의 얼굴에 광채가 나게 하나니 그 얼굴의 사나운 것이 변하느니라"

"지혜자와 같은 자 누구며 사리의 해석을 아는 자 누구냐?"

이것은 수사학적인 질문이다. 지혜로운 자를 강조하기 위해서 우선 질문부터 던진 것이다.

사리의 해석을 아는 자(יוֹדֵעַ פֵּשֶׁר דָּבָר)라고 했는데 여기서 말하는 사리(דָּבָר)라는 단어는 논리, 이성, 진리인데 우주의 원리, 인생의 참된 진리를 말한다. 요한복음 1장에 나오는 로고스에 해당하는 것이다.

이 참된 진리의 해석을 아는 자(יוֹדֵעַ פֵּשֶׁר) 즉 진리를 설명하는 자가 누구냐? 라고 묻는 것이다.

지혜가 그 사람의 얼굴에 광채가 나게 한다는 것은(תָּאִיר פָּנָיו) 지혜자는 재빨리 하나님과 올바른 관계를 맺음으로 그의 무겁고 괴롭던 모든 죄 문제를 다 해결하여 가벼운 마음이 된 상태에서 모든 일을 자신감을 가지고 해결함으로 자연히 기쁘고 즐거운 생활을 할 수 있으므로 그 얼굴에서 광채가 나는 것처럼 보이는 것을 말한다.

잠언 23장 7절에는 "대저 그 마음의 생각이 어떠하면 그 위인도 그러한즉…"이라고 했다. 이것은 사람이 그 마음의 생각에 의해 그의 얼굴이나 풍채가 변화됨을 말한다. 그 마음의 생각이 곧으면 그 위인도 곧고 그 마음의 생각이 밝으면 그의 얼굴도 밝게 변하고 그 마음의 생각이 기쁘면 그 얼굴도 기쁜 표정이 나오게 마련이다. 마음가짐이 고우면 저절로 외모에도 나타나는데 이것은 내부 상태가 외부를 지배하기 때문이다.

그뿐 아니라 얼굴의 사나운 것이 변한다(עז)고 했는데 사나운 것은 굳은 것(עז)을 말한다. 얼굴의 사나운 것 즉 굳은 얼굴이 변한다는 것은 먼저 굳은 마음이 변함으로 얼굴도 자연히 변함을 말한다.

남을 해친 사람은 언제고 자기가 보복 당할 일이 무서워서 전전 긍긍하고 살기 마련이다. 하물며 사람이 하나님과 원수된 자리에 있었을 때는 불안하고 겁이 나고 두려운 나날을 보낼 수밖에 없다. 그러나 일단 죄 문제를 해결하고 하나님과의 올바른 관계를 형성하고 나서는 인생의 제일 근본되는 문제를 해결했기 때문에 세상에 사소한 근심 걱정이 없어짐으로 그 얼굴도 광채가 날 수밖에 없다.

신라 시대의 화랑도들은 "건전한 정신은 건전한 육체에서 나온다"고 믿어 열심히 육체를 단련시켰다. 헬라에서도 육체가 건전하면 정신도 건전하다고 어린아이가 7-8세가 되면 운동부터 가르쳤다. 그런 후에 논리와 철학을 교육했다. 그러나 이것은 순서가 바뀐 것이다. 성경에서는 마음이 더 중요하다고 가르치고 영혼 문제를 우선적으로 해결할 것을 요구하고 있다. 우리의 영혼문제, 신앙

문제, 하나님과 나와의 올바른 관계를 해결하고 나면 그 후에 육체 문제, 현실 문제는 저절로 해결하게 되는 것이다.

### B. 지혜자의 권면(사회생활)(8:2-5a)

8:2 "내가 권하노니 왕의 명령을 지키라 이미 하나님을 가리켜 맹세하였음이니라"

왕의 명령을 지키라고 한 것은 사회, 경제, 정치 체제에 순복하라는 명령인데 사회제도나 경제, 정치 체제는 왕 한 사람이 조직해서 만들어낸 것이 아니라 하나님의 섭리에 의해 허락된 것이기 때문이다. 그뿐 아니라 "이미 하나님을 가리켜 맹세하였음이니라" 고 한 것이 바로 하나님께서 섭리로 사회질서를 가능케 하신 사실을 설명하고 있는 것이다.

8:3-5a "왕 앞에서 물러가기를 급거히 말며 악한 것을 일삼지 말라 왕은 그 하고자 하는 것을 다 행함이니라 왕의 말은 권능이 있나니 누가 이르기를 왕께서 무엇을 하시나이까 할 수 있으랴 무릇 명령을 지키는 자는 화를 모르리라"

왕 앞에서 물러가기를 급거히 말라고 한 것은 왕의 권위를 무시하고 예의범절을 지키지 않음을 말하는 것이다. 왕은 자기에게 반항하는 자는 얼마든지 처벌할 수 있기 때문에 쓸데없이 왕 앞에서 오만 불손한 행동을 해서 화를 당할 필요가 없음을 말한다.

신약성경에서도 왕에게 반항하지 말고 순복할 것을 여러 번 강조하고 있다.

예수님께서 그를 시험하러 온 사람들에게 "가이사의 것은 가이사에게, 하나님의 것은 하나님께 바치라"는 유명한 말씀을 하셨다.(누가복음 20:22-25) 로마서에는 "각 사람은 위에 있는 권세들에게 굴복하라 권세는 하나님께로 나지 않음이 없나니 모든 권세는 다 하나님의 정하신 바라 그러므로 권세를 거스리는 자는 하나님의 명을 거스림이니 거스리는 자들은 심판을 자취하리라"(로마서 13:1-2)고 했다. 디도서 3:1에는 "너는 저희로 하여금 정사와 권세 잡은 자들에게 복종하며 순종하며 모든 선한 일 행하기를 예비하게 하며"라고 했고 베드로전서에는 "인간에 세운 모든 제도를 주를 위하여 순복하되 혹은 위에 있는 왕이나 혹은 악행하는 자를 징벌하고 선행하는 자를 포장하기 위하여 그의 보낸 방백에게 하라", "뭇 사람을 공경하며 형제를 사랑하며 하나님을 두려워하며 왕을 공경하라"(베드로전서 2:17)고 했다.

사도 바울이나 베드로가 이 글을 쓰면서 왕이나 권세 있는 자들에게 굴복하고 복종하며 순종하라고 누누이 강조한 그 당시의 왕은 여러 가지 포악한 방법으로 수많은 기독교인들을 학살했던 악명 높은 네로 황제를 가리켜서 하는 말이었다. 그런 포악한 왕이라도 순복하고 세금을 바치고 질서를 지키라고 했는데 그 이유는 이런 왕들이 세워진 것도 다 하나님께서 정하신 까닭이라고 했다.

왕 앞에서 물러가기를 급거히 말며 악한 것을 일삼지 말라 함은 왕을 배신해서 역모 행위, 반란 행위 혹은 반체제 운동에 가담치 말라는 뜻인데 이는 하나님께서 역사를 주관하시는 분이시기 때문이다. 이사야 19:2절 이하에 보면 죄를 짓고도 회개하지 아니하는 완악한 백성들을 처벌하시는 방법중의 하나가 폭군을 그 백성들에게 붙여주시는 것이다.

"그가 애굽인들을 격동하사 애굽인을 치게 하시리니 그들이 각기 형제를 치며 각기 이웃을 칠 것이요 성읍이 성읍을 치며 나라가 나라를 칠 것이며 애굽인의 정신이 그 속에서 쇠약할 것이요 그 도

모는 그의 파하신 바 되리니 그들이 우상과 마술사와 신접한 자와 요술객에게 물으리로다 그가 애굽인을 잔인한 군주의 손에 붙이시리니 포악한 왕이 그들을 치리하리라…"(이사야 18:2-4)

폭군이 지배할 때 백성들은 폭군을 원망하고 미워하기 전에 우선 내가 무엇을 잘못 했는가 하고 각자 자기 자신을 돌아보고 먼저 회개해야 된다. 잠언 21장 1절에 보면 하나님께서 통치자의 마음도 지배하신다고 했다. "왕의 마음이 여호와의 손에 있음이 마치 보의 물과 같아서 그가 임의로 인도하시느니라" 모든 백성들이 회개하고 정직한 생활을 할 때 폭군의 마음까지도 주장하시는 하나님께서 그 다음 일은 해결하실 것이다.

## II. 지혜로운 자와 하나님의 섭리(8:5b - 9)

8:5b-6 "…지혜자의 마음은 시기와 판단을 분변하나니 무론 무슨 일에든지 시기와 판단이 있으므로 사람에게 임하는 화가 심함이니라"

시기를 분변한다는 것은 때를 분별하는 것을 말하고 판단은 과정을 말한다. 다시 말해 모든 일에는 때와 순서가 있다는 뜻이다. 따라서 지혜로운 사람은 때를 분별할 수 있을 뿐 아니라 과정을 맞추어 나갈 줄 아는 사람이다. 사람이 살다 보면 예상치 못했던 곤고한 일을 만나고 화를 당할 때가 얼마든지 있는데 아무리 현재 당하는 화가 심해도 참고 때를 기다려야 하며 모든 일에는 순서가 있으므로 적절한 과정을 밟아서 당면한 문제를 해결하는 지혜를 가져야 한다.

8:7-8 "사람이 장래일을 알지 못하나니 장래일을 가르칠 자가 누구이랴

> 생기를 주장하여 생기로 머무르게 할 사람도 없고 죽는 날을 주장할 자도 없고 전쟁할 때에 모면할 자도 없으며 악이 행악자를 건져낼 수도 없느니라"

사람은 호기심이 강한 동물이다. 그래서 장래일을 알고 싶어서 점쟁이를 찾아가고 점성가를 찾아다닌다. 아무리 지혜로운 사람이라도 자신의 장래일을 알지 못할 뿐 아니라 재해가 닥치거나 전쟁이 날 때 그것을 모면할 방법이 없다. 자신의 생명을 주장하여 자기의 죽는 날을 미리 결정할 수도 없다. 자기의 장래일도 모르는 사람이 아무리 지혜롭다고 하나 남을 위해서 미래에 관한 예언을 해 줄 수는 없는 것이다. 사람의 미래를 아셔서 예언을 해주실 수 있으신 분은 오직 하나님 한 분뿐이시다. 그러므로 우리의 장래 문제를 미리 알려고 조급하게 굴 것이 아니라 우리의 장래 문제에 대해서만은 믿음으로 하나님께 의지하는 태도를 가져야 한다.

"악이 행악자를 건져낼 수도 없느니라"(8절)고 한 것은 악을 행함으로 선해질 수 없음을 말한다. 어떤 악한 사람이 내게 해를 입혔을 때 그 행악자에 대해 내 손으로 원수를 갚으면 나도 같이 악해져서 결국 악을 제거한다고 한 행동이 악으로 끝남으로 선해질 수 없음을 말한다. 따라서 죽음이나 전쟁이나 세상의 악을 제거하는 일은 자기 마음대로 자기 힘으로 해결 할 수 없음을 깨닫고 무슨 일을 당하든지 묵묵하게 질서를 지키어 하나님의 섭리에 순복해 나가는 것이 지혜로운 자의 태도이다.

# 제21장 악인과 의인의 비교

### 본문 : 전도서 8:9-17

    세상을 사는 동안 항상 분노가 치밀고 문제가 되는 것은 악인이 성하고 선한 사람이 오히려 고통을 당하는 불공평한 일을 보는 것이다. 가정 교육을 통해서나 학교 교육을 통해서 혹은 교회에서 선을 행하면 하나님께서 축복하셔서 번성하고 악을 행하면 처벌을 받는다는 교육을 받았다. 그런데 실제 사회를 관찰하면 그렇지 못한 것이다. 일반적으로 사람이 악할 때는 항상 부족한 것이 없이 잘 살고 모든 사람들이 모여들어 떠받들고 흥성흥성하다가도 그 사람이 개과천선해서 좋은 사람이 되면 계속해서 고통 당하고 학대와 천대를 받는 것이 흔히 있는 일이다. 그래서 과연 선하게 사는 것에 의미가 있는가? 반드시 악을 행하지 않아야 될 이유가 있는가 라는 반문을 하게 되는 것이 사실이다. 그런 실제적인 문제를 전도서 8장 9절 이하에서 다루고 있다.

## I. 악을 피하고 선을 따르라(8:9-13)

    8:9-10 "내가 이런 것들을 다 보고 마음을 다하여 해 아래서 행하는 일을 살핀즉 사람이 사람을 주장하여 해롭게 하는 때가 있으며 내가 본즉 악인은 장사지낸 바 되어 무덤에 들어갔고 선을 행한 자는 거룩한 곳에서 떠나 성읍 사람의 잊어버린 바 되었으니 이것도 헛되도다."

    9절과 10절에 관해서는 구약 학자들이 번역상 여러 가지 문제점이 있는 것을 지적하고 있는데 특별히 유대인 학자들 중에 이벤 에스라(Ibn Ezra)라는 학자는 그 내용을 다음과 같이 설명하고 있다.

악인이 마치 폭군처럼 친구나 이웃을 자기 마음대로 좌지우지하면서 지배하고 피해를 입히는 경우가 가끔 있는데 그런 악한 사람이 편히 죽어서 장사지냄을 받는다고 했다. 다시 말해서 평생 남을 괴롭힌 악인이 요절을 한다든지 몹쓸 병에 들어 고생을 하다가 죽는 것이 아니라 오히려 편히 잘 살다가 죽어 장사지낸 바 되고 무덤에 들어갔는데 이벤 에스라는 그 자녀들이 대를 이어서 대대로 잘 살고…라고 첨부해서 해석하고 있다. 반면에 선을 행하는 사람은 "거룩한 곳(하나님이 계신 성전이 있는 예루살렘 성)에서 떠나 성읍 사람의 잊어버린 바 되었다"고 한 것은(유대인들은 예루살렘 성안에 사는 사람들은 귀족이나 특권 계급이고 하나님의 특별한 축복을 받은 사람들이라고 생각했었다) 예루살렘에서 살던 사람이 집안이 망해서 더 이상 예루살렘성 안에서 살 형편이 못되어 예루살렘 성을 떠나 성 밖 어느 시골로 낙향한 상태를 말한다. 그럴 뿐만 아니라 성읍 사람의 잊어버린 바 되었느니라고 한 것은 옛날 예루살렘에서 사귀던 친구들이 다 그를 잊어버렸을 뿐만 아니라 자녀도 없어서 대를 이을 수 없는 상태까지 되는 경우가 얼마든지 있다고 설명했다.[8]

> 8:11 "악한 일에 징벌이 속히 실행되지 않으므로 인생들이 악을 행하기에 마음이 담대하도다."

지나간 50여 년의 한국 사회에서 이루어진 역사를 돌아보면 법질서를 지키지 않는 것은 물론 누가 됐던지 총칼을 들고 쿠데타를 일으켜 정권을 잡으면 대통령이 될 수 있었고 대통령이 된 후에는

---

[8] Ibn Ezra, A Cohen ed., The Five Megilloth.( New York; Soncino Press. 1844)p. 82.

권력과 영화를 누리면서 엄포 한 마디면 돈이 가득 담긴 상자들을 가져다 바치는 세대가 되었다. 그래서 한국 사회에서는 정직하게 산다든지 열심히 성실하게 산다는 것은 바보 천치들이나 하는 짓으로 생각하게 되어 전도서 기자가 말한 그대로 악을 행하기에 마음이 담대해졌다.

11절의 악한 일에 징벌이 속히 실행되지 않는다는 것은 악한 일로 판결을 받았으나 그 판결에 대한 집행이 지연된 상태를 말한다. 이미 악한 것은 증거된 사실이고 악에 대해서 처벌받을 것도 결정된 사실임에도 하나님께서 그때그때 즉시 처벌하시는 것이 아니라 가끔 지연시키는 때가 있다. 그것이 예수를 믿지 않는 사람인 경우는 20대에 범한 죄를 60년 70년을 기다렸다가 90세가 됐을 때 처벌하시는 경우가 있고 어떤 때는 죽을 때까지 기다리시는 수가 있다. 이렇게 악한 일로 판결된 사실이 즉시 처벌되지 않고 지연되기 때문에 인생들이 하나님을 두려워하기는커녕 오히려 담대하게 악을 행하는 것이다.

그러나 전도서 기자가 정말 전달하기 원하는 뜻은 악한 일을 행했으면 이미 하나님께 이 악한 행동이 보고되어 이런 악에 대해서 징벌하실 것은 이미 결정된 사실이고 단지 집행이 지연된 것뿐이다. 그러므로 집행이 지연된다고 해서 담대한 마음으로 여전히 악을 행하는 사람은 천하에 어리석은 사람이다.

> 8:12-13 "죄인이 백번 악을 행하고도 장수하거니와 내가 정녕히 아노니 하나님을 경외하여 그 앞에서 경외하는 자가 잘 될 것이요 악인은 잘 되지 못하며 장수하지 못하고 그 날이 그림자와 같으리니 이는 하나님 앞에 경외하지 아니함이니라."

설령 죄인들이 악을 백 번 행하고도 장수하는 예가 가끔 있는 것은 사실이지만 그러나 장담할 수 있는 것은 하나님을 경외하는 자가 잘될 것이요 악인은 잘되지 못하며 장수하지 못하고 그 날이 형체가 없는 그림자와 같이 허물어져 없어질 것이라고 결론적으로 전도서 기자가 참으로 하고 싶었던 말을 하고 있다.

구약성경에서는 장수하는 것을 하나님의 축복으로 자주 언급했다. 옛날에는 사람들의 수명이 매우 짧았다. 지금처럼 의학이 발전되지 않았고 영양이 충분치 않아 유행병이 한 번 지나가면 많은 사람들이 파리처럼 목숨을 잃었기 때문에 50세를 넘게 사는 예가 드물었다. 한국에서도 60까지만 살아도 장수한 것으로 쳐서 회갑 잔치를 크게 하던 풍습이 아직도 남아 있다. 지금 우리 나라의 강원도 만한 지역에 살고 있던 이스라엘 백성들은 계속해서 불레셋, 암몬, 모압, 에돔 등등 주변에 둘러싸인 적들에게 약탈을 당했는데 이들은 걸어서도 한두 시간만 오면 되는 거리에 살고 있었기 때문에 심심하면 몇 십명씩 몰려와서 닥치는 대로 사람을 죽이고 일년 내내 농사를 지어 쌓아 놓은 곡식 등을 도적질해 가는 일들이 많았다.

이런 상황에서 늙어서 수명이 다하도록 편안하게 살다가 죽는 일이 거의 드물고 대개 남자들이 40-50 대에 죽는 것이 통례였다. 그뿐 아니라 힘든 육체노동을 하면서 잘 먹지 못해서 영양실조로 40-50만 되면 푹 늙어 버리고 50 전에 병들어 죽는 예도 많았다. 한편 부자들은 잘 먹고 힘든 노동을 하지 않고 편하게 살았기 때문에 더 오래 사는 경우가 많았는데 이러한 이유로 장수하는 것과 하나님의 축복을 동일시했다.

하나님을 경외하는 자의 하는 모든 일이 순조롭게 처리된다고 말하는 한편 악인은 잘 되지 못한다고 했는데 무슨 일이나 다 꼬여들어 잘 안되는 것을 말한다. 그뿐 아니라 장수하지도 못하고 그 사는 날이 마치 그림자처럼 흔들흔들해서 어디까지가 진실이고 어디까지가 허위인지 알 수 없게 되므로 결과적으로는 선한 사람은 하나님의 축복을 받고 악한 사람은 하나님의 저주를 받을 수밖에 없는 사실을 지적하고 있다.

## II. 희락의 권장(8:14-15)

> 8:14-15 "세상에 행하는 헛된 일이 있나니 곧 악인의 행위대로 받는 의인도 있고 의인의 행위대로 받는 악인도 있는 것이라 내가 이르노니 이것도 헛되도다 이에 내가 희락을 칭찬하노니 이는 사람이 먹고 마시고 즐거워하는 것보다 해 아래서 나은 것이 없음이라 하나님이 사람으로 해 아래서 살게 하신 날 동안 수고하는 중에 이것이 항상 함께 있을 것이니라"

14-15절에서는 인생 사는 것이 확정된 것이 아니니 희락을 즐기라고 했는데 여기서 말하는 희락(enjoyment, 을 칭찬한다)은 에피큐리안 주의나 히돈이즘 같은 쾌락주의를 말하는 것이 아니다. 현재 미국 문명을 지배하고 있는 쾌락주의는 관능적인 욕구를 만족시켜서 얻어지는 육체적인 즐거움을 추구하려는 17-18세기에 영국에서 발전했던 쾌락주의 사상이다. 그러나 전도서가 권장하는 희락은 관능을 만족시켜서 얻어지는 천박한 희락을 말하는 것이 아니라 참된 영혼의 기쁨, 창조주와 올바른 관계가 형성된 까닭에 얻어지는 심오한 즐거움을 의미한다.

희락을 권장하는 이유를 14절에서 "악인의 행위대로 받는 의인도 있고 의인의 행위대로 받는 악인도 있나니…"라고 악한 사람이 잘되는 수도 있고 선한 사람이 잘 되지 않는 수도 있어 악과 선의 구분이 불분명하고 상벌의 원리가 불분명한 상태에서 오히려 희락을 칭찬한다고 했다.

헛되고 헛되다는 말이 연거푸 나오기 때문에 전도서를 염세주의적인 책이라고 비평하는데 사실은 전도서 안에 희락을 권장하는 내용이 많이 포함되어 있음을 발견하게 된다.

> 전도서 3:12 "사람이 사는 동안에 기뻐하며 선을 행하는 것보다 나은 것이 없는 줄을 내가 알았고"(어차피 고생스러운 세상인데 불평 불만을 하지 말고 선을 행하면서 기쁘게 살라.)
>
> 전도서 3:22 "그러므로 내 소견에는 자기 일에 즐거워하는 것보다 나은 것이 없나니 이는 그의 분복이라."(자기 일에 즐거워한다는 것은 자기의 직업에 불평불만을 품지 말고 기쁘고 즐거운 마음으로 자기 일을 감당하라는 권면이다.)
>
> 전도서 5:18 "사람이 하나님의 주신 바 그 일평생에 먹고 마시며 해 아래서 수고하는 모든 수고 중에서 낙을 누리는 것이 선하고 아름다움을 내가 보았나니"(일평생 사는 동안 어차피 일은 해야 되는데 이렇게 일을 할 때 즐거운 마음으로 낙을 누리는 심정으로 하는 것이 참으로 선하고 아름다운 것이다.)

잠언 23장 7절에 "대저 그 마음의 생각이 어떠하면 그 위인도 그러한즉…"이라고 그 사람의 생각에 따라 그 사람의 됨됨이가 달라진다고 했다. 지혜로운 사람은 하나님과 올바른 관계를 형성하고 마음속으로부터 우러나오는 즐겁고 기쁜 생활을 하기 때문에 사나웠던 얼굴이 부드럽게 변하고 숫제 얼굴에서 광채가 난다고 했다(전도서 8:1) 마음속에 기쁜 마음을 가지고 살면 아닌게 아니라 모든 일이 다 기쁘고 즐겁게 해결돼 나가는 것이 사실이다. 내가 웃는 낯으로 남을 대하면 다른 사람들도 나를 웃음으로 대하게 되고 내가 남에게 친절하게 대하면 다른 사람들도 나를 친절하게 대하는 것이 사실이다. 그러나 만일 내가 찡그린 얼굴로 화를 내면 상대방도 화가 나서 도전적인 태도로 나오기 때문에 험악한 분위기를 만들어 이런 환경에서는 하루하루 사는 것이 지긋지긋해질 수밖에 없다.

희락을 누리고 안 누리고는 우리 마음에 달려 있는 것이다. 전도서 기자는 이 세상은 악과 의의 구분이나 상벌의 원리도 불분명하고 또 별로 오래 살지도 못하는 짧은 인생인데 구태여 화를 내면서 살 것이 아니라 기쁜 마음으로 살라고 권면하면서 곧 이어서 "사람으로 해 아래서 살게 하신 날 동안 수고하는 중에 이것이 항상 함께 있을 것이니라"고 적어도 먹고 마시고 즐거워하는 것은 인간에게 있어서 최선의 삶인데 이것은 세상에서 수고하면서 사는 사람 누구에게나 허락되었으니 이 희락을 즐기고 웃으면서 살라고 권면하고 있다.

## III. 인간의 한계(8:16 - 17)

8:16 "내가 마음을 다하여 지혜를 알고자 하며 세상에서 하는 노고를 보고자 하는 동시에(밤낮으로 자지 못하는 자도 있도다)"

내가 마음을 다하여 지혜를 알고자 했으나 지혜를 발견하지 못했고 밤잠을 못 자면서 진리를 발견하려고 노력했어도 지혜를 찾지 못했다고 했다. 인간적인 방법으로 지혜를 찾으려고 애써도 지혜를 못 찾았고 지혜를 찾지 못했기 때문에 역경과 고통의 연속, 눈물과 한숨으로 일생을 살수밖에 없다고 지적하고 있다. 그런데 잠언 1장 7절에서는 지혜를 찾는 열쇠가 여호와를 경외하는 데 있다고 명확하게 가르치고 있다. 여호와를 경외함으로 우리가 옳게 하나님의 계시를 받을 수 있고 성령의 영감하시는 역사에 참여할 수 있으면 우리가 참된 지혜를 발견할 수 있을 뿐만 아니라 진리를 발견해서 그 진리로 말미암아 우리의 생활이 윤택해지고 참된 희락을 얻을 수 있지만 인간적인 노력으로는 지혜나 진리를 발견하여 참된 기쁨을 누리는 것이 전혀 불가능하다.

칼빈주의적인 술어를 빌어 설명한다면 인간은 타락된 존재이기 때문에 자기 스스로 진리를 발견하거나 행복을 추구하는 것이 전혀 불가능하고 오직 하나님에게 돌아와서 그에게 의존할 때만 비로소 진리와 지혜 그리고 우주의 참된 의미를 발견할 수 있어서 참된 행복과 기쁨을 누릴 수 있는 것이다.

> 8:17 "하나님의 모든 행사를 살펴보니 해 아래서 하시는 일을 사람이 능히 깨달을 수 없도다 사람이 아무리 애써 궁구할찌라도 능히 깨닫지 못하나니 비록 지혜자가 아노라 할찌라도 능히 깨닫지 못하리로다."

인간들은 인간 중심적인 사고방식을 갖게 마련이다. 그래서 헬라 철학자들은 인간은 우주 만물의 출발점이요 우주 만물의 척도라고 주장했다. 그러나 우주 전체라는 차원에서 또 하나님 앞에서라는 차원에서 생각해 볼 때 사람이란 존재는 웃기는 것에 불과하다. 6척 정도밖에 안되는 육체에 이성적인 기능이 있다고는 하지만 두 손안에 감쌀 수 있는 자그만한 두뇌를 가지고 생각을 하면 얼마나 생각하고 추리를 하면 얼마나 추리를 하고 창의력을 발휘하면 얼마나 창의력을 발휘할 수 있겠는가? 아무리 머리가 좋아도 북극에서 남극까지 지구 전체를 한꺼번에 내려다보면서 살피고 연구할 수는 없다. 인간들의 과학이 아무리 발달됐다 하더라도 지금까지 유인 인공위성은 지구에서 제일 가까운 달에까지밖에 못 갔다. 달은 지구에서 제일 가깝게 있는 유성이어서 태양계라는 차원에서만 봐도 벼룩이가 한 번 팔짝 뛰었던 정도밖에 안되는 것이다. 최근에 천문학자들이 발표한 바로는 견우 직녀성 근처에 태양과 같은 항성이 두 개가 있는 것을·발견했다고 한다. 이 유성은 35광년 밖에 있어서 광선과 같은 빠른 속도로 여행을 해서 한 번 갔다 오는데 70광년이 걸리는 것이다. 갓난아이를 인공위성에 싣고 쉬지 않고 광선이 지나가는 것처럼 빠른 속도로 갔다가 바로 돌아서서 돌아왔을 때 이 갓난아이는 벌써 70세 노인이 되어 있는 것이다. 그것은 지구에서 제일 가까운 유성인데 하물며 태양계 전체, 은하계 전체를 사람의 지능으로는 헤아려 알 수 없는 것이다. 이 우주 안에 은하계와 같은 성계가 몇 개나 있는가 하는 것은 아무도 모른다. 수십만, 수백만, 수억 개가 있을 것으로 추측하는 것뿐이다. 하나님께서 우주 만물을 창조하셨다는 뜻은 한과 끝이 없는 모든 성계를 다 창조하셨다는 것이고 자연의 질서를 유지하신다는 것은 우주 안의 모든 성계의 질서를 다 유지하고 계시다는 뜻이다. 도대체 은하계의 한 변두리에 치우쳐 있는 태양계, 태양계에서도 별볼일 없는 지구에 섭생하고 있는 인간이 제한된 범위 안에서 연구한 결과 알면 얼마나 알고 이해를 하면 얼마나 이해할 수 있겠는가?

다행히 하나님께서 계시로 성경을 우리에게 주셔서 노력만 하면 상당히 많은 것을 알 수 있기는 하지만 "하나님의 모든 행사를 살펴보니 해 아래서 하시는 일을 사람이 능히 깨달을 수 없다."고 한 전도서 기자의 말이 옳다. 하나님이 하시는 일은 개인의 소소한 일을 초월해서 방대한 우주 전체 인류 전체를 공정하게 대하시기 때문에 사람이 하나님의 하시는 일을 다 알 수 없는 것이다. 극히 이기적인 동물인 사람이 자기 중심적인 생각으로 무엇이든지 자기가 원하는 대로 하나님께서 다 이루어 주시기를 바라고 모든 하나님의 비밀을 다 통달해 알기를 원하지만 만일 하나님께서 사람이 원하는 대로 다 부어주신다 해도 큰일이다. 제한된 그릇을 가진 사람이 너무 큰 욕심을 내다가는 그릇이 깨지고 말 것이다.

하나님께서 해 아래서 하시는 일을 전부 깨달아 알았다고 주장할 수 있는 사람은 천하에 하나도 없다. 아무리 성경을 여러 번 읽어

성경에 통달했다고 자부하는 사람이라도 어떤 단계에서는 이것은 나는 모르겠다고 고백할 수 있는 겸손함을 가질 수 있어야 한다. 도대체 하나님을 알겠다, 하나님의 섭리를 내 지식의 영역권 안에 집어넣어서 이해하고 통달하겠다고 생각하는 자체가 어떤 의미에서는 오만불손한 태도라고 볼 수 있다.

고린도전서 1장 27절에 하나님께서 그의 사역을 사람들에게 맡기시는 방법을 설명하고 있다. "하나님께서 세상의 미련한 것들을 택하사 지혜 있는 자들을 부끄럽게 하려 하시고 세상의 약한 것들을 택하사 강한 것들을 부끄럽게 하려 하시며 하나님께서 세상의 천한 것들과 멸시받는 것들과 없는 것들을 택하사 있는 것들을 폐하려 하시나니 이는 아무 육체라도 하나님 앞에서 자랑하지 못하게 하려 하심이라."

# 제22장 하나님의 통치

### 본문 : 전도서 9:1-10

9장 1절로부터 12장 8절까지는 전도자의 네 번째 설교로 하나님의 통치에 관한 내용이다. 그 중에서도 9장 1-10절은 인간들의 불의에도 불구하고 하나님께서는 모든 우주 만물을 통치하신다는 사실을 지적하고 있다.

## I. 모든 사람은 다 죽는다(9:1-3)

9:1-3 "내가 마음을 다하여 이 모든 일을 궁구하며 살펴본즉 의인과 지혜자나 그들의 행하는 일이나 다 살펴본즉 의인과 지혜자나 그들의 행하는 일이나 다 하나님의 손에 있으니 사랑을 받을는지 미움을 받을는지 사람이 알지 못하는 것은 모두 그 미래임이니라. 모든 사람에게 임하는 모든 것이 일반이라 의인과 악인이며 선하고 깨끗한 자와 깨끗지 않은 자며 제사를 드리는 자와 제사를 드리지 아니하는 자의 결국이 일반이니 선인과 죄인이며 맹세하는 자와 맹세하기를 무서워하는 자가 일반이로다 모든 사람의 결국이 일반인 그것은 해 아래서 모든 일 중에 악한 것이니 곧 인생의 마음에 악이 가득하여 평생에 미친 마음을 품다가 후에는 죽은 자에게로 돌아가는 것이라."

1절에서 3절까지는 모든 사람이 다 죽는다는 사실을 말하고 있다. 이 세상에는 공평한 일이 별로 없다. 우선 날 때부터 어떤 아이는 크고 건강하게 태어나고 어떤 아이는 체중 미달로 병약하게 태어난다. 학교에 들어가면 지능 검사부터 해서 어떤 아이들은 천재로 어떤 아이들은 저능아로 구별짓는다. 어려서만 불공평한 것이 아니라 어른이 된 뒤에도 잘난 사람이 있고 못난 사람도 있고 돈을 잘 벌어 부자가 되는 사람도 있고 물려받은 돈도 잘 관리를 못해 거지가 되는 사람도 있는 등 여러 가지 형태의 사람들이 있다. 그러나 이 세상에서 가장 공평한 일이 한 가지 있는데 그것은 죽음이다. 죽지 않을 사람은 이 세상에 한 사람도 없다.

> 9:1 "내가 마음을 다하여 이 모든 일을 궁구하며 살펴본즉 의인과 지혜자나 그들의 행하는 일이나 다 하나님의 손에 있으니 사랑을 받을는지 미움을 받을는지 사람이 알지 못하는 것은 모두 그 미래임이니라"

이 세상에서는 반드시 부지런하고 정직하게 살려고 노력하는 사람이 사랑을 받고 존경받는 것이 아니고 또 남에게 거짓말을 하고 불성실하게 산다고 해서 미움을 받는 것이 아니라 오히려 그런 사람들이 더 존경을 받고 사랑을 받는 경우가 얼마든지 있다. 그러나 하나님께서 의인과 지혜자의 배후에서 주관하고 계시기 때문에 어떤 사람이 더 사랑을 받고 더 존경을 받을 것인가 하는 미래의 일에 대해서는 우리가 관여할 바가 아니다. 그러나 결과적으로 모든 인간의 운명은 같다.

> 9:2 "모든 사람에게 임하는 모든 것이 일반이라 의인과 악인이며 선하고 깨끗한 자와 깨끗지 않은 자며 제사를 드리는 자와 제사를 드리지 아니하는 자의 결국이 일반이니 선인과 죄인이며 맹세하는 자와 맹세하기를 무서워하는 자가 일반이로다."

죽음은 의인과 악인을 구별하지 못하고 선하고 깨끗한 자와 부정한 자(구약시대에는 죽은 짐승이나 시체를 보았으면 부정한 자로 취급해서 성전 예배에 참석할 수 없었다)도 구별을 못하고 제사를 드리는 자와 믿음이 없어서 제사를 드리지 않는 자(구약성경에서 제사를 드리는 자는 믿음이 있는 사람을 의미한다)도 똑같이 취급하고 또 맹세하는 자와 맹세하기를 무서워하는 자(여호와의 이름을 망령되이 일컫지 말라 한 것은 여호와의 이름으로 맹세치 말라는 명령이다) 즉 하나님의 말씀을 무시하고 제멋대로 맹세하는 자나 하나님이 두려워서 함부로 맹세하지 않는 좋은 신앙인이나를 막론하고 다 찾아온다. 그러므로 모든 사람이 죽음 앞에 서는 평등하다.

> 9:3 "모든 사람의 결국이 일반인 그것은 해 아래서 모든 일 중에 악한 것이니 곧 인생의 마음에 악이 가득하여 평생에 미친 마음을 품다가 후에는 죽은 자에게로 돌아가는 것이라."

하나님께서 인생들을 내려다보실 때 혹은 천사들이 인생을 볼 때 사람들의 마음에 악이 가득하여 평생에 미친 마음을 품고 살다가 죽는 것을 보는데 이것은 사람들이 올바른 정신으로는 할 수 없는 일들을 하는 것을 말한다. 가장 쉬운 예로 정신을 잃도록 술을 마신다든가 돈을 잃을 것이 틀림없음에도 도박에 빠진다든가 쓸데없는 욕심을 내어 자기가 병들어 죽을 것을 모르고 정신없이 일을 하는 등 꼭 미친 사람들처럼 사는 것이다. 이렇게 미친 마음을 품다가 결국은 죽은 자에게로 돌아가는 것이다.

## II. 죽음의 의미(9:4-6)

> 9:4-6 "모든 산 자 중에 참예한 자가 소망이 있음은 산 개가 죽은 사자보다 나음이니라 무릇 산 자는 죽을 줄을 알되 죽은 자는 아무 것도 모르며 다시는 상도 받지 못하는 것은 그 이름이 잊어버린 바 됨이라 그 사랑함과 미워함과 시기함이 없어진 지 오래니 해 아래서 행하는 모든 일에 저희가 다시는 영영히 분복이 없느니라"

살아 있으면 적어도 미래에 대한 소망이 있으니까 사는 의미가 있고 기대할 수 있는데 한번 죽으면 소망이 없고 완전히 망각되어 버리는 까닭에 아무래도 산 것만은 못하다고 했다.

이것은 구약의 현실적인 사고방식이다. 구약시대는 지금처럼 지식이 보편화되지 않았고 글을 읽을 수 있는 사람이 얼마 없었다. 그뿐만 아니라 오늘 당장 사는 일에 급급했기 때문에 죽은 후의 일에 대해 생각할 여유도 별로 없었다. 물론 욥기서에 낙원이 있고 낙원은 편히 쉬는 곳이고 낙원에서는 모든 소요가 그치고 계급의 차별이 없는 곳이라는 등의 기록이 있지만 지금처럼 누구나 성경을 읽을 수 있었던 것이 아니기 때문에 내세에 대한 정확한 지식이 보편화되지도 못했다. 그래서 죽으면 사람들에게서 잊어버린 존재가 될 뿐만 아니라 죽은 후에는 사랑이나 미움 혹은 시기심 같은 감정도 없어지는 상태를 말하면서 그래도 살아 있는 동안은 소망이 있으니 죽은 것보다는 살아 있는 것이 훨씬 낫다고 이론을 전개하는 것이다.

### III. 죽음에 대한 대비(9:7-10)

9:7-10 "너는 가서 기쁨으로 네 식물을 먹고 즐거운 마음으로 네 포도주를 마실지어다 이는 하나님이 너의 하는 일을 벌써 기쁘게 받으셨음이니라. 네 의복을 항상 희게 하며 네 머리에 향기름을 그치지 않게 할지니라 네 헛된 평생의 모든 날 곧 하나님이 해 아래서 네게 주신 모든 헛된 날에 사랑하는 아내와 함께 즐겁게 살지어다 이는 네가 일평생에 해 아래서 수고하고 얻은 분복이니라 무릇 네 손이 일을 당하는 대로 힘을 다하여 할지어다 네가 장차 들어갈 음부에는 일도 없고 계획도 없고 지식도 없고 지혜도 없음이니라."

7절에서 10절까지는 죽음에 대한 대비를 하라고 하면서 먹고 마시고 즐기라고 했다.

이미 기쁘게 받으셨다는 것은 하나님이 인간들을 창조하신 장본인이시기 때문에 사람들의 필요를 잘 알고 계신다는 뜻이다. 육체를 가진 사람들은 배고프면 위에 통증이 와서 밥을 먹어야 되는 것도 아시고 미각이 있어서 맛있는 음식을 먹으면 기분이 좋은 것등 하나님께서는 인간들의 속사정을 세세히 알고 계신다. 먹고 마시고 즐기는 것은 이미 하나님께서 허락하시고 권장하신 일이기 때문에 자기가 정직하게 노력해서 얻어진 식물을 먹고 마시고 즐기는 것을 나무라지 않으신다.

신학은 2000년 동안 계속해서 발전해 왔다 그런데 발전만 한 것이 아니라 퇴보할 때도 있었고 부패할 때도 있었던 것이 사실이다. 예를 들어 종교개혁 운동은 기독교가 방향을 달리해서 상당한 발전을 했던 때라고 볼 수 있는 반면에 카톨릭교회의 자연주의 신학에 대한 반대작업을 하다 보니 영적인 문제만 강조하고 현실문제, 인간들의 육체상의 문제, 먹고 마시고 쓰는 문제, 가정생활, 경제 생활, 대인 관계 같은 문제는 사실상 소홀히 해서 설교의 제목에서는 제외되고 오직 영적인 것이나 하나님과의 관계만 강조해 왔던 것이 사실이다.

칼빈 같은 사람도 그런 원리를 적용해서 사람은 죄의 성품을 가지고 태어난 까닭에 배부르고 시간 여유가 있으면 죄 지을 생각만 자꾸 하게 되니까 눈만 뜨면 나가서 열심히 일을 해서 잡념이 생기지 않게 하라고 가르쳤다. 그뿐 아니라 너무 잘 먹고 편히 쉬는 것은 육욕의 만족을 위한 것이니까 음식을 절제해서 조금만 먹으라고 했다. 이런 생활 원리를 가르침으로 청교도라는 이름이 붙여졌다. 독일의 사회학자 마르크스 웨버는 근대 자본주의가 발생한 것은 칼

빈의 청교도 윤리의 영향이라고까지 말했다. 열심히 일을 해서 벌기는 많이 벌었는데 먹지도 않고 쓰지도 않고 절제하면서 살았기 때문에 남는 것이 많아 그것을 팔아 돈으로 바꾸어 저축을 하다 보니 금융업이 발달했고 그래서 여러 사람들의 돈이 모아져 자본이 형성되어 근대 자본주의 문명이 형성되는 결과가 되었다고 주장했다.

유대인들의 구약성경에서는 주로 현실문제를 가르쳤다. 농사짓는 것으로부터 병이 난 사람의 처리 문제, 음식을 가려먹는 문제 더러운 것을 보았을 때 몸을 씻어서 위생관리를 하는 문제, 심지어는 화장실 출입하는 문제까지 어떻게 해야 된다고 매우 실제적인 교훈을 하고 있다. 전도서 9장 7절에서 10절에도 이런 현실문제를 취급하고 있는데 하나님께서는 자연이나 인류의 역사나 가정 생활 혹은 개인 생활 등에 무관심하시어 내버려두시는 것이 아니라 일일이 관심을 가지고 통치하신다. 우리 눈에 보이지는 않지만 삼위의 하나님께서 우리 생활 가운데 들어오셔서 우리의 생각을 관찰하시고 우리의 말과 행동을, 아내와 남편 사이, 부모와 자녀와의 관계, 형제간의 관계, 친구와의 관계를 깊은 관심을 가지고 관찰하고 계신다. 이런 사실을 철저하게 인식할 때 우리는 아무렇게나 살 수 없고 우리의 태도가 상당히 변화될 것이다.

아무리 무질서하게 사는 가정이라도 귀한 손님이 오시면 어느 정도 그 가정의 분위기가 변한다. 부부간에 소리를 지르고 싸우다가도 멈출 것이고 아이들을 야단치던 목소리도 자상한 목소리로 변할 것이다. 잠시 왔다 가는 손님 앞에서 태도를 변화시키는 것은 그리 어려운 일이 아니다. 그러나 하나님 앞에서는 한두 시간으로 끝날 일이 아니다. 우리를 창조하신 하나님은 우리를 우리보다 더 잘 알고 계시기 때문에 허위로 사는 것을 원치 않으신다. 하나님 앞에서 우리의 참 모습을 숨기고 억지로 꾸며 겉으로만 점잖은 척 노력해 보았자 한두 시간, 하루 이틀은 가능할지 모르지만 평생을 하나님 앞에서 살아야 하는데 이렇게 가식적으로 사는 것은 너무도 피곤한 일일뿐만 아니라 불가능을 시도하는 것이다.

"너는 가서 기쁨으로 식물을 먹고 즐거운 마음으로 네 포도주를 마실지어다 이는 하나님이 너의 하는 일을 벌써 기쁘게 받으셨음이니라"고 하신 것은 하나님께서 인간을 창조해 놓으시고 인간들이 자연스럽게 사는 것을 보시면서 기뻐하신다는 뜻이다. 배고프면 먹고 목마르면 마시고 피곤하면 누워서 한잠 자고 기쁘면 소리치면서 노래를 부르고 슬프면 울어서 가슴에 쌓인 슬픔을 쏟아 버리면서 자연스럽게 인간답게 살면 하나님께서 제일 기뻐하시는 것이다.

개신교 신학에서 지나치게 영적인 면만 강조하여 의식과 형식적인 생활을 마치 참된 신앙생활인 것으로 착각하게 가르쳤다. 도대체 금식하는 것처럼 부자연스러운 일이 없다. 하나님이 사람을 창조하실 때 하루에 세 끼를 먹어야 견딜 수 있게 하셨는데 40일 금식 기도를 한다는 것은 하나님처럼 되겠다는 욕망일 뿐이다. 기도도 하나님과 대화를 하고 싶을 때 정성껏 해야지 일주일 내내 기도한다는 것은 자연스럽지 못한 억지다. 일주일 내내 기도할 내용이 무엇인가? 만일 일주일 내내 했던 말을 또 하고 했던 말을 또 한다면 예수님께서 말씀하신 대로 중언부언하는 것일 수밖에 없다. 전도서는 속에 있는 말을 툭 털어놓고 솔직하고 시원스럽게 말하는 책인데 하나님은 우리 생활 가운데 들어와서 일일이 관찰하고 계시기 때문에 우리의 모든 것을 잘 알고 계신데 그 하나님 앞에서 허위로 사는 것은 불가능한 일이다. 그럴 뿐만 아니라 모든 사람이 죽을 것은 정해졌는데 살아 있는 동안 자신을 학대하면서 살지 말고 먹고 마시고 즐거운 마음으로 일하면서 자연스럽게 사는 것이 하나님께서 제일 기뻐하시는 일이라고 가르치고 있다. 한 가지 첨부할 것은 전도서 기자가 즐거운 마음으로 네 포도주를 마시라고 했다고 해서 지금 우리도 포도주를 마셔야 할 이유는 없다. 이스라엘은 손바닥처럼 작은 나라에 수천년 전부터 많은 인구가 몰려 살았기 때문에 물이 오염됐었다. 그래서 오염된 물을 마시지 않는 방법으로 포도주를 만들어서 포도주를 음료수로 사용했기 때문에 포도주를 마시라고 했던 것이다. 오늘날은 알코올 성분이 든 음료수가 아니라도 얼마든지 여러 가지 음료수가 있으므로 구태여 알코올 성분이 든 음료수를 마실 필요는 없는 것이다.

9:10 "네 의복을 항상 희게 하며 네 머리에 향 기름을 그치지 않게 할지니라"

의복을 항상 희게 하라는 것은 깨끗하게 빨아 입으라는 뜻이다. 또 머리에 향기름을 그치지 않게 하라고 했는데 향기름을 바르기 위해서는 우선 머리를 감아야 되는 것이다. 그러므로 몸을 깨끗이 씻고 단장하라는 뜻이다. 이미 3000년 전에 전도서 기자가 위생관리를 잘하라고 가르치고 있다.

9:9 "네 헛된 평생의 모든 날 곧 하나님이 해 아래서 네게 주신 모든 헛된 날에 사랑하는 아내와 함께 즐겁게 살지어다 이는 네가 일평생에 해 아래서 수고하고 얻은 분복이니라"

이것은 아내에게도 해당하는 말로 네 남편과 함께 즐겁게 살라는 말이기도 하다. 남편이 없는 사람이나 아내가 없는 사람은 사랑하는 형제 자매와 행복하게 살 수도 있고 혹은 혼자 독신으로 살아도 즐겁게 행복하게 살라는 말로 해석할 수 있다. 평생 사는 동안 행복하고 즐겁게 살 수 있는 것이 가능한 것은 일평생에 해 아래서 수고

하고 얻은 분복이기 때문이다.

> 9:10 "무릇 네 손이 일을 당하는 대로 힘을 다하여 할지어다 네가 장차 들어갈 음부에는 일도 없고 계획도 없고 지식도 없고 지혜도 없음 이니라"

기독교인들이 자칫 잘못하면 신앙을 빙자해서 자기에게 주어진 직책에 불성실할 수 있다. 가정의 부인이면 부인으로 학생이면 공부를, 직장인이면 직장에서, 사업을 하는 사람이면 사업을, 정치가는 정치를 성실하게 해야 한다. 손에 당한 일 즉 자기에게 주어진 일을 힘을 다해 해야 하는데 그 이유를 네가 장차 들어갈 음부에는 일도 없고 계획도 없고 지식도 없고 지혜도 없다고 하면서 장차 죽고 음부에 들어가면 할 일이 없을 테니 살아 있는 동안 기회가 주어졌을 때 성실하게 일을 하라고 권면하는 것이다.

# 제23장 예측할 수 없는 인생

본문 : 전도서 9:11-18

1980년대로부터 시작해서 기상학을 연구하는 사람들 가운데 혼돈 론(Chaos Theory)이라는 이론이 발전되어 왔다. 이 이론은 쉽게 설명하면 우주 만물을 살펴보니 질서가 있는 것 같은데 사실은 혼돈 상태에 있고 혼돈 상태에 있는 것 같으나 질서가 있기도 하므로 과거에 생각했던 것처럼 우주 만물은 질서 정연하게 운행되는 것이 아니라 혼돈 상태에 있어서 인간들이 머리로 계산한다든지 정확하게 이해하는 것이 불가능하다는 이론이다.

예를 들어 비행기를 타고 구름 위를 지나갈 때 창 밖을 내다보면 구름의 모양이 전부 다르다. 어떤 구름은 산봉우리처럼 굴곡이 있고 어떤 구름은 잔잔한 바다처럼 펴져 있는 등 똑같은 환경에서 기체화했음에도 구름의 모양이 전부 다른 것이다. 수증기가 증발하여 구름이 된 것까지는 질서가 있는 것 같은데 구름의 모양은 질서 없이 천태만상인 것을 보면 역시 혼돈 상태이다. 흰 눈은 바람에 날려서 깨지지 않는 한 모든 눈이 6각형이지만 그 중에 같은 모양은 하나도 없다. 그런데 물이 증발되어 얼어서 눈이 될 때 왜 반드시 육각형이 돼야 하느냐? 또 똑같은 육각형이면서 왜 모양이 다 다른가? 역시 질서가 없는 것 같으나 있고 있는 것 같으나 없다는 것이다. 불이 붙은 담배를 일렬로 늘어놓고 비디오로 사진을 찍어 그 담배 연기를 자세히 관찰하면 담배 연기가 위로 올라가는 것은 다 올라가는데 그 무늬가 하나도 같지 않고 모두 다 각기 다른 모양으로 무늬를 지으면서 올라간다. 이 역시 우주 안에 질서가 있기는 하나 제각기 다르게 움직이는 혼돈 상태에 있음을 보여준다. 특별히 기상학자들이 쓰는 술어 중에 나비의 영향(Butterfly Effect)이라는 술어가 있는데 이것은 예를 들어 상해의 공원 어느 지점을 날아가는 나비가 날개를 쳐서 공기에 생긴 파장이 확대되어 지구를 반바퀴 돌아서 뉴욕에 왔을 때는 대폭풍으로 변할 수 있다는 것이다. 반면에 서장 지방에서 원자탄 실험을 했을 때 그 파장이 확대되고 확대되어 뉴욕에 왔을 때는 뉴욕시 전체가 훌떡 날아가 버리는 대폭풍이 돼야 하는 것이 원칙인데 원자탄을 실험했을 때는 그 지역에서만 푹석 꺼져 버리고 전혀 다른 지역으로 전달되지 않는 예가 얼마든지 있는 것이다. 어째서 나비의 파장은 퍼지고 퍼져서 뉴욕에 왔을 때는 대폭풍우로 변하는데 원자탄을 폭발한 것은 그 자리에서 푹석 없어져 버리고 비례적으로 큰 영향을 미치지 않는가? 이것 역시 질서가 있는 듯하나 질서가 없는 등 혼돈 상태가 중첩되어 인간의 머리로는 정확하게 이해하는 것이 전혀 불가능하다는 결론을 내리고 있다. 특히 현대 과학계에 새롭게 대두되는 심각한 문제는 최신의 컴퓨터를 이용해서 자연의 질서 혹은 규칙을 찾으려고 노력해 본 결과 자연은 과학적으로 정의할 수 있는 것이 아니라 인간들이 알지 못하는 신비의 영역이 자연 속에 너무 많다는 것이 다. 이러한 신비의 영역은 자연과학에만 해당되는 것이 아니라 예로부터 인간들의 생존, 인간들의 경험, 지혜, 또 죽음의 불확실성 등 예측할 수 없는 인생문제들에도 해당되는 것이다.

## I. 인생의 불확실성(9:11-12)

9:11 "내가 돌이켜 해 아래서 보니 빠른 경주자라고 선착하는 것이 아

니며 유력자라고 전쟁에 승리하는 것이 아니며 지혜자라고·식물을 얻는 것이 아니며 명철자라고 재물을 얻는 것이 아니며 기능자라고 은총을 입는 것이 아니니 이는 시기와 우연이 이 모든 자에게 임함이니라."

인생은 예측할 수 없는 인생문제를 11절과 12절에서 취급하고 있다. 이것을 신학적인 술어로 정리하면 하나님께서 섭리로 우주만물을 통치하시고 관여하시는 역사를 통해 인간의 역사를 지배하신다고 설명할 수 있다. 하나님의 섭리나 관여하시는 역사에는 절대적인 섭리의 영역이 있어서 하나님이라도 변화시킬 수 없는 요소가 있다. 반면에 허용적인 요소가 있는데 허용적인 요소는 인간과의 관계, 천사나 악령이나 사단과의 관계 혹은 자연과의 관계에서 하나님께서 그때그때 융통성 있게 조정하시기 때문에 하나님께서 관여하기는 하시지만 특별한 규칙이 있는 것이 아니라 소위 말하는 실존적인 관계에서 융통성 있게 운영되고 변화된다는 개념이다.

11절에 "내가 돌이켜 해 아래서 보니 빠른 경주자라고 선착하는 것이 아니며…"라고 했는데 원어에 보면 "선착하는 자가 빨리 뛰는 자가 아니다"라고 되어 있다. 빨리 뛰는 사람이어서 올림픽 경기에서 100미터나 200미터 등 몇 가지 종목에서 분명히 금메달을 딸 것이라고 예상했던 사람이라도 실제 경주에서 공교롭게 마지막 단계에 넘어져 발이 삐든지 아니면 무슨 사고가 생겨 번번이 우승을 못하는 사람이 있다. 아무리 잘 뛰는 사람이라도 하나님이 막으시면 우승을 못하는 것이다.

"유력자라고 전쟁에 승리하는 것이 아니며" 인간의 역사를 살펴보면 반드시 기운이 세다고 해서 싸움에 이기는 것이 아니고 강한 자가 전쟁에 승리하는 것이 아니다. 다윗과 골리앗의 접전 같은 것을 예로 들 수 있다. 무기 하나도 없는 소년 다윗이 돌멩이 몇 개를 들고 전쟁터에 나갔다는 것은 어린아이의 장난에 불과하다. 그런데 결과적으로 다윗이 돌팔매로 9척 장신이었던 불레셋의 장수 골리앗을 쳐서 죽임으로 대승전을 거두었던 사건을 성경에서 읽을 수 있다.

"지혜자라고 식물을 얻는 것이 아니며 명철자라고 재물을 얻는 것이 아니며 기능자라고 은총을 입는 것이 아니니 이는 시기와 우연이 이 모든 자에게 임함이니라" 여기에서 말하는 명철자(נבנים)는 분별하는 자 혹은 이해하는 자라는 뜻인데 모든 것을 분별하고 이해한다는 뜻으로 머리가 좋은 사람을 말한다. 또 기능자(לידעים)는 지식이 있는 사람을 말한다. 따라서 지혜가 있고 머리가 똑똑하다고 해서 부자가 되는 것이 아니고 또 지식이 있는 사람이라고 해서 사람들이 좋아하는 것(은총을 입는 것)이 아니다.

"시기와 우연이 이 모든 자에게 임함이라"는 것은 현대어로 때를 잘 만났다 혹은 운이 좋았다는 말로 바꿀 수 있는데 아무리 잘 뛰어도 일등을 하는 것이 아니고 힘이 세다고 해서 전쟁에 승리하는 것도 아니다. 또 머리가 똑똑해서 철저하게 계획을 해도 실패에 실패를 거듭하여 부자가 못 되는 수가 있고 지식이 있는 사람이라고 해서 사람들이 그를 따르고 존경하는 것이 아니다. 전혀 예측이 불허한 상태에서(사람은 우연, 무질서라고 생각하는) 오직 하나님께서 허락하시는 영역 안에서 뜻하지 않았던 일이 성취됨을 의미한다.

솔로몬이 왕위에 있기는 했지만 그는 역시 평신도였다. 선지자나 제사장이 하나님의 말씀을 직접 받아서 기록한 것과는 달리 솔로몬은 평신도의 입장에서 글을 쓰면서 "내가 보니까…" "내가 해 아래서 체험을 해 보니까…" "내가 살아 보니까" 사람의 생애는 예측할 수 없는 것이어서 아무리 잘 뛰는 사람이라도 그가 1등을 하는 것이 아니고 강한 자가 전쟁에서 꼭 승리하는 것이 아니라는 등 자기가 직접 보고 경험한 사실을 고백하고 있다.

> 9:12 "대저 사람은 자기의 시기를 알지 못하나니 물고기가 재앙의 그물에 걸리고 새가 올무에 걸림같이 인생도 재앙의 날이 홀연히 임하면 거기 걸리느니라"

사람은 유한하여 하나님의 허용적인 섭리에 따라 변화의 가능성(variable)을 알 수 없다. 마치 고기가 유유히 물속을 헤엄치고 다니다가 그물에 걸리고 새가 창공을 마음놓고 훨훨 날아다니다가 올무에 걸리는 것처럼 사람도 매일매일 희망을 가지고 아무 생각 없이 살다가 갑자기 재앙이 닥치면 꼼짝 못하고 거기에 걸리는 것이다. 미국의 대통령 케네디(J. F. Kennedy)가 텍사스에서 열광하는 관중들에게 미소를 띠고 손을 흔들며 시가행진을 할 때 다음 순간에 그가 저격 당하리라고는 생각하지 못했었다.

내일 일이 어떻게 될지, 다음 순간에 무슨 일이 어떻게 생길지 전혀 예측할 수 없는 것이 인생이다. 이렇게 불안한 상태에서 어떻게 정신병에 안 들고 살 수 있겠는가? 그 대답은 간단하다. 오늘을 충실하게 살아야 하는 것이다. 기회가 내 앞에 주어졌을 때 또 현재 당하고 있는 문제를 내일로 미루고 다음 기회로 미루지 말고 그때 그때 주어진 상황에서 최선을 다해서 성하게 살아야 한다. 시기는 우리가 알 바 아니요 때는 우리가 관리할 바 못되니 모든 것을 하나님께 맡기고 믿음을 가지고 살 때 편안한 마음으로 살 수 있는 것이다.

## II. 지혜의 불확실성(9:13-18)

9:13-18 "내가 또 해 아래서 지혜를 보고 크게 여긴 것이 이러하니 곧

> 어떤 작고 인구가 많지 않은 성읍에 큰 임금이 와서 에워싸고 큰 흉벽을 쌓고 치고자 할 때에 그 성읍 가운데 가난한 지혜자가 있어서 그 지혜로 그 성읍을 건진 것이라 그러나 이 가난한 자를 기억하는 사람이 없었도다."

지혜는 분명히 완력보다 강하다. 인구가 많지 않은 작은 성읍에 큰 임금이 많은 군사를 이끌고 와서 에워쌈으로 한 도시가 적군에 포위됐을 때 한 가난한 자의 지혜로 그 성읍을 적군으로부터 건져냈다. 그런데 가난한 자가 지혜를 발휘해서 성읍을 위험에서 구출해 주었는 데도 살아 남은 사람들이 그에게 고맙다고 말하기는커녕 모두 이 가난한 자를 깨끗이 잊어버리고 못 본 척했다. 이런 사실은 멀리 갈 것도 없이 6.25 때 많은 젊은이들이 조국을 위해 생명을 바쳐 싸웠어도 이제 와서 아무도 알아주는 사람이 없는 것이나 마찬가지다. 한편 생각해 보면 이들은 알아주는 사람들이 있기를 바라고 싸운 것이 아니라 자기들의 의무를 다한 것으로 만족함으로 알아주는 사람이 있기를 바라는 것이 잘못인지도 모른다.

> 9:16 "그러므로 내가 이르기를 지혜가 힘보다 낫다마는 가난한 자의 지혜가 멸시를 받고 그 말이 신청되지 아니한다 하였노라."

이 세상에서는 금력이 지혜보다 나은 것으로 취급하는 것이 사실이다. 가난하면 아무리 지혜가 많아도 멸시해서 가난한 자의 말을 듣는 사람이(신청자) 하나도 없는 것이다.

> 9:17-18 "종용히 들리는 지혜자의 말이 우매자의 어른의 호령보다 나으니라 지혜가 병기보다 나으니라 그러나 한 죄인이 많은 선을 패케케 하느니라."

마지막 결론은 지혜가 우매한 사람보다 낫고 지혜가 무력보다 나음으로 지혜자가 최선의 노력을 하고 의인과 영웅 열사들이 국가를 건설하고 민족의 경제를 발전시키기 위해서 최대한으로 노력한다 할지라도 한 사람의 죄인이 그 사회에 침투하면 그 전체 사회가 망하게 된다.(한 죄인이 많은 선을 패궤케 하느니라) 따라서 사회의 건전성을 유지하는 방법은 그 사회(도성) 안에 우선 죄가 침투해 들어오지 않게 노력해야 되는 것이다.

내 개인 생활에서도 지혜를 추구하는 것도 좋고 권력을 추구하는 것도 다 좋으나 죄를 허용하는 것은 제일 위험한 일이다. 실제로 가정 생활이나, 교회생활 및 사회 생활에서 사소한 죄는 덮어주려는 경향이 많이 있다. 우리 모두가 죄인이기 때문에 죄 문제가 거론됐을 때 전부 밝히고 문제를 삼으면 살아 남을 사람이 없을 정도이다. 그래서 웬만한 것은 묵인하고 시비를 가리지 않는 것도 사실이다. 그러나 전도서 기자가 말하는 것은 예측할 수 없고 불확실한 인생이어서 예상치 못했던 일들이 얼마든지 발생함으로 그때그때 상황에 따라 살아갈 수밖에 없는 것은 사실이지만 "죄"만은 우리 생활 가운데 들어오는 것을 허용할 수 없다. 죄가 개인 생활에 가정 생활에 또 내 신앙공동체 가운데 침투해 들어오는 것은 전체를 멸망시키는 것이기 때문에 철저하게 제거되어야 한다고 경고하고 있다.

# 제24장 인생의 불안전성

### 본문 : 전도서10:1- 11

10장 전체는 생명의 불확실성에 관해서 말하고 있다. 그 중에서 10장 1-11절까지는 인생은 불안전하다는 사실을 가르치고 있다.

## I. 어리석음과 지혜 - 함수 관계 10:1-3

10:1 "죽은 파리가 향기름으로 악취가 나게 하는 것같이 적은 우매가 지혜와 존귀로 패하게 하느니라"

우매(סְכָלוּת)란 어리석음을 뜻하는 단어이다.(2:3, 12, 17, 7:25 참조)
중동지방에서 유향이나 모략 같은 값비싼 향료를 만들 때 광야에서 자라는 별로 크지 않은 나무에서 진을 모아 다른 냄새가 섞이지 않고 순수한 향내가 나도록 정성을 들여 만드는데 그런 과정에 파리가 한 마리 빠져 죽으면 그 향료를 다 망치는 경우가 있는 것이다. 그래서 죽은 파리가 향기름으로 악취가 나게 한다는 말이 나왔다. 그와 마찬가지로 지혜가 많고 존귀한 사람이 평생을 노력해서 빈틈없이 자기의 인격을 쌓아 가는 과정에서 어떤 하찮은 일로 문제가 생기는 경우 그 사람의 지혜나 그 사람의 존귀를 완전히 다 패망시킬 수 있는데 이것이 바로 작은 어리석음이 지혜와 존귀로 패하게 하는 것이다.
미국의 닉슨 대통령은 어려서 매우 가난했기 때문에 자기 아버지의 가게 옆에 채소전을 차려서 거기서 번 돈으로 고학을 하면서 공부를 했다. 그는 하원의원과 상원의원을 지낸 후에 대통령까지 되었고 두 번째 선거에서는 49개주에서 압승을 해서 어떤 면에서는 정치적인 영웅으로 도대체 워터 게이트(Water Gate) 같은 사건이 일어나야 할 이유가 없었다. 닉슨은 일생 동안 여자 관계가 깨끗했고, 금전 관계도 깨끗해서 흠 잡을 것이 없는 사람으로 워터 게이트 같은 사건만 없었다면 영웅적인 인물로 미국 역사에 길이 남을 뻔했던 사람이다. 이 워터 게이트 사건은 닉슨의 일생 가운데서는 지극히 작은 잠깐의 실수였는데 이것으로 인해 대통령직에서 물러나야 했을 뿐만 아니라 지금은 닉슨이라는 이름은 조소거리로 불리고 있다.

한 사람이 일평생을 성실하고 지혜롭게 그리고 조심스럽게 살아도 간단한 실수가 있기 마련이고 그 한 번의 간단한 실수로 그 일생을 망칠 수 있는 것이다. 또 반드시 자기가 잘못 하지 않았어도 자기 아랫사람이나 혹은 동료의 잘못에 대한 책임을 져야 되는 수도 있어 일생 동안 쌓은 지혜나 일생 동안 쌓은 존귀한 명예 같은 것을 하루아침에 완전히 망칠 수가 있는 것이다. 따라서 지나치게 지혜롭다고 자랑할 것도 없고 지나치게 귀한 위치에 올랐다고 자랑할 것도 없고 오히려 겸손한 태도로 하나님께 의존해서 하나님에게 맡기고 성실하게 사는 것이 최선의 방법이다.

10:2 "지혜자의 마음은 오른편에 있고 우매자의 마음은 왼편에 있느니라."

유대인 학자들 중에서는 이 오른편에 있는 마음과 왼편에 있는 마음에 대해서 대개 모든 사람들이 오른손잡이인 것을 감안하여 오른편 손이 자유롭게 움직이는 것처럼 지혜자가 지혜롭게 처신하는 것을 말하고 한편 우매자의 마음은 왼편에 있다는 것은 왼편 손이 둔해서 잘 움직이지 않는 것처럼 지혜롭지 못하고 우둔함을 뜻한다고 해석하는 사람들이 있다.

그러나 실제로 사람에게 있어서 오른편이나 왼편이나 다 한 몸에 붙어 있어 오히려 분간하기 힘들다. 마찬가지로 인간들의 생활 가운데 지혜나 어리석음은 거리가 먼 것이 아니라 어디서 어디까지가 지혜이고 어디서 어디까지가 어리석음인지를 구분할 수 없다.

흔히 천재와 천치는 백지 한 장 차이라고 하는데 실제로 어리석음이나 지혜로운 것은 그렇게 거리가 먼 것이 아니고 쉽게 엇바뀌어 지혜로운 사람이 항상 지혜롭기만 한 것이 아니라 지혜로운 사람도 가끔 어리석은 짓을 할 수 있고 또 어리석은 사람도 가끔 지혜로운 처사를 할 수 있다. 특별히 동양에서는 선비들은 귀족계급으로 지혜로운 자들로 대우함으로 이런 사람들은 으레 실수나 과오를 범하지 않는 것으로 취급했고 노동자 농민들은 무조건 무식한 사람들로 취급하여 우매한 백성이라고 이름 붙였었다. 그러나 지혜로운 사람이나 어리석은 사람에는 별 차이가 없어 이 둘을 완전히 구분하는 것은 사실상 불가능하기 때문에 지나치게 지혜나 지식에 의존하는 것도 별로 큰 의미가 없는 것이다.

> 10:3 "우매자는 길에 행할 때에도 지혜가 결핍하여 각 사람에게 자기의 우매한 것을 말하느니라"

사람은 대개 집안에 앉아 있을 때 혹은 그늘 나무 밑에 앉아 편히 쉴 때 자연스럽게 말을 하지만 바쁜 걸음으로 길을 가면서는 말하는 것이 힘들어 별로 말을 하지 않게 된다. 그런데 길을 가면서도 자기의 우매함을 말한다는 것은 앉든지 걷든지 쉬지 않고 쓸데없는 말을 많이 해서 결과적으로 자기 어리석음을 드러내는 사람이라는 뜻이다. 원만한 사회 생활을 하기 위해서는 어느 정도의 의사 교환을 하는 것은 대단히 중요한 일이다. 그러나 말을 너무 많이 해서 실수함으로 다른 사람의 감정을 자극하여 상호간의 분규를 일으키는 것은 지혜가 결핍되어 우매한 짓을 하는 것이다.

## II. 권력자와의 관계(10:4-7)

10:4 "주권자가 네게 분을 일으키거든 너는 네 자리를 떠나지 말라 공순이 큰 허물을 경하게 하느니라"

여기서 말하는 주권자는 왕이나 통치자를 말하는 것이 아니라 단순히 법적인 처리권을 가진 사람을 말한다. 지금의 교통순경이나 면서기 정도를 말하는 것으로 내 생활과 직접적인 관계가 있어 내게 교통 법규를 지키라고 강요할 수 있고 세금을 징수할 수 있는 권력을 가진 사람으로 이해해야 한다. "주권자가 네게 분을 일으키거든…"이라고 한 것은 이유야 여하간에 범법 사항이 발견돼서 처벌받을 단계가 되었다는 뜻이다. 차를 타고 가는데 교통순경에게 잡혔을 때 그 자리에서 교통순경과 싸우면 공무 방해죄까지 겸해서 처벌을 받게 된다. 억울하다고 생각되면 후에 법원에 가서 과속을 안 했다든지 교통법규를 어기지 않은 것에 대해서는 승소할 수 있지만 공무 방해죄에 대해서는 승소할 수 없다. 그렇기 때문에 "네 자리를 떠나지 말라 공순이 큰 허물을 경하게 하느니라"고 한 것이 오늘날에도 해당이 되는 사항이다. 또 권력자가 이유는 여하간에 무슨 문제를 일으키는 경우 도망가지 말고 오히려 공손하고 유순한 말로 설명을 하면 큰 허물이 있어도 쉽게 문제가 해결될 수 있는 것이다.

10:5-6 "내가 해 아래서 한 가지 폐단 곧 주권자에게서 나는 허물인 듯

한 것을 보았노니 우매자가 크게 높은 지위를 얻고 부자가 낮은 지위에 앉는도다"

　권력자의 힘은 피할 수 없으므로 공손히 행하라고 말하기는 했으나 해 아래서 한 가지 폐단을 보았는데 그것은 권력 기관에 부조리와 불공평한 것이 너무 많다는 것이다.
　경제 원리로 "악화가 양화를 구축한다는 말이 있다" 옛날 금이나 은을 통용하던 화폐 제도가 바뀌고 지폐와 도금한 동전들이 나오니까 사람들이 저마다 금이나 은돈을 감춰 버려 시중에 금이나 은돈이 자취를 감춰 버리고 지폐나 도금한 돈만 나돌아다니는 상황을 말하는 것이다. 좋은 돈은 다 숨어 버리고 나쁜 돈만 나돌아다니는 상태는 반드시 경제 분야에서만이 아니라 정치 사회에서도 마찬가지이다. 시원치 않은 정상배들이 나와서 정치를 한다고 날뛰면 정말 뜻이 있고 지조가 있는 고상한 인격자들은 표면에 나올 수가 없고 오히려 돈이 있고 권모술수를 쓰는 어리석은 사람들이 높은 지위에 앉게 되는 것이다. 이러한 사회적인 부조리를 솔로몬이 벌써 3천 년 전에 "내가 해 아래서 한 가지 폐단 곧 주권자에게서 나는 허물을 보았노니 우매자가 크게 높은 지위를 얻고 부자가 낮은 지위에 앉는도다."라고 지적했다.
　"…부자가 낮은 지위에 앉는도다"라는 문구중 여기에 부자라고 번역된 단어는 요즘 세대에 갑자기 돈을 많이 벌어 부자가 된 사람을 말하는 것이 아니라 조상 대대로 내려오는 명문대가의 자손이기 때문에 토지도 많고 재산이 많을 뿐만 아니라 인격이 원만하고 덕이 많아서 모든 사람들이 자연스럽게 우러러 볼 수 있는 인격을 가진 지혜로운 사람이지만 낮은 지위에 앉은 것을 말한다.

　　10:7 "또 보았노니 종들은 말을 타고 방백들은 종처럼 땅에 걸어다니는도다"

과거 한국의 군사 독재 체제를 이 말씀이 잘 설명해 주고 있다. 원래 군인은 백성들이 세금을 내서 고용한 고용인들로 국토를 방어하고 적군을 물리쳐 백성들을 보호하는 임무를 맡은 사람들이다. 따라서 군인들은 백성들이 고용한 사람들이지 백성들을 통치할 수 있는 입장에 있는 것이 아니다. 그럼에도 군인들이 쿠테타를 일으켜 수십 년 동안 총칼을 휘두르며 통치했고 백성들은 세금을 내어 군인들을 고용했었지만 오히려 종처럼 군인들에 의해 지배를 당했던 것은 전도서 기자의 말을 빌리면 종들은 말을 타고 다니고 방백들은 종처럼 땅에 걸어다니는 상태였던 것이다.

### III. 지혜의 교훈(10:8 -11)

> 10:8-11 "함정을 파는 자는 거기 빠질 것이요 담을 허는 자는 뱀에게 물리리라 돌을 떠내는 자는 그로 인하여 상할 것이요 나무를 쪼개는 자는 그로 인하여 위험을 당하리라 무딘 철 연장 날을 갈지 아니하면 힘이 더 드느니라 오직 지혜는 성공하기에 유익하니라 방술을 베풀기 전에 뱀에게 물렸으면 술객은 무용하니라."

남을 빠뜨리기 위해 함정을 파면 자기가 빠지고 남의 집에 불법으로 침입해 들어가려고 담을 헐면 그 담에 도사리고 있던 뱀에게 물려 피해를 입게 된다. 중동지방에서는 돌이 건축재료로 요긴하게 쓰여지는 것이었다. 그러므로 돌을 떠내는 자라는 것은 남의 재산을 함부로 자기 것을 만드는 사기 행각을 하는 것을 말하는 것인데 이렇게 하면 자기가 손해를 볼 것이라고 했다. 나무를 쪼개는 것은 통째 나무를 들고 가는 것이 힘드니까 쪼개서 도적질하려는 것인데 그로 인하여 오히려 위험을 당할 것을 말한다. 연장이 일을 한다는 말이 있는데 일을 쉽게 하는 비결은 연장을 잘 갈아서 힘이 덜 들게 하는 것인데 준비심을 가지라는 말로 해석할 수 있다. 피리를 불어 뱀을 춤을 추게 하는 것을 방술이라고 하는데 방술을 베풀기 전에 뱀에게 물려 죽어 술객을 할 수 없게 됨을 말한다. 한평생을 사는 과정에서 지혜롭게 살지 못하고 어리석은 짓을 해서 죄를 범한다든지 혹은 부정직해서 사람들에게 인정을 받지 못하면 마치 방술을 베풀기 전에 뱀에게 물려 죽은 사람처럼 그 인생은 아무것도 해보지 못하고 허무하게 끝나는 것을 말한다.

# 제25장 실제적인 생활의 교훈

본문 : 전도서 10:12 - 20

## I. 지혜롭게 사는 것과 어리석게 사는 것(10:12-15)

10:12-15 "지혜자의 입의 말은 은혜로우나 우매자의 입술은 자기를 삼키나니 그 입의 말의 시작은 우매요 끝은 광패니라 우매자는 말을 많이 하거니와 사람이 장래 일을 알지 못하나니 신후사를 알게 할 자가 누구이냐 우매자들의 수고는 제각기 곤하게 할 뿐이라 저희는 성읍에 들어갈 줄도 알지 못함이니라."

12절에서 15절까지는 지혜롭게 사는 것과 어리석게 사는 것을 비교하고 있는데 단순히 비교를 위한 비교를 하는 것이 아니라 비교를 함으로 지혜롭게 살라는 교훈을 하고 있다.

지혜자의 말이 은혜롭다(חן)는 것은 선의가 담긴 말, 부드러운 말, 아름다운 말을 하는 사람을 말한다. 사회생활을 하면서 조심스럽게 관찰해 보면 같은 말을 해도 부드럽게 정답게 하는 사람이 있고 똑같은 말이라도 톡톡 쏘아붙여 감정을 자극하고 역겹게 하는 사람들이 종종 있다. 우리말 속담에 한 마디 말로 천냥 빚을 갚는다는 말이 있기는 하지만 한국 사람들에게는 말을 지혜롭게 혹은 부드럽게 해야 된다는 개념이 별로 없다. 어려서부터 부모들로부터 고상한 말을 쓰는 훈련을 받은 것이 아니라 말끝마다 욕이 섞인 책망만 듣고 자라 왔기 때문에 아무리 학교에 가서 학박사를 받은 사람이라도 그들이 사석에서 하는 말을 들어보면 유치하기 짝이 없을 뿐만 아니라 함부로 말을 하는 경우가 많이 있다. 여기 전도서 기자는 지혜로운 사람은 우선 말부터 부드럽고 은혜롭고 아름답게 해서 듣는 사람이 화가 난다든지 감정이 격하지 않도록 해야 한다고 가르친다.

우매자(어리석은 자)는 어떤 사람인가? 말조심을 못하고 함부로 말하는 사람이다. 입술이 자기를 삼킨다는 것은 일종의 속어로 말을 너무 많이 해서 자살행위를 한다는 뜻이다. 전혀 약속할 필요가 없는 데도 쓸데없이 큰소리를 치면서 약속을 하고 나서는 그 약속을 하나도 실천하지 못하기 때문에 결과적으로 거짓말쟁이라는 낙인이 찍히게 되고 신용이 없어져 아무 일도 할 수 없는 경우를 가져온다. 이렇게 책임질 수 없는 말을 함부로 해서 자기 입술에 자기가 삼키움을 받는 사람을 우매자라고 하는 것이다.

그럴 뿐만 아니라 여기에서 우매자(הַכְּסִיל)라고 한 것은 지능이 낮은 어리석은 사람만을 의미하는 것이 아니라 종교적인 의미가 있는 단어이다. 하나님이 살아 계신 사실을 인식하지 못하고 마치 하나님이 계시지 않은 것처럼 함부로 처신하는 사람을 말한다.

철학자나 문학가 등 탁월한 학자들 중에 하나님을 믿지 않는 이론적이고 철학적인 무신론자들이 있다. 일반적으로 이런 학자들은 "나는 무신론자다"라고 공개적으로 큰소리 치는 것은 삼가한다. 이렇게 이론적이고 철학적인 무신론자는 몇 명 안 된다. 그러나 우리 주변에는 실제로 무신론자가 많이 있다. 생활이나 행동이나 말하는 것을 보면 마치 하나님이 계시지 않는 것처럼 처신하는 사람들이 많은데 이런 사람들이 바로 실제적인 무신론자들이다. 교회 안에 목사나 종교계의 지도자들 중에서도 실제적인 무신론자가 많이 있다. 말로는 하나님이 계시다고 주장하는데 그들의 생활을 보면 하나님이 살아 계셔서 그의 하는 일, 그의 생각, 그의 가정 생활, 또 그의 인간 관계 등을 일일이 다 관찰하고 계시고 하나님의 판단 기준에 의해 시비를 가리고 계신 사실을 믿고 있으면 감히 두려워서 하지 못할 일들을 자행하고 있는 사람들이 너무 많다. 이런 사람들이 하나님의 존재를 무시하고 마치 하나님이 계시지 않은 것처럼 생활하는 실제적인 무신론자들인 것이다.

본래 우매자라는 단어는 크실(כְּסִיל)이라는 단어인데 카사일(כָּסִיל)이라는 동사는 살쪘다, 혹은 뚱뚱하다는 뜻의 단어이다.

음식은 건강을 유지하며 활동할 수 있도록 적당히 먹어야지 너무 많이 먹어서 살이 찌는 것은 우선 귀한 음식을 낭비하는 것이고 자기 건강을 해치는 일이기 때문에 어리석은 짓이다. 그래도 맛있는 음식을 보면 참지 못하고 배탈이 나도록 먹어야 직성이 풀리지 적당히 먹고 수저를 놓는 사람은 매우 드물다. 그렇게 자제하지 못하고 과식해서 살이 찐 사람을 가리키는 단어가 카사일(כָּסִיל)인데 우매자 카실(כְּסִיל)이라는 단어는 살찐 사람(카사일)이라는 단어에서 온 것이다.

따라서 우매자는 음식조절을 잘 못해서 비대해지는 사람처럼 하나님과의 관계를 옳게 유지하지 못하기 때문에 하나님이 살아 계시고 하나님이 우리를 관찰하고 계시다는 사실에 대해서도 민감한 반응을 보이지 못하고 마치 하나님이 안 계신 것처럼 처신하는 사람으로 바로 그런 사람들이 말을 함부로 해서 자신을 해치는 사람이다.

10:13 "그 입의 말의 시작은 우매요 끝은 광패니라"

어리석은 가운데서 말을 시작하지만 그 말의 끝은 광패니라고 했는데 이 광패(狂悖)라는 말의 뜻은(-Wicked - madness)로 미쳐도 악하게 미쳤다는 뜻이다. 미친 증세에도 여러 가지가 있다. 음식을 절제하지 못하고 병이 나도록 너무 많이 먹는다든지 술을 너무 마셔 알코올 중독자가 된다든지 혹은 마약을 하는 사람 등은 살짝 미친 사람이라고 말할 수 있고 도박장에 출입하거나 태연스럽게 거짓말을 하고 사기행각을 하면서 마치 하나님이 모르고 계시다고 생각하는 사람은 중간쯤 미친 사람이라고 말할 수 있다. 그런데 아주 미친 사람은 정말 정신병자가 되어 자해를 하거나 다른 사람들을 해치는데 여기서 말하는 광패는 아주 못되게 미친 사람이다. 처음에는 미련해서 쓸데없는 말을 시작하는데 쓸데없는 말을 계속 하다 보면 결과적으로 미친 사람처럼 이말 저말 늘어놓아 걷잡을 수 없이 되어 결국 자기를 망치는 행위를 하게 된다고 설명하고 있는 것이다.

> 10:14 "우매자는 말을 많이 하거니와 사람이 장래일을 알지 못하나니 신후사를 알게 할 자가 누구이냐."

여기에서 말을 많이 한다는 것은 자기 자신이 무슨 뜻인지를 알지 못하는 내용이 없는 말을 많이 한다는 뜻이다. 신후사(身後事)라는 것은 죽은 후의 일이라는 뜻이다. 미래지사를 알 사람은 하나도 없고 자기가 죽은 후에 어떻게 될지 알 사람이 하나도 없다. 그럼에도 많은 사람들은 미래에 대한 장담을 하는 경우가 많이 있다. 그런 것이 다 어리석은 자들이 말을 많이 하는 것에 속한다.

> 10:15 "우매자들의 수고는 제각기 곤하게 할 뿐이라 저희는 성읍에 들어갈 줄도 알지 못함이니라"

어리석은 자들이 동분서주 부지런하게 쫓아다니면서 노력을 많이 해서 기진맥진하도록 노력하지만 성취되는 일이 하나도 없을 뿐만 아니라 성읍에 들어갈 줄도 모른다고 했다.

이사야 35장 8절에 보면 성읍으로 가는 길은 분명하기 때문에 누구나 다 쉽게 찾을 수 있다고 했는데 옛날에는 높은 지역에 도성이 있으면 도성으로 가는 길은 멀리서도 잘 보이게 뚫려 있기 마련이었다. 그래서 성읍으로 가는 길은 누구나 쉽게 찾을 수 있었다. 그럼에도 어리석은 사람은 그렇게 분명한 성읍으로 들어가는 길도 찾지 못하고 헤매고 다니는데 그 이유는 너무 분주하게 설치기 때문에 빤히 보이는 사실도 발견하지 못하고 돌아다니기 때문이다.

세상에는 예수를 믿지 못하는 사람들이 많다. 또 믿기는 믿는 것 같은데 불안해하는 경우가 많이 있다. 왜냐하면 기독교의 복음은 너무 쉽기 때문이다. 하나님께서 죄인을 사랑하셔서 예수 그리스도를 보내셨는데 예수 그리스도를 구주로 영접하기만 하면 지나간 과거 살인 강도였던지 사기꾼이었던지 누구였던지 상관없이 그 모든 죄를 다 용서해주시고 구원해서 하나님의 자녀가 되게 하신다는 복음을 액면 그대로 받아들이기만 하면 된다. 구원의 길은 이렇게 아주 간단하고 눈에 빤히 보이는 길이다. 그럼에도 이 길을 보지 못하고 인간적인 생각으로 40일 금식기도를 해야 된다든지 입산 수도를 몇 십년 해야 된다든지 있는 재산을 다 팔아서 구제 사업을 한다든지 성경 66권을 전부 암송을 해야 된다는 등 인간이 죽도록 노력을 해야 될 것으로 생각한다. 아무것도 하지 말고 빈손 들고 와서 하나님께서 주시는 선물을 받기만 하라는 빤히 보이는 길은 너무 쉬워서 믿지 못하는 것이다. 성읍으로 가는 길이 눈에 빤히 보임에도 저 길은 분명히 함정일 것이라고 단정하고 가시밭길로 바위틈으로 길을 찾아 돌아다니는데 이것은 자기 꾀에 자기가 넘어가는 어리석은 사람 즉 우매자의 상태이다.

## II. 나라의 존망의 원리(10:16 -19)

10:16 "왕은 어리고 대신들은 아침에 연락하는 이 나라여 화가 있도다"

저주받아 망하는 나라와 복을 받아 흥하는 나라를 구분해서 설명하고 있는데 망하는 나라는 제일 먼저 왕이 어리다고 했다. 여기에서 어리다(נער)라고 번역된 단어는 나이가 어리다는 뜻이 아니고 젊다 혹은 경험이 없는 아이여서 남의 집에 가서 일을 하는 견습공 혹은 하인이란 뜻을 내포하고 있다. 그렇게 번역을 할 때 왕은 하인처럼 일을 한다고 해석할 수 있다. 미국의 정치는 으레 타협을 해야 하기 때문에 대통령이 자기 출생지의 사람들에게 혹은 노동조합이나 언론계에 아부를 해야 한다. 마찬가지로 여기에 왕이 어리다고 한 것은 왕이 공정하게 백년대계를 세워서 소신껏 올바른 정치를 하지 못하고 권력 계급이나 노동조합 혹은 언론계를 두려워하여 그들에게 지배당하는 정치를 하는 것을 왕이 어리다고 표현한 것이다..

대신들이 아침에 연락을 한다는 것은 아침부터 잔치를 하는 것인데 하루 종일 열심히 일을 하고 나서 오락을 즐기는 것은 모르지만 아침부터 잔치를 하는 것은 자기들의 직무에는 태만하고 안락과 쾌락만을 추구하는 권세가들이 정부를 지배하고 있는 상태를 말한다. "…대신이 아침에 연락하는 이 나라여 화가 있도다" 즉 그런 나라는 망할 수밖에 없는 것이다.

10:17 "왕은 귀족의 아들이요 대신들은 취하려 함이 아니라 기력을 보하려고 마땅한 때에 먹는 이 나라여 복이 있도다"

우리말 성경에 귀족의 아들이라고 한 것은 귀족도 단수이고 아들도 단수인데 원어로는 귀족들의 아들이라고 되어 있다. 이것은 귀족이 낳은 아들이라는 혈통을 말하는 것이 아니라 모든 귀족들의 지지를 받는 사람을 말한다. 유대 민족에게는 귀족 제도가 없었다. 각 지파의 장로에 속한 사람들이 자연스럽게 지도자로 부상했고 이 지도자들이 지파를 대표해서 정부와 접촉을 했다. 따라서 우리가 생각하는 세습적인 귀족을 말하는 것이 아니라 자연스러운 지도자를 가리켜 귀족이라 한다. 그러므로 "왕은 귀족의 아들"이라고 한 것은 모든 백성의 지지를 받는 자라는 뜻이다.

그뿐 아니라 "대신들은 취하려 함이 아니라 기력을 보하려고 마땅한 때에 먹는 이 나라여 복이 있도다"라고 함으로 장관들이나 정계 지도자들은 쾌락을 위해 아무 때나 요정 출입을 해서 시간과 돈을 낭비하는 것이 아니라 기력을 유지해 일을 할 수 있도록 하루 세 끼 꼭 정해진 시간에 절도 있게 음식을 먹는 규칙적인 생활을 하는 대신들이 있는 나라는 복을 받는다고 한 것이다. 구약성경에는 이렇게 정치 원리나 정치철학이 상당히 많이 언급되어 있는데 특별히 신명기 17장 에 보면 지도자가 반드시 해야 될 일을 여러 가지로 지적하고 있다. 그중 하나가 외국 사람들의 지배를 받지 말고 너희 형제중의 한 사람을 왕으로 세우라고 한 것이다. 그뿐 아니라 왕된 자는 말을 많이 두지 말라고 했다. 구약성경에서는 말과 당나귀를 항상 구분하여 취급했다. 말은 이스라엘의 역사 가운데 애굽인들이나 앗수리아인들이 전차를 끄는 전쟁을 상징하는 동물로 인식된 반면 당나귀는 농사 짓는 데 필요했고 또 아이들이나 부인들이 타고 다니던 평화를 상징하는 동물이었다. 그러므로 말을 많이 두지 말라는 것은 침략 전쟁을 일삼지 말라는 뜻이었다. 아내를 많이 두어서 그 마음을 미혹되게 말 것이라고 했는데 솔로몬은 처가 700명첩이 300명 합해서 처첩이 천명이나 되어 악의 표본이 되었다. 솔로몬이 그렇게 부자여서 처첩이 천 명인 것이 비판의 대상이 되고 있는데 가난한 한국 역사중 백제의 마지막 왕에게 삼천 궁녀가 있었다고 한 것은 참으로 백성을 무시하는 행위였음을 알 수 있다. 은금을 자기를 위해 많이 쌓지 말라 했고 하나님의 말씀을 항상 자기 옆에 두고 읽어서 그 율법의 말씀과 그 규례를 지켜 경건한 신앙생활을 하라고 했다. 그럴 뿐만 아니라 왕이 됐어도 백성들을 지배하려고 하지 말고 모든 백성들을 형제 자매로 취급해서 동등한 인격자로 대우하라고 했다.(신명기 17:20)

10:18-19 "게으른즉 서까래가 퇴락하고 손이 풀어진즉 집이 새느니라 잔치는 희락을 위하여 베푸는 것이요 포도주는 생명을 기쁘게 하는 것이나 돈은 범사에 응용되느니라"

왕이나 재상들에게만 교훈을 한 것이 아니라 일반 백성들에게도 교훈을 하고 있다.

일반 백성들도 게으르면 서까래가 퇴락하고 손이 풀어져 느릿거리면서 일을 부지런히 하지 않으면 지붕이 퇴락해서 사람이 살 수 없게 되는데 이렇게 어리석게 사는 사람이 많아지면 결과적으로 나라가 망하는 것이다. 모든 백성들이 부지런히 농사를 짓고 돈도 많이 벌어 필요할 때 잔치를 베풀고 포도주를 마시며 즐기는 것도 좋은 일이고 돈을 벌어 유용하게 사용하는 것은 더 좋은 일이라고 권면한다.

### III. 권력제도를 존중하라(10:20)

10:20 "심중에라도 왕을 저주하지 말며 침방에서라도 부자를 저주하지

말라 공중의 새가 그 소리를 전하고 날짐승이 그 일을 전파할 것
임이니다"

솔로몬 때 왕을 저주하지 말라고 한 것은 합법적으로 왕권이 계승됐던 상태를 말한다. 합법적인 정부에 대해서 순복할지언정 불평을 하고 정권을 전복하려는 음모는 절대로 용납되지 않는 일이다. 전도자가 왕을 저주하지 말고 부자를 저주하지 말라고 한 것은 공개된 사회에서 부당한 방법이 아니라 정직하게 피눈물 나는 노력을 하고 절약해서 큰 부자가 된 사람은 선망의 대상이 되고 칭찬의 대상이 될망정 비판하면 안된다는 뜻이다. 오히려 모든 백성이 각자 부지런하고 정직하게 노력해서 부자가 되는 것은 결과적으로 사회와 국가를 건전하게 하는 지름길이 되는 것이다.

# 제26장 인생의 불확실성

본문 : 전도서 11:1-8

인생이 불확실한 것만은 사실이다. 먼 장래는 고사하고 내일 혹은 다음 순간에 대해서도 확실한 보장이 없으므로 구태여 정직하고 부지런하게 살려고 노력할 것 없이 아무렇게나 되는 대로 살다가 일생을 마치면 제일 편하다고 생각하는 허무주의자가 될 수 있다. 그러나 전도서 기자는 세상에서 일어나는 모든 상황이 불확실하기 짝이 없는 것은 하나님을 믿지 않는 사람의 입장에서 보기 때문이라는 점을 지적하면서 궁극적으로 하나님께 의지할 때 비로소 참된 진리를 발견할 수 있고 인생의 의미를 발견할 수 있음으로 부지런히 일하고 성실하게 시작한 일을 끝맺으라는 지극히 건전한 교훈을 하고 있다.

## I. 인생들을 위한 준비(11:1-2)

11:1 "너는 네 식물을 물위에 던지라 여러 날 후에 도로 찾으리라"

네 식물을 물에 던지라고 한 것은 영어로는 "빵을 물에 던져라"는 말로 번역되었다. 그런데 빵을 물에 던지는 사람은 없다. 물에 던진 빵은 그 자리에서 금방 건져내도 먹지 못하게 된다. 더군다나 물에 던진 빵이 여러 날 만에 자기에게 다시 흘러 들어오도록 남지도 않는다. "네 식물을 물위에 던지라"는 것은 번역상의 문제인데 여기 식물(לחם)이라는 단어는 떡 혹은 빵이라고 번역할 수 있는 한편 밀 혹은 보리라고도 번역할 수 있는 단어이다. 예를 들어 베들레헴이라고 할 때 베트는 집이라는 뜻이고 레켐은 떡이라는 뜻이 있어서 베들레헴은 떡집이란 뜻으로 같은 단어라도 여러 가지 의미를 가지고 있는 경우가 있다.

여기에 네 식물을 물위에 던지라는 말을 솔로몬이 3000여년 전 이 글을 쓸 때의 언어로 해석하면 습기가 있는 땅에 파종하라는 말을 "씨를 물위에 던지라"고 시적인 표현을 한 것이라는 학자들의 해석이 있다. 그러면 싹이 나고 자라서 추수함으로 여러 날 후에 도로 찾는 것이 가능하다는 뜻이다.

이 말씀은 반드시 농사 짓는 것만이 아니고 선을 행하면 필연적으로 그 결과를 찾을 수 있다는 상징적인 교훈으로도 해석할 수 있다. 이스라엘은 하나님을 믿는 백성이었기 때문에 선행을 하면 하나님께서 축복하시고 악을 행하면 하나님께서 반드시 처벌하신다는 교훈이 일반 상식으로 알려졌다. 그런 차원에서 습기가 있는 곳에 파종을 하면 추수를 할 수 있다는 말은 사람이 살아나가는 동안 어려운 고통을 당하는 이웃을 도우면 필연적으로 그 대가가 다시 돌아온다는 교훈이다.

11:2 "일곱에게나 여덟에게 나눠줄찌어다 무슨 재앙이 땅에 임할는지 네가 알지 못함이니라"

유대인 학자들도 이 일곱에게나 여덟에게 나눠 주라는 말의 뜻을 잘 이해하지 못해 해석에 문제가 있다. 탈굼(시리아 언어로 번역하고 주석을 붙인 성경)에서는 일곱째 달(Tisri)이라고 했는데 유대인의 월력은 유월절(지금의 부활절과 비슷한 시기로 4월이다)이 1월로 시작된다. 그러므로 일곱째 달이면 우리의 계산으로는 10월이다. 일곱에게나 여덟(שְׁמוֹנָה)에게 나눠줄찌어다라고 한 것은 밀을 습기가 있는 땅에 파종을 하되 10월에도 하고 11월에도 하라는 말이라고 탈굼에서 설명하고 있다.

한국에서도 밀이나 보리를 가을에 파종을 하면 싹이 난 상태에서 눈 속에 묻혀 있다가 봄이 되면서 가지를 쳐서 수확이 많아진다. 그러나 가을에 시기를 놓쳐 파종을 못 하면 봄에 파종을 하는데 봄에 파종하면 가을에 파종해서 이미 싹이 나고 뿌리가 박힌 후 겨울을 지낸 보리나 밀처럼 가지를 많이 치지 못하기 때문에 수확이 훨씬 줄어든다. 그러나 농부가 가을에 파종을 못 했으니 금년에는 농사를 그만두겠다고 포기해 버리지 않고 봄에라도 파종을 하는 것처럼 늦었어도 상관하지 말고 씨를 뿌리라는 뜻으로 일곱에게나 여덟에게 나눠주라고 탈굼에서 설명하고 있다.

또 다른 해석은 일곱이나 여덟은 불확실한 많은 숫자를 나타내는 뜻이라고 한다.

아프리카의 이름도 없는 조그마한 부락에 갔던 선교사의 보고에 의하면 그 부족들에게는 숫자의 개념이 20까지밖에 없다고 한다. 손가락 열 개와 발가락 열 개를 합해서 20까지는 정확하게 셀 수 있는데 손가락과 발가락을 다 세고 나면 더 셀 수가 없기 때문에 20이 넘으면 무엇이든지 많다는 표현을 한다고 한다. 마찬가지로 솔로몬 때 상당히 많은 숫자는 일곱이나 여덟이라고 표현했다고 한다. 그래서 일곱에게나 여덟에게 나눠줄찌어다라고 한 것은 재산을 많이 모아 혼자만 가지고 있을 것이 아니라 많은 사람들에게 나누어 주라 그러면 어려운 일을 당할 때 도움을 받았던 사람들이 다시 은혜를 갚는다고 설명한다.

영어 술어로 '네 모든 계란을 한 개의 바구니에 전부 담지 말라' (Do not put all your eggs in one basket)는 표현이 있는 것처럼 재정 문제를 취급하는 사람들은 투자를 할 때 부동산, 동산, 증권, 정기

예금 등등으로 재산을 여러 곳에 분산해서 투자하라고 가르친다. 한 회사의 증권만 샀다가 그 회사가 망해 버리면 한꺼번에 투자한 돈을 다 잃어버리게 되기 때문이다. 그런 현대식 사고방식과 비교해서 여기서 말하는 일곱이나 여덟에게 나눠줄찌어다라는 말은 재산 관리를 할 때 한곳에만 돈을 모아 놓지 말고 여러 곳에 분산해서 저장하라는 말이라고 설명하는 학자들이 있다.

그러나 일곱이나 여덟은 많은 것을 의미하는 것이고 가능한 한 많은 사람들에게 은혜를 입히면 나중에 내가 어려움을 당했을 때 그들이 보답을 할 것이라는 것이 가장 적절한 해석이라고 본다.

## II. 인생의 지식에는 한계가 있다(11:3-5)

11:3-5 "구름에 비가 가득하면 땅에 쏟아지며 나무가 남으로나 북으로나 쓰러지면 그 쓰러진 곳에 그냥 있으리라 풍세를 살펴보는 자는 파종하지 아니할 것이요 구름을 바라보는 자는 거두지 아니하리라 바람의 길이 어떠함과 아이 밴 자의 태에서 뼈가 어떻게 자라는 것을 네가 알지 못함같이 만사를 성취하시는 하나님의 일을 네가 알지 못하리라."

인생의 지식에는 한계가 있어 모든 것을 확실하게 터득하는 것은 불가능하고 또 하나님의 법을 사람의 힘으로 변화시킬 수 없다. 그러므로 모든 것을 알아야겠다고 무리하게 노력하는 것은 무모한 짓이고 오직 하나님의 섭리 안에서 부지런히 성실하게 사는 것이 가장 지혜롭게 사는 방법이다.

"구름에 비가 가득하면 땅에 쏟아지며"라고 한 것은 상징적인 표현으로 많이 가지고 있으면 쏟아지게 마련이니 혼자만 많이 가지고 있지 말고 가난한 자들에게 나눠주어 구제하라는 뜻이다. 자본주의 사회에 살고 있는 현대인들은 아무리 돈이 많아도 저장하는 방법이 있어 걱정할 것이 없다. 은행에 돈을 저금해 놓고 또 주식을 사놓고 10년이 됐든 20년이 됐든 은행에 내버려두면 이자가 붙어서 재산이 자꾸 불어나지 없어질 염려가 없다. 그러나 100여년 전 한국 시골에서 풍년이 되어 보리나 벼농사가 잘되어 창고에 가득 쌓아 놓았을 때 일년에 다 먹지 못하고 묵혀 놓으면 묵은 쌀은 맛도 없고 만일 이런 곡식을 3년 내지 4년을 창고에 쌓아두면 벌레 먹고 곰팡이가 나서 먹을 수 없이 되어 결국 밭에 버려 거름으로나 쓸 수밖에 없었다. 지금처럼 농산물을 돈으로 바꾸어 은행에 저금할 수 없었던 3000년전 이스라엘 사람들도 농업이나 목축을 해서 많이 거둔 것을 저장해 두면 일년이 지나면 못 쓰게 되어 버렸다. 그러므로 많이 가졌으면 그 해에 다 없애야 다음 해에 또 농사를 지어 저장해 둘 수 있었던 것이다. 구름에 비가 가득하면 땅에 쏟아진다는 말은 농사 지어 많이 창고에 쌓아 놓아 자기가 먹고 남을 것 같으면 가난한 사람에게 나누어주는 구제사업을 하라는 말로 해석할 수 있다.

그럴 뿐만 아니라 요지부동인 줄 알았던 나무가 남으로나 북으로나 쓰러지면 그 나무가 쓰러진 자리에서는 곡식이 자라지 못함으로 피해를 입을 수 있다.

> 11:4 "풍세를 살펴보는 자는 파종하지 아니할 것이요 구름을 바라보는 자는 거두지 아니하리라"

바람이 불 때 씨를 뿌리면 씨가 사방으로 날아가서 엉뚱한 곳에 떨어지기 때문에 많이 허실돼 버린다. 그래서 알곡 한 개라도 바람에 날려 버리지 않고 정확하게 제 자리에 씨를 뿌리기 위해서 바람이 안부는 날을 기다리는데 그러다가 때를 놓치면 결국은 제 때에 파종을 못하게 된다. 그러므로 설령 바람이 불어서 씨앗을 더러 날려보내는 한이 있더라도 파종할 때 파종을 해야지 완전한 때를 기다리다가 때를 놓치면 그 해는 폐농을 하는 것이다.

구름을 바라보는 자는 거두지 아니하리라고 한 것은 구름이 끼면 혹시 비가 오지 않을까 핑계 대고 추수하는 것을 다음 날로 미루는 것을 말한다. 이렇게 추수를 안 하고 머뭇거리다가 정작 비를 맞으면 보리나 밀은 전부 싹이 나버려서 그 해에 농사 지은 것은 다 못 쓰게 되고 만다. 그러므로 아무리 날씨가 흐리고 몸이 고단해도 핑계를 대지 말고 해야 할 일은 때를 맞추어 해야 되는 것이다. 하나님께서 날씨를 조정하시어서 봄이 되면 정확하게 파종할 수 있는 좋은 날씨를 주시고 추수할 때 추수할 수 있는 좋은 날씨를 주시는 것이 아니라 어떤 때는 파종을 해야 하는데도 계속해서 바람이 불고 추수를 해야 하는데 구름이 끼는 날이 계속되는 것이 사실이다. 그러므로 날씨를 핑계대어 파종도 않고 추수도 하지 않으면 결과적으로 폐농할 수밖에 없으므로 때를 맞추어 부지런히 일을 해야 된다는 경고이다.

> 11:5 "바람의 길이 어떠함과 아이 밴 자의 태에서 뼈가 어떻게 자라는 것을 네가 알지 못함같이 만사를 성취하시는 하나님의 일을 네가 알지 못하느니라."

아이 밴 자의 태에서 뼈가 어떻게 자라서 골격이 잡히는지 알 수 없다 했는데 지금처럼 생물학적인 지식이 없었던 유대인들의 전통 중에 임신해서 아이를 낳는 것은 하나님만 아시는 창조의 신비의 세계에 속하는 것이라고 믿었다. 그러므로 임신하는 것은 하나님께서 피조물인 인간을 이 창조능력의 신비에 참여시켜 주시는 특별한 은혜로 취급했다.

구약성경에서는 이 태중에서 자라는 어린아이에 대한 언급이 여러 번 있다.

"주의 손으로 나를 만드사 백체를 이루셨거늘 이제 나를 멸하시나이다. 기억하옵소서 주께서 내 몸 지으시기를 흙을 뭉치듯 하셨거늘 다시 나를 티끌로 돌려보내려 하시나이까 주께서 나를 젖과 같이 쏟으셨으며 엉긴 젖처럼 엉기게 하지 아니하셨나이까 가죽과 살로 내게 입히시며 뼈와 힘줄로 나를 뭉치시고 생명과 은혜를 내게 주시고 권고하심으로 내 영을 지키셨나이다. 그런데 주께서 이것들을 마음에 품으셨나이다 이 뜻이 주께 있은 줄을 내가 아니이다."(욥기 10:8-13)

내 몸을 지으시기를 흙을 뭉치듯 하셨다고 한 것은 태중에서 욥이 자신이 임신되던 때의 모습을 흙을 뭉치듯 하셨다고 상기하는 것인데 이것은 수정돼서 세포가 분열되던 상태를 말한다. 또 태중에서 형체가 갖추어져 가는 모습을 우유가 엉기는 것처럼 엉기게 했다고 표현했고 뼈와 힘줄로 나를 뭉치게 하셨고 거기에 생명과 은혜를 주셨다는 등등 태중에서 자라는 아이에 관한 모습을 서술하고 있다.

"주께서 내 장부를 지으시며 나의 모태에서 나를 조직하셨나이다. 내가 감사하옴은 나를 지으심이 신묘막측하심이라 주의 행사가 기이함을 내 영혼이 잘 아나이다 내가 은밀한 데서 지음을 받고 땅의 깊은 곳에서 기이하게 지음을 받은 때에 나의 형체가 주의 앞에 숨기우지 못하였나이다. 내 형질이 이루기 전에 주의 눈이 보셨으며 나를 위하여 정한 날이 하나도 되기 전에 주의 책에 다 기록이 되었나이다."(시편 139:13-16)

하나님께서 모태에서 자기를 사람이 되도록 조직하셨음으로 임신하는 즉시 하나님께서 자기를 알고 계셨고 자신의 형질이 갖추어지는 과정을 하나님께서 관찰하셨다고 설명하고 있다.

"내가 너를 복중에 짓기 전에 너를 알았고 네가 태에서 나오기 전에 너를 구별하였고 너를 열방의 선지자로 세웠노라 하시기로"(예레미야 1:5)

예레미야가 자신이 임신도 되기 전에 자기를 아시고 부르셔서 이방인들을 위한 선지자를 삼으셨다고 함으로 한 개의 인간이 모태에 임신되어 그 속에서 열 달 동안 성장하는 것은 전혀 하나님께서 섭리로 역사하는 것이지 그냥 우연하게 이루어지는 사실이 아님을 밝히고 있다.

### III. 가장 지혜로운 삶(11:6-8)

> 11:6 "너는 아침에 씨를 뿌리고 저녁에도 손을 거두지 말라 이것이 잘 될는지 저것이 잘될는지 혹 둘이 다 잘될는지 알지 못함이니라."

탈굼(Targum)에서는 아침에 씨를 뿌리고 저녁에도 손을 거두지 말라는 말을 젊었을 때 결혼해서 아이를 낳고 잘살던 부인을 늙은 다음에 버리지 말라는 말이라고 해석한다. 반면에 탈못(Talmut)은 바리새인적인 전통을 지켜서 젊고 경험이 없어서 실수하고 탈선하는 것은 끝까지 가르치고 돌봐줘야 한다는 뜻이라고 하는 반면에 메스다(Metsudah David)라는 유대인 학자는 이것도 1절 이하에 있는 것처럼 실제 농사 짓는 문제로 해석해야 된다고 주장한다. 그래서 봄에 파종을 하고 나서 돌보지 않고 내버려두면 수확이 적어짐으로 씨 뿌리는 것에만 신경을 쓸 것이 아니라 계속해서 김도 매주고 거름도 주는 등 잘 가꾸어 유종의 미를 거두도록 끝까지 노력해야 함을 의미하는 것이라고 해석했다.

자연은 거짓말을 할 줄 모른다. 씨를 잘못 뿌려서 빈자리가 있으면 거기에는 절대로 싹이 나지 않는다. 팥을 심으면 팥이 나고 콩을 심으면 콩이 난다. 농장에서 하나 정도의 노력을 하면 하나 정도의 대가가 나오고 둘 정도의 노력을 하면 둘 정도의 대가가 나오고 열 정도의 노력을 하면 열 만큼의 대가가 나온다. 노력은 하나밖에 안 했는데 둘이 생산되지 않고 노력을 다섯 개 했는데 하나가 생산되는 법은 전혀 없다. 자연은 매우 정직하기 때문에 노력을 하면 노력한 만큼의 정확한 대가를 준다. 옛날에는 사람들이 자기가 먹을 양식을 직접 농사 지어 먹으면서 자연에서 정직한 생활을 배웠다. 여자들은 자기 손으로 직접 옷을 지어 입으면서 얼렁뚱땅 아무렇게나 바늘을 건너뛰면 옷이 만들어지지 않기 때문에 한 바늘 한 바늘 꼼꼼하게 바느질을 하면서 정직하게 사는 법을 배웠다.

장사는 예측이 불가능하다. 백원을 투자해서 천원을 버는 것이 가능하고 천원을 투자했다가 전부 잃어버리는 것도 가능하다. 장사는 이렇게 정직한 대가가 나오는 것이 아니라 예기치 않았던 수확이 있을 수도 있고 계산상 정확해서 틀림없이 이익을 보리라고 생각했는데 적자를 볼 수도 있는 것이다. 평생을 이런 상황에서 사는 경우 정직하다는 것은 실감이 나지 않는 개념일 뿐만 아니라 부지런하다, 성실하다는 개념도 용도가 없는 것이다. 따라서 산업화된 현대 사회는 엉뚱하게 벼락부자가 되려는 바람둥이 같은 사람들이 많아지게 마련이고 그에 따라 사회질서가 무너지고 범죄가 많아지는 것이다.

11:7-8 "빛은 실로 아름다운 것이라 눈으로 해를 보는 것이 즐거운 일이로다 사람이 여러 해를 살면 항상 즐거워할지로다 그러나 캄캄한 날이 많으리니 그 날을 생각할지로다 장래 일은 다 헛되도다."

이제까지는 인간의 하는 것이 모두 헛되고 헛되고 헛되다고 인생의 헛된 것만을 강조했는데 처음으로 "빛은 실로 아름다운 것이라 눈으로 해를 보는 것이 즐거운 일이로다."라고 인생에게 광명이 다가옴으로 소망을 가지고 기쁘고 즐겁게 사는 것이 얼마든지 가능하다는 낙관적인 사고방식을 보여주고 있다.

"사람이 여러 해를 살면 항상 즐거워할지로다 그러나 캄캄한 날이 많으리니 그 날을 생각할지로다 장래 일은 다 헛되도다" 캄캄한 날이 많으리니 그 날을 생각할지로다 라고 한 것은 지나간 과거에 고통스럽고 어려웠던 일들로 상처를 받고 번뇌할 것이 아니라 오히려 과거를 기억해서 현재 내 생활에 교훈을 삼아 똑같은 과오를 반복하지 않도록 조심하라는 교훈이다. 또 살아있는 현재를 항상 즐겁게 살면서 모든 문제를 기쁜 마음으로 처리하고 그 대신 장래문제에 대해서는 미리 쓸데없는 걱정을 하지 말고 모든 것을 하나님께 맡기면 순조롭게 해결될 것이라고 함으로 처음으로 전도서 11:7-7절에서 낙관적인 교훈을 해주고 있다.

# 제27장 최선의 삶 - 하나님을 기억하라

### 본문 : 전도서 11:9-12:8

전도서 11:9절에서 12:8절은 전도서의 마지막 부분으로 최선의 삶은 여호와 하나님을 두려워하는 생활이라고 전도서 전체의 결론을 내리고 있다.

## I. 젊은이들에게 주는 교훈(11:9-10)

11:9 "청년이여 네 어린 때를 즐거워하며 네 청년의 날을 마음에 기뻐하여 마음에 원하는 길과 네 눈이 보는 대로 좇아 행하라 그러나 하나님이 이 모든 일로 인하여 너를 심판하실 줄 알라"

어린 때를 즐거워하고 청년의 날을 기뻐하며 마음에 원하는 길과 눈이 보는 대로 행하라는 말은 쾌락주의적인 생활을 하라는 것으로 오해할 수 있다. 그래서 랍비들이 이 부분에 대해서 상당히 문제를 삼았던 구절이다. 특별히 민수기 15장 39절에 "…. 여호와의 모든 계명을 기억하여 준행하고 너희로 방종케 하는 자기의 마음과 눈의 욕심을 좇지 않게 하기 위함이라…"는 말씀과는 정 반대로 청년의 때에 쾌락을 추구하라는 교훈을 하고 있음으로 가능한 한 억압 돼야 하는 말씀이라고 강조했다. 그러나 랍비들은 쓸데없는 이론을 위한 이론을 전개한 것에 불과하다. 정확한 해석을 하기 위해서는 9절 상반절만이 아니라 9절 전체를 다 읽어야 한다. 여기서는 강력한 효과를 나타내는 방법으로 청년이여 네 어린 때를 즐거워하며 네 청년의 날을 마음에 기뻐하여 마음에 원하는 길과 눈이 보는 대로 좇아 행하라 고 극적으로 말했다. 그리고 나서 바로 "그러나" 라는 접속사로 다음에 있는 무서운 말이 이어졌다. "하나님이 이 모든 일로 인하여 너를 심판하실 줄 알라." 다시 말해서 하나님의 심판이 무섭지 않으면 마음에 원하는 대로 눈이 보는 대로 쾌락을 추구하는 생활을 하라는 것이다.

1700년대에 영국에서 쾌락주의(Hedonism)운동이 일어났는데 그 역사적인 배경은 문예혁명과 종교개혁이 일어난 후 민주주의 사상이 조금씩 생기면서 왕이 법이었던 시대가 변해서 왕의 독재를 막는 방법으로 의회가 형성되어 헌정정치 즉 법에 의해서 다스리는 정치를 하기 위해 법률을 만들기 시작했다. 그러면서 법의 근본 원리가 무엇이 되어야 하는 것이 논제가 되었다. 옛날에는 하나님의 뜻이 법률을 제정하는 원리 원칙이 돼야 한다고 믿었지만 문예혁명 이후 인본주의가 점차적으로 발전된 후에는 하나님의 섭리라는 개념은 없어져 버렸고 그 대신 인간들의 행복 추구의 원리에 근거해서 최다인의 최대 행복을 추구하는 것이 모든 입법안의 근본 원리가 돼야 한다는 이론이 나왔다. 행복을 보장해주는 정부, 행복을 보장해주는 법률안, 행복을 보장해주는 사회가 쾌락주의 사회이다.

미국 헌법 제 1조는 모든 사람은 누구도 뺏을 수 없는 자연적인 권리를 가지고 있는데 그것은 생명과 자유와 행복의 추구라고 되어 있다. 생명과 자유와 행복의 추구는 하나님이라도 우리에게서 앗아갈 수 없다는 뜻이 되는데 누구도 앗아갈 수 없는 자연적인 권리가 있기 때문에 사람으로 태어났으면 누구든지 다 아무에게도 방해받지 않고 자유롭게 살 자격을 가지고 있고 행복을 추구하기 위해서 노력할 수 있는 본질적인 권리가 있다고 함으로 미국 헌법도 쾌락주의적인 사상에 의해서 만들어졌다.

역사적으로 쾌락을 추구한다는 개념은 자연상태에 있는 인간으로서는 사는 것 그 자체처럼 중요한 것으로 주장되어 왔다. 이미 언급한 대로 아리스토텔레스가 니코마커스의 원리에서 모든 사람들은 행복을 추구하고 불행을 피하는 것이 원리원칙이고 그것이 생활의 원리가 되어야 한다고 주장했는데 여기에서 사용한 "행복"이라는 말은 헬라어로 유데모니아(ευδαιμόνια)라는 단어이다. 유(ευ-good)는 선하다, 착하다는 뜻으로 기쁨이란 뜻의 전철이다. 데이모니아(δαιμονια)는 악령 을 뜻하고 영어의 악령(demon)이 여기에서 온 단어이다. 유데모니아라(행복)라는 말은 원래 헬라의 문화적인 배경에서는 신전에 가서 제사를 드리고 술을 마시고 춤을 추고 즐기면서 얻어지는 마음의 상태를 말하는 것이었다. 전도서 11장 9절에서 말하는 어릴 때를 즐거워하며 네 청년의 날을 마음에 기뻐하라고 한 것은 육체의 말초신경을 자극해서 얻어지는 기쁨을 말하는 것으로 문자 그대로 쾌락주의적 유대모니아를 말하는 것이다.

최근에 기독교에서도 예수를 믿기만 하면 모든 근심 걱정이나 질병이 다 사라져 버리고 행복해진다고 행복을 약속하는 경향이 생겼다. 그것은 사람의 귀를 즐겁게 하는 거짓 약속이고 쾌락주의적인 전도방법일는지는 모르지만 성경에서는 행복을 약속한 적은 한 번도 없었다. 유대모니아(행복)란 단어가 성경에는 한 번도 사용된 적이 없다. 물론 예수님께서 내 기쁨을 너희에게 준다고 하셨다. 예수님께서 주시는 기쁨이 무엇인가? 그것은 십자가를 지고 주님을 따라가는 데서 얻어지는 기쁨이다. 이것은 인간의 말초신경을 자극해서 얻어지는 행복과는 전혀 다른 개념이다.

"마음에 원하는 길과 네 눈이 보는 대로 좇아 행하라"

요즘 사신신학자들이 외칠 수 있는 말이다. 도스토예프스키가 말한 대로 하나님의 존재를 제거하고 나면 무엇이든지 자기 마음대로 다 할 수 있다. 하나님이 안 계시면 도덕적인 표준이 없어짐으로 도적질을 해도 상관없고 살인을 해도 상관없고 강간을 해도 상관이 없는 것이다. 요즘 갑작스럽게 범죄 행위가 늘어나고 큰 사회 문제가 되는 것은 하나님에게 대한 신앙이 해이해지면서 도덕성이 파괴되어 버렸기 때문이다. "마음에 원하는 길과 네 눈이 보는 대로 좇아 행하라"고 한 것은 최대한으로 인생을 즐기겠다고 노력하는 현대인의 모습을 적나라하게 서술하고 있는 것이다. 이것이 쾌락주의 사상인데 전도서 기자가 이 말을 하는 이유는 "그러나(דע) 알라" 하나님이 이 모든 일로 인하여 너를 심판하실 줄을, 즉 하나님의 심판이 두렵지 않으면 너희 마음대로 인생을 즐기고 마음대로 살라고 하신 것이다.

11:10a "그런즉 근심으로 네 마음에서 떠나게 하며"

하나님께서 모든 사람의 행위를 심판하신다는 사실을 확실히 알고 나면 남들이 백만장자가 되는 것이 눈에 보이지 않음으로 마음에 근심이 되지 않을 것이요 자신은 고통가운데 있는데 남들이 쾌락을 즐기는 것을 보았을 때 그것이 부럽지 않으니 마음에 근심이 되지 않는 것이다. 아무리 가난하고 고생스럽고 역경을 겪고 있다 할지라도 살아 계신 하나님께서 어느 때인가는 정당한 보수를 주실 것을 믿기 때문에 바르고 진실되고 성하게 살기만 하면 그것으로 만족하고 마음이 평안함으로 마음에 근심이 들어올 여유가 없다.

11:10b "악으로 네 몸에서 물러가게 하라 어릴 때와 청년의 때가 다 헛되니라"

여기에 악은(רעה) 분노, 절망감, 혹은 남들만 못하니까 받는 고

통과 스트레스 등으로 인해 여러 가지 육체적인 지장이 생기는 것을 말한다. 하나님께서 결과적으로 모든 인생의 생활 전체에 대한 공정한 심판을 하실 테니까 가난하고 고생스럽고 남들에게 멸시와 천대를 받는다 할지라도 상심하지 말고 바르고 정직하게 살면서 건강을 해치는 불안스런 생각들을 다 없애라는 현실적으로 꼭 필요한 교훈을 하시는 것이다. 특별히 어릴 때와 청년의 때가 다 헛되니라고 한 것은 어린 때에는 장래가 창창하여 전혀 늙을 것 같지 않고 또 젊어서 기운이 넘쳐난다 하더라도 그 젊음도 눈 깜짝하는 사이에 지나가는 것이니까 크게 자랑하고 자신 만만할 일이 아니다. 현재 우리에게 가장 중요한 문제는 심판자이신 하나님을 만날 준비를 하면서 사는 것이다.

## II. 여호와를 경외하라(12:1-8)

12:1 "너는 청년의 때 곧 곤고한 날이 이르기 전, 나는 아무 낙이 없다고 할 해가 가깝기 전에 너의 창조자를 기억하라"

1절의 주제는 "창조자를 기억하라"이다. 7절 역시 "흙은 여전히 땅으로 돌아가고 신은 그 주신 하나님께로 돌아가기 전에 기억하라"고 주제가 "여호와를 기억하라"인데 왜 여호와를 기억해야 하고 언제 기억하라는 것인가를 설명하고 있다.

청년의 때는 기운이 넘치니까 모든 일에 자신이 있어 사는 것이 기쁘고 즐거운 것이지만 그 청년의 때가 아침 이슬처럼 사라져 버릴 텐데 그렇게 빨리 늙어 기운이 쇠퇴해지기 전에 젊어서부터 여호와를 옳게 믿고 바르게 살라고 설명하면서 늙었을 때의 상태를 2절에서 8절까지 설명하고 있다.

12:2 "해와 빛과 달과 별들이 어둡기 전에, 비 뒤에 구름이 다시 일어나기 전에 그리하라."

유대인 학자들은 해와 빛은 이마와 코를 상징하는 것으로 해석했다. 그래서 이마에 주름살이 지기 전에…, 달은 영혼을 의미하는 것이고 별은 볼을 의미해서 볼이 쭈굴쭈굴해지는 상태를 묘사하는 것이고 비 뒤에 구름이 다시 일어나기 전에라는 말은 눈이 어두워져 앞이 잘 보이지 않게 됨을 말한다고 한다. 따라서 얼굴 전체가 주름살 투성이의 늙은 모습이 되기 전에 또 눈이 어두워져 앞을 잘 못 보게 되기 전에 창조자를 기억하라는 것이라고 해석한다.

3절에서 7절까지는 젊은 때가 지나고 늙은 상태를 묘사하고 있는데 유대인 학자들은 그 상황을 다음과 같이 설명하고 있다.

1. 집을 지키는 자들이 떤다 – 집을 지키는 자들은 옆구리와 갈비라고 하는데 일반적으로 근육이라고 해석하는 사람들도 있다. 나이가 많아지면 공연히 몸을 떨게 되는 상태를 말한다.
2. 힘있는 자들이 구부러진다 – 다리와 허리(척추)가 구부러진 상태를 말한다.
3. 맷돌질하는 자 – 학자들 중의 일부는 젊어서 잘 살 때는 여자 종들이 많아서 맷돌질하는 사람들이 여럿 있었는데 늙어서 은퇴하고 가산이 줄어드니까 종들도 하나씩 둘씩 없어진 상태라고 설명하는 경우가 있다. 그러나 상징적으로 해석하는 사람들은 나이가 많아지면서 이가 하나씩 둘씩 빠져버려 음식을 맷돌로 갈 듯이 잘 씹지 못하는 상태라고 한다.
4. 창들을 내다보는 자 – 이것 역시 어떤 학자는 전에 잘 살 때는 창문마다 등불을 켜 놨으나 점차 식구들이 적어짐으로 방마

다 불을 켜지 못하는 상태라고 설명하는데 일반적으로 이것
은 눈이 어두워지는 상태라고 해석한다.
5. 길거리 문들이 닫혀질 것이며 - 귀가 어두워져서 남이 하는
말을 잘 듣지 못하는 상태를 말한다.
6. 맷돌 소리가 적어질 것이며 - 위장의 소화 기능이 약해져서
먹은 것을 잘 소화시키지 못하는 상태를 말한다.
7. 새의 소리를 인하여 일어날 것이며 - 늙으면 잠이 없어서 조
금만 바시락거리는 소리를 들어도 잠을 깨는 것을 말한다.
8. 음악 하는 여자들은 다 쇠하여질 것이며 - 나이가 많아지면서
성대가 쇠해지는 것을 말한다.
9. 높은 곳을 두려워할 것이며 - 나이가 많아지면서 신경 근육이
잘 돌아가지 않기 때문에 떨려서 높은 곳을 잘 올라가지 못할
뿐만 아니라 올라가는 것을 무서워하게 됨을 말한다.
10. 살구나무가 꽃이 필 것이며 - 유대인 학자들은 머리가 희어
지는 것으로 표현하는데 어떤 학자들은 피부에 주근깨나 기
미가 덮이는 것을 말한다고 한다.
11. 메뚜기도 짐이 될 것이며 - 옛날에는 양팔에 무거운 짐을 거
뜬거뜬히 들고 다닐 수 있었지만 나이가 많아지면서 메뚜기
만한 물건도 힘들어하게 되는 것을 표현한다.
12. 원욕이 그치리니 - 인간들의 본능적인 욕망이 다 사라져 버
림을 말한다.
13. 조문자들이 거리로 왕래하게 됨이라 - 나이 많은 사람들에
대한 인사는 아직 살아 계십니까 하면서 죽기도 전에 조객
들이 문 앞에 드나들기 시작하는 것이다.
14. 은줄이 풀리고 - 혈관이 늘어남을 말한다.
15. 금 그릇이 깨어지고 - 유대 학자들은 두뇌를 말해서 기억력

이 상실되는 것이라고 해석하는 반면 다른 학자들은 심장기능이 약해지는 것으로 해석한다.
16. 항아리가 샘 곁에서 깨어지고 - 위장기능이 쇠퇴한 상태를 말한다.
17. 바퀴가 우물 위에서 깨어지고 - 바퀴를 어떤 학자들은 두개 골이라고 했고 어떤 학자들은 심장 기능이라고 했다. 우물은 간을 상징한다고 한다. 그래서 간 기능이 약해져서 건강이 나빠짐을 말한다.

12:7 "흙은 여전히 땅으로 돌아가고 신은 그 주신 하나님께로 돌아가기 전에 기억하라"

몸이 죽으면 육신은 땅 속에 묻혀 흙으로 돌아가고 신(여기에서 말하는 신은 루엑인데 인간의 영혼을 말한다)은 하나님께로 돌아가기 전에 창조주 여호와 하나님을 기억하라. 창세기 2:7절에 보면 하나님께서 인간을 창조하실 때 아무렇게나 흙 한 덩어리를 집어서 만든 것이 아니라 땅의 고운 먼지만 선택해서 인간의 육체를 직접 빚으시고 코에다 생기를 불어 넣으셨다고 했다. 그래서 사람이 죽으면 영혼은 하나님께서 인간들에게 주신 것이므로 창조자 하나님에게로 다시 돌아가고 육체는 다시 땅의 먼지로 돌아가는데 이렇게 영혼이 창조자 하나님에게로 다시 돌아가기 전에 즉 죽기 전에 창조자 하나님을 기억하라는 권면의 말씀이다.

예수만 믿으면 천당 가는 것이 보장된다면 죽기 한 시간 전에 예수 믿고 죽어서 천당 가면 되는데 왜 미리 예수 믿고 나서 먹고 싶은 것 못 먹고 하고 싶은 짓 못 하고 평생을 속박 받는 생활을 할 필요가 있겠느냐고 말하는 사람들이 가끔 있다. 그러나 이 문제에 대해서 전도서 기자는 하나님의 심판이 두렵지 않으면 마음대로 살아라. 그러나 하나님의 심판이 두려우면 지금 결정해서 하나님을 믿어라. 하나님을 믿되 내일, 내년, 혹은 늙어서 모든 기능이 마비될 때까지 기다리지 말고 지금 젊었을 때 아직 기력이 왕성할 때 여호와 하나님을 기억하고 창조자가 주신 귀중한 살과 뼈를 의의 병기로 하나님께 드려서 내 모든 생활이 하나님의 뜻을 실현하는 생활이 되어야 한다고 전도서의 마지막 결론처럼 교훈하고 있다.

# 제28장 인간의 본분

본문 : 전도서 12:9-14

## I. 전도자의 노력(12:9-10)

12:9-10 "전도자가 지혜로움으로 여전히 백성에게 지식을 가르쳤고 또 묵상하고 궁구하여 잠언을 많이 지었으며 전도자가 힘써 아름다운 말을 구하였나니 기록한 것은 정직하여 진리의 말씀이니라"

전도자가 마지막 결론과 함께 자신이 무엇을 어떻게 노력하고 있는가 하는 것을 설명하고 있다. 우리말로는 전환점이 불분명해서 "전도자가 지혜로움으로 여전히 백성에게 지식을 가르쳤고…" 라는 의미가 불분명한데 원어의 뜻에는 논리의 전환이 분명해서 8절로 소급해 올라가서 "전도자가 가로되 헛되고 헛되고 헛되도다" 「그러나」 모든 것이 헛되고 의지할 것이 없고 믿을 것이 없지만 거기서 끝나는 것이 아니라 전도자가 지혜로움으로 여전히 백성에게 지식을 가르쳤고…라고 분명한 전환점을 지적하고 있다.

전도자가 지혜로움으로 여전히 지식을 가르쳤다(למד?- impart)고 번역된 히브리 원어는 오히려 지식을 부여했다, 혹은 나누어주었다고 해석해야 한다. (Not only was the teacher wise but also he imparted knowledge).

말을 물가로 끌고 갈 수는 있으나 억지로 마시게는 못하는 것처럼 지혜자가 지혜를 부여했다는 것은 마치 식탁에 맛있는 음식을 차려놓은 것처럼 지혜와 지식을 백성들에게 마음대로 골라 먹게 부여했는데 먹고 먹지 않는 것은 백성들에게 달린 문제라는 뜻이다. 사람이 어리석으냐 둔하냐 지식이 있느냐 없느냐 믿음이 있느냐 없느냐 하는 것은 자기의 결정 여하에 의해 자신의 노력으로 이루어지는 사건이지 남의 노력으로 되는 일이 아니다.

아무리 하나님께서 많은 계시를 선지자들과 사도들을 통해 주셨고 복음 전도자들을 보내주셨다 하더라도 사람들이 마음 문을 열고 복음의 말씀을 받아들이지 않으면 전혀 효과를 발휘하지 못하는 것이다. 어떤 의미에서는 그것이 신비중의 신비라고 볼 수 있다.

하나님께서 강권적으로 사람들의 마음을 뒤집어엎어서 하나님을 믿도록 해 버리셨으면 간단히 해결될 문제인데도 사람들이 스스로 돌아와 믿을 것을 하루가 천년같이 천년이 하루같이 기다리신다고 했다. (베드로 후서 3:9) 하나님께서 인간을 창조하실 때 하나님의 형상을 따라 창조하셨기 때문에 하나님도 인간들의 인격을 이렇게까지 존중하시는 것이다.

좋은 부모는 자기의 자녀들의 인격이 손상되지 않도록 어려서부터 인격적으로 대우해서 조심스럽게 기른다. 자기 자식이라고 해서 아무렇게나 화풀이를 하고 채찍질을 한다면 그것은 자격이 없는 부모이다. 하나님도 마찬가지이다. 모든 인간은 당신의 피조물일 뿐만 아니라 타락한 아담의 혈통을 타고난 까닭에 당장 처벌해서 다 멸망시켜도 부족한 것이 없는 존재들이지만 자비롭고 은혜로우신 하나님은 오히려 복음의 진리, 참된 지혜나 지식 같은 것을 선지자나 복음 전도자를 통해서 제시하시어 자기 스스로 택해서 자기 것을 만들도록 하실지언정 강요하지 않으신다는 사실을 이 말씀이 보여주고 있다.

12:9b-10a "묵상하고 궁구하여 잠언을 많이 지었으며 힘써 아름다운 말을 구하였나니"

묵상(אִזֵּן, Pondered)한다는 말은 사실 여부를 이해하기 위해서 숙고하고 깊이 생각했다는 뜻이다. 궁구(חִקֵּר, Search)한다는 말은 추구했다는 뜻으로 진리가 무엇인지 어디에 진리가 있는지를 여러 모로 연구하고 조사했다는 뜻이다. "힘써 아름다운 말을 구하였나니"라고 한 것은 아름다운 말들을 모아 편집했다고 번역하는 것이 옳다.

창조주 하나님의 섭리에 의해서 우주 만물이 창조됐고 또 하나님께서 섭리로 자연의 조화를 운행하고 계신 까닭에 자연 속에서 또 그의 역사 속에서 발견되는 옳은 것 피조물의 세계에 숨겨진 창조자의 성품이나 속성이나 지혜 등을 잘 관찰하고 묵상하고 연구해서 인간들에게 참 교훈이 되도록 말로 엮어 내면 그것이 잠언이고 전도자가 말하는 아름다운 말(יֹשֶׁר דִּבְרֵי, 바른말)이다.

힘써 구했다(בִּקֵּשׁ)는 것은 구하여 찾았다는 뜻인데 전도서 기자가 늙어서 할 일이 없어 소일하기 위해 이런 글을 썼던 것이 아니라 어떻게 글을 쓰면 많은 사람들에게 가장 효과적으로 하나님을 믿도록 전도가 될 것인가를 염두에 두고 자연을 관찰하고 역사를 관찰하면서 깊이 연구하고 잘 정리해서 기록했다고 설명하는 것이다.

"기록한 것은 정직하여 진리의 말씀이니라" 기록한 것은 정직하다(וְכָתוּב יֹשֶׁר דִּבְרֵי אֱמֶת)라고 한 것은 헛된 말이 한 마디도 없이 참된 진리의 말씀을 기록했다는 뜻이다.

유대교와 기독교는 책의 종교라는 별명이 붙어 있다. 성경은 하나님의 계시를 성령의 인도하시는 역사를 따라 성경 작가들이 기록했기 때문에 성경말씀이 영감된 하나님의 말씀이라고 주장할 뿐만 아니라 성경은 우리에게 영원한 진리를 전달해 주는 사실을 믿고 있다. 물론 전도서 12장 10절 말씀이 영감설을 실제로 말하고 있다고 하기는 어려운 문장인지는 모르지만 "기록한 것은 정직하다" 또 "진리의 말씀"이라고 반복함으로 영감설을 암시하고 있는 것은 사실이다.

> 12:11-12 "지혜자의 말씀은 찌르는 채찍 같고 회중의 스승의 말씀은 잘 박힌 못 같으니 다 한 목자의 주신 바니라 내 아들아 또 경계를 받으라 여러 책을 짓는 것은 끝이 없고 많이 공부하는 것은 몸을 피곤케 하느니라."

11절과 12절은 지혜자의 말의 기능을 세 가지 차원에서 설명하고 있다.

1. 지혜자의 말은 찌르는 채찍 같다(כְּדָרְבֹנוֹת). 말이나 소를 다스리기 위해 막대기로 때렸는데 그것만으로도 말을 잘 안 들으면 막대기 끝을 뾰족하게 깎아서 찔렀다. 그래서 막대기로 매를 맞고 찔리는 것은 너무 아프니까 소나 말이 주인이 막대기만 들면 고분고분 말을 잘 들었다. 지혜의 말씀은 찌르는 채찍 같다고 하는 것은 개인적으로 교훈의 말씀을 들었을 때 실행하지 않으면 이것은 마치 찌르는 막대기처럼 아프고 괴로운 말이 된다는 뜻이다.
2. 회중의 스승의 말씀이라는 것은 수집한 명담(Collection of Wise saying)이라고 번역되어야 한다. 그러므로 잠언이나 시편 등 수집된 지혜로운 말씀은 잘 박힌 못 같다. 적재 적소에 잘 박힌 못이 거대한 건물을 세워놓는 것이다. 그런데 이 못이 강도가 약해서 부러지면 건물 전체가 와르르 무너질 수 있는 것이다. 잘 박힌 못처럼 지혜가 적재 적소에 잘 박힌 사

람은 흔들리거나 무너짐이 없이 그 일생을 건전하게 살 수 있다.
3. 이렇게 잘 박힌 못 같은 역할을 하는 수집된 명담이 한 목자의 주신 바이다. 목자라는 말은 하나님께 붙여진 대명사중에 하나이다. "여호와는 나의 목자시니 내게 부족함이 없으리로다."(시편 23:1)라는 성구는 하나님을 목자라고 부른 제일 좋은 예이다. "회중의 스승의 말씀은 잘 박힌 못 같으니 다「한 목자」의 주신 바니라"고 한 것은 도성 인신하시기 전의 예수 그리스도께서 이스라엘 백성들에게 계시를 주시던 사실에 대한 한 개의 별명이라고 해석할 수 있다. 이 말씀은 단순히 우리의 형체를 유지하는 못과 같은 역할만 하는 것이 아니라 양떼와 같은 우리를 이 목자가 올바른 길로 인도하신다는 사실을 암시하는 방법으로 한 목자의 주신 못과 같다고 지적하는 것이다. "기록된 것은 정직한 진리의 말씀"이라고 한 10절 말씀과 11절의 "잘 박힌 못과 같으니 이것은 다 한 목자의 주신 바니"라고 하신 말씀을 연관시키면 성경의 영감설을 지지하는 이론이 된다.

12:12 "내 아들아 또 경계를 받으라 여러 책을 짓는 것은 끝이 없고 많이 공부하는 것은 몸을 피곤케 하느니라."

12절은 공부하기 싫어하는 사람들이 오해하고 좋아할 절수이기 때문에 설명이 필요하다. 기록한 것은 정직한 진리의 말씀이라고 10절에서 말했고 11절에서 다시 스승의 말씀은 잘 박힌 못 같은데 이것은 한 목자의 주신 바라고 결론을 내렸다. 그런데 만일 거기에 더 보충 첨가하든지 혹은 자기가 더 지혜롭고 의미 심장한 말을 연구해 내려는 노력을 한다면 이런 것은 전혀 무모한 짓일 뿐만 아니라 몸만 피곤케 할 뿐이다. 한 마디로 말하면 하나님의 말씀에 가감 삭제하지 말라는 뜻이다.

　서양의 철학이나 문학 등 모든 학문은 궁극적으로 성서적인 진리를 지지해서 확대설명을 하고 있든지 아니면 정반대로 성서적인 진리를 반대하는 이론을 전개하든지 둘 중에 하나이다. 전도서 기자가 12장 12절에서 하는 말은 성경말씀에 반대하는 이론을 전개하기 위해서 책을 써 봤자 성공할 수 없고 성경말씀에 대한 이론을 만들어내기 위해 아무리 오랫동안 연구해 보았자 결국은 피곤만 쌓이게 되지 남는 것이 없다는 뜻이다. 하나님께서 선지자들을 통해 계시해 주신 영원한 진리를 무시하고 일부러 그것에 반대되는 괴상한 이론을 전개하기 위해 연구하고 책을 쓰면 그 당장에는 책이 많이 팔려 돈도 벌고 하루아침에 유명해지는 것도 가능한 것은 사실이다. 이슬처럼 사라질 인생 행로에서 잠깐 동안 돈도 벌고 유명해질는지는 모르지만 사실은 자신의 피조물성을 알지 못하고 자기를 창조하신 하나님에게 반기를 들고 나오는 일이니까 결과적으로는 자기 파멸을 가져올 뿐이다.

### III. 전도자의 충고(12: 13-14)

12:13-14 "일의 결국을 다 들었으니 하나님을 경외하고 그 명령을 지킬찌어다 이것이 사람의 본분이니라 하나님은 모든 행위와 모든 은밀한 일을 선악간에 심판하시리라"

　이 세상 만사에 관한 것을 체험을 통해서 마지막 결론을 내릴 수 있는데 그 결론은;
　1. 하나님을 경외하라(심리상태)
　2. 하나님의 명령을 지키라(그때그때 지시하는 명령)이다.

이것이 사람의 본분이니라고 한 것은 이것이 인생의 전부이다라고 번역해야 더 정확한 번역이 된다.

흔히 사람이 무엇이냐? 인생이 어디로 와서 어디로 가는 것이냐? 인생의 의미가 무엇이냐? 하는 질문을 한다. 성경 말씀에 근거하면 인생의 참된 의미는 두 가지인데,

(1) 여호와를 경외하는 것,
(2) 그의 명령을 준행하는 것이다.

"그렇다면 인간이 중심이 아니라 하나님이 중심이냐?"라는 질문이 나오는데 "그렇다", "물론이다"라는 답이 나올 수밖에 없다. 만일 인간이 우주만물의 창조자이고 우주 만물의 운행자이면 당연히 모든 다른 존재들의 존경을 받고 우주 만물의 중심이 되어야 한다. 그러나 성서적인 이론을 받아들이는 경우 인간은 피조물에 불과하다. 피조물인 인간은 하나님을 인생의 중심부에 모시고 하나님을 두려워하고, 하나님을 경외하고 또 하나님을 사랑하라는 명령인데 이것은 신본주의자가 되라는 말이다. 인간의 진취력과 창의력을 발휘해서 진리를 추구하고 새로운 노선을 계발해 보려는 것은 인본주의이다.

피조물은 피조물로서의 위치를 지킬 때 가장 행복하고 즐거운 것이다. 피조물성을 옳게 유지하는 비결은 하나님을 경외하는 것이다. 여호와를 경외하라는 말은 공포심에 사로잡혀 벌벌 떨라는 말이 아니다. 하나님은 창조자이시고 우리 인간은 하나님의 피조물인 까닭에 내 한계성을 알고 내 분수에 맞는 생각을 하고 처신을 하라는 뜻이다.

두 번째로 하나님의 명령을 지키라고 했는데 이것은 율법을 지키라는 말도 아니고 지혜를 따라 행하라는 말도 아니고 히브리어에서는 이초트(מִצְוֹת)라고 전혀 다른 단어를 썼다. 하나님께서 우리에게

개별적으로 그때그때 명령을 주실 수가 있고 우리 생활을 지시하실 수 있다는 뜻이다.

무슨 방법으로 하나님께서 우리에게 명령을 주시는가?

1. 자연을 통해서 우리에게 주시는 명령이 있다. 우주 만물을 살폈을 때 하나님은 질서의 하나님, 공의로우신 하나님이신 사실을 깨달아 알 수 있다. "하늘이 하나님의 영광을 선포하고 궁창이 그 손으로 하신 일을 나타내는도다"(시편 19:1) "창세로부터 그의 보이지 아니하는 것들 곧 그의 영원하신 능력과 신성이 그 만드신 만물에 분명히 보여 알게 되나니 그러므로 저희가 핑계치 못할찌니라"(로마서 1:20). 하나님께서 그렇게 정직하게 자연의 운행을 주관하고 계시고 틀림없이 생명을 좌우하시는 분이시기 때문에 그의 피조물인 우리도 자연의 질서에 순종해야 한고 명령하신다.

2. 더 분명하게는 말씀을 통해서 심령에 필요한 말씀을 주신다. 그러므로 성경을 읽고 설교를 듣고 배울 필요가 있는데 이렇게 성경을 읽음으로 내 심령에 필요한 교훈의 말씀을 받아 그에 따라 살아야 한다. 사도행전 17장 등에 의하면 역사를 통해서도 우리에게 바른 교훈과 명령을 그때그때 하신다. 사람들은 감정이 둔해지고 사고방식이 편협해져서 인생을 단순히 60년이나 70년 정도의 단위로만 생각한다. 인생 연한의 60년이나 70년 단위를 벗어나 이천 년 삼천 년 혹은 만년 단위로 생각할 수 있어야 한다. 지나간 인류의 역사를 전체적으로 종합해서 볼 때 하나님은 살아 계시고 공의로우셔서 하나님의 명령에 순종하는 자들을 축복하시고 하나님의 명령에 불순종하고 타락하는 자들을 처벌하시고 멸망시키신다는 사실을 발견할 수 있다

3. 로마서 1:18-19 절에 보면 양심을 통해서 우리에게 명령하신다. 양심이 둔해지고 무뎌지고 화인 맞은 것 같아서 양심의 소리를 듣지 못할 수 있다. 피노키오 이야기 중에 나오는 귀뚜라미 지미니는 피노키오의 양심 노릇을 하면서 피노키오가 잘못할 때마다 피노키오를 책망하는 것으로 묘사되었다. 원래 귀뚜라미는 보잘것없는 아주 작은 곤충이지만 가을이 되면 크고 명랑한 소리를 내면서 울어댄다. 그래도 사람이 얼씬거린다든지 다른 소리만 나면 귀뚜라미의 울음소리는 싹 들어가버려 들리지 않는다. 귀뚜라미는 조용할 때만 그렇게 크고 명랑한 울음소리를 내는 것이다. 우리의 양심도 마찬가지다. 마치 귀뚜라미처럼 우리 속에 양심이 없는 것은 아니지만 우리가 잡된 생각이나 세상의 욕망 등에 집념해서 이리 뛰고 저리 뛰면서 바쁘게 설치고 다니는 동안은 양심이 우리 속에서 소리를 내지 못한다. 세상의 모든 잡념을 다 잊어버리고 조용하게 있을 때만 양심의 우는소리를 들을 수 있는 것이다.

"하나님을 경외하고 그 명령을 지킬지어다. 이것이 사람의 본분이니라"고 한 것은 사람이 살아가면서 부닥치는 인간관계, 사업상의 문제, 사회적인 문제, 정치문제 등에 관해 하나님의 말씀을 상고하면서 또 조용한 가운데 주님의 음성을 듣도록 기다리고 기도하면서 하나님께서 명령을 하시면 그 명령을 지키는 것이 사람의 본분(כָּל הָאָדָם)이다. 이런 원리를 터득하고 나면 하나님을 중심으로 사는 생활이 가능하기 때문에 얼마든지 사람과 하나님 앞에서 부끄럼 없는 생활을 할 수 있는 것이다.

> 12:14 "하나님은 모든 행위와 모든 은밀한 일을 선악간에 심판하시리라"

결과적으로 우주 만물을 총정리할 분은 하나님이시다.
하나님을 경외하지 않아도 좋고 하나님의 명령을 듣지 않아도 좋은데 그 대신 심판 받을 각오는 하고 있으라는 가장 두려운 말씀으로 마지막 결론을 내리고 있다.
언제 어떻게 될지 모르는 지극히 나약하고 믿지 못할 육체를 가진 사람이 산다는 것은 엄격하게 따지면 사는 것이 아니다. 하나님을 믿으니까 안심하고 편한 마음으로 살 수 있지 하나님을 믿지 않는 사람이 어떻게 이 지구상에서 그렇게 태연하게 살 수 있는지 이해할 수 없는 일이다. 전도서 기자가 모든 지혜, 권력, 재산, 명예 등을 다 가져 봤으나 다 헛된 것이고 참된 인생의 의미는 여호와를 경외하고 하나님의 명령을 준행하는 것이라고 결론을 내리고 있다.
이 세상에서 성실하게 사는 것이 결코 쉬운 일은 아니고 노력이 필요한 것은 사실이다. 그러나 실제로 살아보면 성실하게 사는 것이 가장 편하게 사는 방법이기도 하다. 잔재주를 부리고 권모술수를 쓰고 남을 속이려 들고 남의 재산을 욕심 내니까 괴롭고 힘들고 병이 들고 어려운 일이 많은 것이다. 하나님께서 모든 은밀한 일을 선악간에 전부 다 심판하신다는 사실을 확실히 알 때 하나님의 명령을 지키고 정직하고 부지런하게 사는 것이 가능하다.

# 결 론

　현대 과학자들은 실제로 관찰하고 여러 번 실험한 사실을 근거로 정리해낸 이론이라야 참 지식이라고 정의한다. 과학적인 실험을 거치지 않고 전제로부터 시작해서 이론을 전개하는 것은 지식이 아니라 상상과 추측이라고 평한다. 구약성경의 대부분은 "여호와의 말씀이 내게 와서 입을 열어 가라사대…"라고 인간의 경험이나 체험과는 상관없이 하나님의 사자가 와서 전달하는 말씀을 구약의 저자들이 하나님의 명령인 까닭에 무조건 액면 그대로 전달하는 작업을 했다. 그러므로 엄격한 의미에서 현대 과학자들의 이론으로 따지자면 그것이 진리인지 아닌지 혹은 타당성이 있는지 없는지를 실험해 보지 못한 상태에서 그대로 받아들여졌다고 말할 수 있다.
　욥기나 시편이나 전도서 그리고 솔로몬의 아가 같은 지혜문서는 대개 실제적인 체험을 통해서 얻어진 사실, 또 역사와 경험에 의해 얻은 진리 등을 정리해서 우리에게 전달해 주는 책들이기 때문에 어떤 의미에서는 우리와 가까운 그리고 이해하기 쉬운 책들이다. 특히 솔로몬은 전도서를 기록할 때 자기가 실제로 체험한 것 자기가 실제로 경험한 것에 의해 이론을 전개했는데 어떤 의미에서는 전도서 기자가 최초로 경험주의적인 인식론에 근거해서 진리를 우리에게 전달해 주고 있다고 말할 수 있다.
　솔로몬은 전도서에서 자신의 입장을 영혼으로 바꾸어 말하고 있다. 1장으로부터 2장까지 자신이 모든 지혜를 추구해서 세상 사람들이 자기를 가장 지혜로운 사람이라고 칭찬을 하고 있지만 그 지혜가 다 헛된 것을 발견했는데 그 이유는 도대체 하늘 아래 하나님과 상관없는 인간의 지혜란 다 헛된 것에 불과하다고 했다. 3장과

5장은 하나님께서 통치하시는 우주 만물의 모든 원리 원칙을 인간의 지혜로는 도저히 깨달아 알 수 없는 까닭에 하나님께서 섭리로 통치하시는 자연의 질서와 더불어 조화를 이루면서 사는 수밖에 없다고 가르친다. 6장으로부터 8장까지는 재산을 모아 봤어도 별것이 아니었고 명예를 가져봤어도 큰 도움이 되지 못했고 권세를 잡아 봤어도 역시 인간생활에 만족을 주지 못함으로 이 모든 것이 우리에게 참된 평안을 주지 못한다는 사실을 말하고 있다. 9장에서 12장 8절까지는 이 세상에 불의가 가득하기 때문에 아무리 우리가 지혜롭게 살고 공의롭게 살려고 노력해도 결국 죄 가운데 빠지고 유혹에 빠지는 수밖에 없고 현실을 극복하는 것이 사실상 불가능하다는 사실을 지적하고 있다. 마지막 12장 9절에서 14절은 전도서의 크라이맥스라고 볼 수 있다. 대개 많은 책들이 결론은 인사말 등으로 끝을 맺는데 전도서는 다른 책들과 달리 "하나님의 명령을 지키라 이것이 사람의 본분이다." "하나님은 선악간 반드시 심판하신다"는 등 전도자가 참으로 하고 싶었던 말들을 결론으로 내리는 작업을 하고 있다. 따라서 전도서는 12장 9절에서 14절까지의 결론이 가장 중요한 부분이라고 말할 수 있다.

  뜻을 생각하면서 조심스럽게 전도서 1장에서 12장까지의 결론을 다 읽고 나서도 하나님을 믿지 않는 사람이 있다면 그 사람의 정신상태를 의심해 볼 필요가 있을 정도로 박력 있게 하나님을 믿으라고 세상 사람들에게 전도를 하는 책이다. 그런 의미에서 만일 이 전도서가 성질 급한 현대인들을 위해서 한 페이지 정도로 요약해서 기록됐더라면 역사 이래 가장 좋았던 전도지가 될 뻔했다. †

판권소유
도서출판
한　글

### 영혼의 일기(전도서강해)

1998년 2월 10일 초판 인쇄
1998년 2월 20일 초판발행
저　자
김　호　식
발행자
심　혁　창

발행처　도서출판 한글
서울특별시 마포구 아현동 85-265
☎ 363-0301 / 362-8635
FAX 362-8635
등록 1980. 2. 20 제10-33

▲ 파본은 교환해 드립니다

정가 8,000원

ISBN 89-7073-123-7 93230